ପ୍ରତିମା ନାୟକ
ଓ ଅନ୍ୟାନ୍ୟ କବିତା

ଭାରତୀୟ ଜ୍ଞାନପୀଠ ବିଜେତା

ସଚ୍ଚି ରାଉତରାୟ

ପ୍ରତିମା ନାୟକ
ଓ ଅନ୍ୟାନ୍ୟ କବିତା

ଉପସ୍ଥାପନା:
ଭଗବାନ ଜୟସିଂହ

BLACK EAGLE BOOKS
2020

BLACK EAGLE BOOKS

USA address:
7464 Wisdom Lane
Dublin, OH 43016

India address:
E/312, Trident Galaxy, Kalinga Nagar,
Bhubaneswar-751003, Odisha, India

E-mail: info@blackeaglebooks.org
Website: www.blackeaglebooks.org

First International Edition Published by
BLACK EAGLE BOOKS, 2020

PRATIMA NAYAK O ANYANYA KABITA
by **Sachi Routray**

Copyright © **Family of Sachi Routray**
Introduction Copyright © **Bhagaban Jaysingh**

All rights reserved. No part of this publication may be reproduced, stored in a retrieval system, or transmitted, in any form or by any means, electronic, mechanical, photocopying, recording or otherwise without the prior permission of the publisher.

Cover & Interior Design: Ezy's Publication

ISBN- 978-1-64560-135-7 (Paperback)

Printed in United States of America

ସୂଚୀପତ୍ର

ଉପକ୍ରମଣିକା : ଭଗବାନ ଜୟସିଂହ ୯

ଭଗବାନ ଅଛ କାହିଁ ୩୫
ଛୋଟ ମୋର ଗାଆଁଟି ୩୮
ବାଜି ରାଉତ(ଏକ) ୪୨
ବାଜି ରାଉତ(ଚାରି) ୫୦

ପାଣ୍ଡୁଲିପି

ଝଡ଼ ୬୧
ମୃତ୍ୟୁ ୬୩
କୋଣାର୍କ ୬୯
ସହରତଳିର ଉଷା ୭୩
ପ୍ରିୟା ୭୬
ପଦ୍ମଭୁକ୍ ୭୭
ହେ ବନ୍ଧୁ ବିଦାୟ ୭୯
କେଶ ୮୧
ଜ୍ୟାମିତି ୮୨
ପ୍ରତିମା ନାୟକ ୮୪
ମୃତ ବଂଦର ୮୬
ଭଙ୍ଗା ମଂଦିର ୮୮
ଚନ୍ଦ୍ରାବତୀ ୯୦
ନିମଗଛରେ ଫୁଲ ଫୁଟିଚି ୯୩
ମାଟିଆବୁରୁଜର ଜହ୍ନ ୯୫
ଅଦିନ ବର୍ଷା ୯୯
ଲାବଣ୍ୟବତୀକୁ ଚନ୍ଦ୍ରଭାନୁର ଚିଟାଉ ୧୦୧
ଅଳକା ସାନ୍ୟାଲ ୧୦୩
ରାଜଜେମା ୧୦୫

କବିତା ୧୯୬୨

ସାମୁଦ୍ରିକ ୧୧୦
ବସନ୍ତର ନିଛକ ଜିଲ୍ଲାରେ ୧୧୩
ଆଶ୍ୱିନ ୧୯୫୮ ୧୧୬

ଏକ ଉର୍ବାର୍ଶୀ ଶ୍ରାବଣ	୧୧୮
ମସ୍ୟଗନ୍ଧା	୧୨୦
ଏକ ମ୍ୟୁନିସିପାଲିଟି ନିର୍ବାଚନରେ	୧୨୧
ଛାୟାନଟ	୧୨୪
ଭଗ୍ନ ନାୟକ	୧୨୬
ପ୍ରେମ ଓ ଭୟ	୧୨୮
ସ୍ମୃତିରେଖା	୧୩୦
ଆକାଶ	୧୩୧
ଦଶହରା ୧୯୬୨	୧୩୨
ଦର୍ପଣ ୧, ୨	୧୩୪
ସୀମାନ୍ତ ଟ୍ରେନ	୧୩୮
ସ୍ୱଗତ ୧,୨	୧୪୧
ଉତ୍ତରସୂରୀ	୧୪୪
ବୋରିସ ପାଷ୍ଟରନାୟକଙ୍କୁ	୧୪୬
ଏକ ସେନ୍ଦ ୧	୧୪୮
ଉତ୍ତରଣ	୧୫୦
ଏକ ପ୍ରାର୍ଥନା	୧୫୨
ଦୁଇଟି ମୃତ୍ୟୁ	୧୫୩
ଏଆରପୋର୍ଟ, ନ୍ୟୟର୍କ	୧୫୬
ପୂର୍ଣ୍ଣିମାରେ ମହାନଦୀ କୂଳେ	୧୫୯

କବିତା ୧୯୬୯

ଅନ୍ୟ ସହରର ଲୋକ	୧୭୦
ନଦୀ	୧୭୨
ଲଳିତା	୧୭୪
ମୃତ୍ୟୁ	୧୭୮
ଏ ସହରଟା	୧୭୯
ନଦୀକୁ ଏକ ଦରଜା	୧୯୧
ଯା ଦେବୀ	୧୯୪
ପୁରୁଷାକାର	୧୭୬
ଦୁଇ ଶତ୍ରୁ, ଦୁଇ ଶିବିର	୧୭୭
ବାତ୍ୟା (୧୯୭୧)	୧୭୯
ଜନ୍ମଦିନ	୧୮୧

କବିତା ୧୯୭୧

ପୂର୍ବଜନ୍ମ	୧୮୪
ଓଡ଼ିଶା	୧୮୬
ସମୁଦ୍ରକୂଳ	୧୮୯
ଉଭର ମେଘ	୧୯୧
ଦ୍ରଷ୍ଟା	୧୯୩

କବିତା ୧୯୭୪

ପିଞ୍ଜରା	୧୯୪
ରଥଯାତ୍ରା ୧୯୭୩	୧୯୫
ନପୁଂସକ	୧୯୮
ଭୁବନେଶ୍ୱର	୨୦୦
ସ୍ମରଣିକା	୨୦୨
ମୋହିନୀର ହତ୍ୟାକାଣ୍ଡ ସମ୍ପର୍କରେ	୨୦୪

କବିତା ୧୯୮୩

ଚିତ୍ରବାଘ ?	୨୦୬
ଜୀବନ ଦୁଃଖର ରତୁ	୨୦୮

କବିତା ୧୯୮୫

କବିତାର କବର	୨୧୦

କବିତା ୧୯୮୭

ପରିଚୟପତ୍ର	୨୧୩
ବାଲିଆପାଳ	୨୧୫

କବିତା ୧୯୯୦

ସମୟର ହିସ	୨୧୭
ଦୃଶ୍ୟାନ୍ତର	୨୧୯

କବିତା ୨୦୦୩

ଶକୁନ୍ତଳା	୨୨୧
କାରଗିଲ	୨୨୨
ସବୁଠି ମୁଁ ହାରିଯାଏ	୨୨୪
ଜୀବନ ଦୁଃଖର ରତୁ	୨୨୬

ଓଡ଼ିଆ ମାଟିର ଦ୍ରୋଣ: ସଚ୍ଚିଦାନଂଦ ରାଉତରାୟଙ୍କ କବିତା

ଭଗବାନ ଜୟସିଂହ

॥ ୧ ॥

ରାଧାନାଥ ରାୟ ତଥା ତାଙ୍କର ସମକାଳୀନ ଓ ସମଧର୍ମୀ କବି ଓ ଲେଖକଙ୍କ ଦ୍ୱାରା ପ୍ରତିଷ୍ଠିତ ଆଧୁନିକତାର ଦାୟାଦ ଭାବେ କବିତାମଂଚରେ ଅବତୀର୍ଣ୍ଣ ହୋଇ ମାତ୍ର କେତୋଟି ଦଶନ୍ଧି ମଧ୍ୟରେ ଏକ କାଳଜୟୀ ସ୍ରଷ୍ଟାର ସମ୍ମାନ ଅର୍ଜନ କରିଛନ୍ତି ସଚ୍ଚିଦାନନ୍ଦ ରାଉତରାୟ, ସଂକ୍ଷେପରେ ସଚ୍ଚିଦାନନ୍ଦ ବା ସଚ୍ଚି ରାଉତରା। ସାହିତ୍ୟର ଐତିହାସିକମାନେ ଆଧୁନିକ ଓଡ଼ିଆ କବିତାର ପ୍ରଥମ ପର୍ବରେ ରାଧାନାଥ, ଫକୀରମୋହନ ଓ ମଧୁସୂଦନଙ୍କ ସାହିତ୍ୟିକ ପ୍ରତିନିଧିତ୍ୱକୁ ସ୍ୱୀକାର କଲାବେଳେ, ଦ୍ୱିତୀୟ ପର୍ବରେ ସଚ୍ଚିଦାନଂଦଙ୍କ ସାହିତ୍ୟିକ ପ୍ରଭୁତ୍ୱକୁ "ସଚ୍ଚିଦାନଂଦ ଯୁଗ"ର ଶ୍ରେୟ ବା ନିଷ୍କର୍ଷ ବୋଲି ଅଭିହିତ କରିଥାନ୍ତି। ଆଧୁନିକ ଓଡ଼ିଆ କବିତାର ନୂତନ ପ୍ରସ୍ଥ ନିର୍ମାଣ ଓ ପରିପାଳନ କରି ଆଧୁନିକ ଓଡ଼ିଆ କବିତା କ୍ଷେତ୍ରରେ ଏକ ଅଗ୍ରଗଣ୍ୟ ଓ ଅପ୍ରତିଦ୍ୱନ୍ଦ୍ୱୀ ଭୂମିକା ନିର୍ବାହ କରନ୍ତି ସଚ୍ଚିଦାନଂଦ। ସଚ୍ଚିଦାନଂଦଙ୍କ ଯୁଗନିର୍ମାଣ ଜନିତ ଅବଦାନକୁ କେହି ସ୍ୱୀକାର କରନ୍ତୁ ବା ନକରନ୍ତୁ, ସଚ୍ଚିଦାନଂଦଙ୍କ ପରବର୍ତ୍ତୀ ସମସ୍ତ କବି ପ୍ରତ୍ୟକ୍ଷରେ ବା ପରୋକ୍ଷରେ ଏହି ସୃଜନଶିଳ୍ପୀଙ୍କର ଯେ ଯଥାର୍ଥ ଦାୟାଦ, ଏହା କେହି ଅସ୍ୱୀକାର କରିପାରିବେ ନାହିଁ। ଏହି କ୍ରମରେ ସଚ୍ଚିଦାନଂଦଙ୍କ କାବ୍ୟ ପରମ୍ପରାର ଅନ୍ୟତମ ଉତ୍ତରସାଧକ ରାଜେଂଦ୍ର କିଶୋର ପଣ୍ଡା ତାଙ୍କୁ କାବ୍ୟଗୁରୁର ସମ୍ମାନ ଦେବାକୁ ଯାଇ କବିଙ୍କୁ "ମାଟିର ଦ୍ରୋଣ" ଭାବେ ଚିତ୍ରିତ କରିଛନ୍ତି।

|| ୨ ||

ନିଜର ପ୍ରଥମ କବିତା ସଂକଳନ "ପାଥେୟ"(୧୯୩୧)କୁ ପାଥେୟ କରି ସଚ୍ଚିଦାନଂଦ, ତାଙ୍କ କହିବା ଅନୁଯାୟୀ ମାତ୍ର ୧୬ କି ୧୭ବର୍ଷ ବୟସରେ ସାହିତ୍ୟକ୍ଷେତ୍ରରେ ପ୍ରବେଶ କରିଛଂତି ("ଉତ୍ତରକକ୍ଷ"୧, ୧୩୧) ଏବଂ ଏହାପରଠୁ ୩୦ବର୍ଷ ବୟସ ଭିତରେ ସାହିତ୍ୟର ଏମିତି କୌଣସି ବିଭାଗ ନାହିଁ, ଯାହା ମାଧ୍ୟମରେ କବି ନିଜର ଅନବଦ୍ୟ ସୃଷ୍ଟିଶୀଳତାର ପରିଚୟ ଦେଇନାହାନ୍ତି। ପାଞ୍ଚ ଦଶଂଧିରୁ ଊର୍ଦ୍ଧ୍ୱ ଲଂବମାନ ତାଙ୍କ ଯାତ୍ରାପଥରେ ସଚ୍ଚିଦାନଂଦ ଗଳ୍ପ, କବିତା, ପ୍ରବଂଧ, ସମାଲୋଚନା, ଗୀତିନାଟ୍ୟ ଏପରିକି "ଚିତ୍ରଗ୍ରୀବ" ଭଳି ଏକମାତ୍ର ଉପନ୍ୟାସ ରଚନା ଦ୍ୱାରା ସେ ବହୁବିଧ କୃତିର ଅଧିକାରୀ ହୋଇଛନ୍ତି। ତେବେ ଏ ସମସ୍ତ ବିଭାଗ ମଧ୍ୟରୁ କେବଳ କବିତା ହିଁ ସଚ୍ଚିଦାନଂଦଙ୍କୁ ଏକ ଯୁଗପ୍ରବର୍ତ୍ତକର ଆସନରେ ଅଳଂକୃତ କରିଛି। ଏଣୁ କବିତା କ୍ଷେତ୍ରରେ ତାଙ୍କର ସାମଗ୍ରିକ ଅବଦାନ ବିଷୟରେ ଆକଳନ କଲାବେଳେ ସଚ୍ଚିଦାନଂଦଙ୍କ ସମଗ୍ର କାବ୍ୟସୃଷ୍ଟିକୁ ଦୁଇଟି ବିଭାଗରେ ବିଭକ୍ତ କରାଯାଇପାରେ।

କବିଙ୍କ ପ୍ରଥମ କାବ୍ୟ ସଂକଳନ "ପାଥେୟ"(୧୯୩୧)ଠାରୁ ଆରଂଭ କରି ପ୍ରାଥମିକ ସୃଷ୍ଟିକୁ ସଫଳ କରିଥିବା ସଂକଳନମାନଙ୍କ ମଧ୍ୟରେ ଅଛନ୍ତି : "ଅଭିଯାନ", "ବାଜିରାଉତ", "ପଲ୍ଲିଶ୍ରୀ" ଓ "ହସଂତ"। "ହସଂତ" ପ୍ରକାଶନର ପରେ ପରେ ଆବିର୍ଭାବ ହୋଇଛି "ପାଣ୍ଡୁଲିପି"(୧୯୪୭), ଯେଉଁ ସଂକଳନଟି ସଚ୍ଚିଦାନଂଦଙ୍କ ପ୍ରଥମ ଓ ଦ୍ୱିତୀୟ କାବ୍ୟକଳାକୁ ପ୍ରାଥମିକ ପର୍ବର ଏ ସମସ୍ତ କବିତା ସଂକଳନ ସଚ୍ଚିଦାନଂଦଙ୍କ କାବ୍ୟିକ ପରାକାଷ୍ଠାର ବହୁ ଝଲକ ପରିବେଷଣ କରିଥିଲେ ମଧ୍ୟ ଏକ ସମ୍ପୂର୍ଣ୍ଣ କାବ୍ୟ ଆଂଦୋଳନକୁ ପ୍ରତିନିଧିତ୍ୱ କରିବା ପାଇଁ ଏମାନେ ସମ୍ପୂର୍ଣ୍ଣ ସମର୍ଥ ନଥିଲେ। ବାସ୍ତବରେ "ପାଣ୍ଡୁଲିପି" ଥିଲା ସଚ୍ଚିଦାନଂଦଙ୍କ କାବ୍ୟିକ ପ୍ରଗତିର ଏକ ସନ୍ଧିସ୍ଥଳ, ଦିଗବାରେଣୀ ଖୁଂଟ ସଦୃଶ। ଆଲୋଚନାର ସୁବିଧା ଦୃଷ୍ଟିରୁ ସଚ୍ଚିଦାନଂଦଙ୍କ ବିପୁଳ ସୃଷ୍ଟିର ଅବଧିରୁ "ପାଣ୍ଡୁଲିପି" ପୂର୍ବବର୍ତ୍ତୀ ଓ "ପାଣ୍ଡୁଲିପି" ପରବର୍ତ୍ତୀ ଏଭଳି ଦୁଇଟି କାଳଖଂଡ଼ରେ ବିଭକ୍ତ କରାଯାଇପାରେ। ସଚ୍ଚିଦାନଂଦଙ୍କ ଦ୍ୱିତୀୟ ପର୍ଯ୍ୟାୟ ବା "ପାଣ୍ଡୁଲିପି" ପରବର୍ତ୍ତୀ କବିତା ସଂକଳନମାନଙ୍କ ମଧ୍ୟରେ ରହିଛନ୍ତି : "ସ୍ୱଗତ", "ଭାନୁମତୀର ଦେଶ" ଏବଂ ପ୍ରକାଶବର୍ଷକୁ ଭିତ୍ତିକରି ଆତ୍ମପ୍ରକାଶ କରିଥିବା ତାଙ୍କର ଅନ୍ୟ ସବୁ କବିତାଗ୍ରଂଥ : "କବିତା ୧୯୬୨", "କବିତା ୧୯୬୯", "କବିତା ୧୯୭୧", "କବିତା ୧୯୭୪", "କବିତା ୧୯୮୫", "କବିତା ୧୯୮୭", "କବିତା ୧୯୯୦" ଏବଂ ମୃତ୍ୟୁର କିଛି ମାସ ପୂର୍ବରୁ ତାଙ୍କର ଶେଷ କୃତି "କବିତା ୨୦୦୩"।

ସଚ୍ଚିଦାନଂଦଙ୍କ କାବ୍ୟିକ ଉନ୍ମେଷର ଉଷାକାଳରେ ପ୍ରକାଶିତ "ପାଥେୟ"କୁ ଅନୁଶୀଳନ କଲେ, ଜଣେ ତରୁଣତମ କବିଙ୍କ ପ୍ରତିଭାର ଭବିଷ୍ୟତର ଆକଳନ କରିହୁଏ । କବିଙ୍କ ଶବ୍ଦ ଓ ଭାଷା ତଥା ବିଷୟବସ୍ତୁ ଚୟନ ପ୍ରକ୍ରିୟାରେ, ତାଙ୍କର ଅଦ୍ଭୁତ କାବ୍ୟିକ ସାମର୍ଥ୍ୟ କେତେ ବେଶି ତାହା ଜାଣି ଆଶ୍ଚର୍ଯ୍ୟ ହେବାକୁ ପଡ଼େ। "ପାଥେୟ"ର ଏକ ବହୁ ଆଦୃତ କବିତା, "ଭଗବାନ ଅଛ କାହିଁ ?"କୁ ଉଦାହରଣ ସ୍ୱରୂପ ନିଆଯାଇପାରେ। ଏ କବିତାରେ ବାମପନ୍ଥୀ ଚିନ୍ତାଧାରାର କେଂଦ୍ରସ୍ଥଳରେ ଈଶ୍ୱରଙ୍କ "ନାହିଁ-ନାହିଁ"ର ଅସ୍ତିତ୍ୱକୁ ପ୍ରତିଫଳନ କରିଛନ୍ତି ସଚ୍ଚିଦାନଂଦ। ଆଧୁନିକ ଓଡ଼ିଆ କବିତାଧାରାରେ ମାର୍କସବାଦୀ ଚିଂତାର ଏକ ବିପୁଳ ବିସ୍‌ଫୋରଣ ମିଳେ ଏ କବିତାରେ। ଧର୍ମ-ଅଧର୍ମ ପରିପ୍ରେକ୍ଷୀରେ ଧର୍ମକୁ ଯାବତୀୟ ହିଂସା, ଅନ୍ୟାୟ, ଅତ୍ୟାଚାର, ବିଶେଷକରି "ଚରିଆଡ଼େ ଦେଖେ ଧନୀର ଶୋଷଣ / ଧର୍ମ ନାଆଁରେ ଯାବତ କଷଣ" ସୃଷ୍ଟି କରୁଥିବା ବ୍ୟକ୍ତି ବିଶେଷଙ୍କୁ ଅତ୍ୟନ୍ତ କଟୁ ଭାଷାରେ ଭର୍ତ୍ସନା କରିଛନ୍ତି ସେ। ଅଧର୍ମକୁ ପାଥେୟ କରି ଧର୍ମ ନାଆଁରେ ମଣିଷକୁ ମଣିଷର ଶୋଷଣ କରିବାର ହୀନ ଅଭିଳାଷକୁ ସମ୍ପୂର୍ଣ୍ଣ ଭାବେ ପ୍ରତ୍ୟାଖ୍ୟାନ କରିଛନ୍ତି ସଚ୍ଚିଦାନଂଦ। ଧର୍ମ ଓ ଦେବତାଙ୍କ ଦ୍ୱାହି ଦେଇ ଖଟିଖିଆ ମଜଦୁର ଓ ଗରିବଙ୍କୁ ଲୁଟୁଥିବା ମଣିଷଙ୍କ ପ୍ରତି ଭଗବାନଙ୍କ ସ୍ନେହସିକ୍ତ ଆଭିମୁଖ୍ୟ ଉପରେ ପ୍ରଶ୍ନଚିହ୍ନ ଆଙ୍କିଛନ୍ତି। କାର୍ଲ ମାର୍କସ୍‌ଙ୍କ ମତରେ, ମଣିଷଙ୍କ ପାଇଁ ଧର୍ମ ଅଫିମ ସଦୃଶ, ଯାହା ସାମାଜିକ ବୈଷମ୍ୟ ସୃଷ୍ଟି କରିବାରେ ସର୍ବଦା ସହାୟକ ଥାଏ। ଦାରିଦ୍ର୍ୟ-ପ୍ରପୀଡ଼ିତ ଲୋକଟିଏ ଦାରିଦ୍ର୍ୟକୁ ଈଶ୍ୱରଦତ୍ତ ଆଶୀର୍ବାଦ ଭାବେ ଗ୍ରହଣ କରି ନିଜର ଦୁଃଖଦ ଅବସ୍ଥା ସହ ସନ୍ଧି ସ୍ଥାପନ କରିଥାଏ, ଏବଂ ଧନୀ ବା ଶୋଷକ ଶ୍ରେଣୀର ଲୋକମାନେ ଗରିବଙ୍କ ଏତାଦୃଶ ମନସ୍ତତ୍ତ୍ୱକୁ ଭିତ୍ତିକରି ଚତୁରତା ସହ ସେମାନଙ୍କ ଉପରେ ନିଜର ପ୍ରଭୁତ୍ୱ ଜାହିର କରିଥାନ୍ତି। ସୁତରାଂ ଉଭୟଙ୍କ ଅସାମଞ୍ଜସ୍ୟ ବିରୁଦ୍ଧରେ ନିଜର ବୈପ୍ଳବିକ ମନୋଭାବ ପ୍ରଦର୍ଶନ କରିବା ପୂର୍ବକ ଭଗବାନଙ୍କ ସ୍ଥିତିକୁ ଅସ୍ୱୀକାର କରିଛନ୍ତି ସଚ୍ଚିଦାନଂଦ :

ଗଢ଼ିଛି ତମକୁ ଧନିକ ଦେବତା
ନିଜ ସ୍ୱାର୍ଥ ପାଇଁ ସତ କଥା
ଫରମାସେ ତାର ହୋଇଛି ତିଆରି
ତାହାରି ବରାଦ ପାଇଁ
ଭଗବାନ ଅଛ କାହିଁ ?

ଏ କବିତା ରଚନା ପଛରେ ପାଶ୍ଚାତ୍ୟ ଜଗତର ଟପ୍‌ପେନି, ଉଇଲିଅମ୍ ଗଡ଼୍‌ୱିନ, ରବର୍ଟ ଓୟେନ ଏବଂ ଫ୍ରାନସର ଫୋରିୟରଙ୍କ ଭଳି ପ୍ରମୁଖ ମନୀଷୀଙ୍କ ପୁଞ୍ଜିବାଦ

ବ୍ୟବସ୍ଥା ବିରୁଦ୍ଧରେ ଶୋଷଣହୀନ ଆଦର୍ଶ ସମାଜର ପ୍ରଭୁତ ପ୍ରଭାବ ରହିଛି ବୋଲି ତାଙ୍କର ଆତ୍ମଜୀବନୀରେ ଉଲ୍ଲେଖ କରିଛନ୍ତି କବି।

ବ୍ରହ୍ମପୁରରୁ ଯୁବରାଜ କୃପାସିନ୍ଧୁ ପଟ୍ଟଦେବଙ୍କ ସଂପାଦନାରେ ପ୍ରକାଶ ଲାଭ କରୁଥିବା ସାପ୍ତାହିକୀ "ନବୀନ"ରେ ପ୍ରକାଶିତ ତାଙ୍କର ପ୍ରତିବାଦ ଓ ପ୍ରତିରୋଧ ସ୍ୱର ସଂବଳିତ କବିତାଗୁଡ଼ିକୁ ପାଠକରି କୁନ୍ତଳାକୁମାରୀ ସଚ୍ଚିଦାନଂଦଙ୍କୁ "ରକ୍ତତୀର୍ଥ ଖୋରଧାର ଯୋଗ୍ୟ ଦାୟାଦ ବିପ୍ଳବୀ କବି" ବୋଲି ସଂବୋଧିତ କରିଥିଲେ ("ଉତ୍ତରକକ୍ଷ"୧,୧୩୪)। "ଭଗବାନ ଅଛ କାହିଁ" କବିତାଟି ମାର୍କସ୍‌ବାଦ ଦ୍ୱାରା ଅନୁପ୍ରାଣିତ ବୋଲି କବି ସ୍ୱୀକାର କରିଛନ୍ତି (୧୬୦)। ଏହି ମାର୍କସ୍‌ବାଦର ପ୍ରଭାବ ମଧ୍ୟ ତାଙ୍କର ପରବର୍ତ୍ତୀ କବିତା ସଂକଳନ "ଅଭିଯାନ"(୧୯୩୭) ଏବଂ ଭଗବତୀ ଚରଣ ପାଣିଗ୍ରାହୀଙ୍କ ମାର୍କସ୍ ମତବାଦୀ "ଆଧୁନିକ" ପତ୍ରିକା (ପ୍ରଥମ ପ୍ରକାଶବର୍ଷ ୧୯୩୭)ର ଆବିର୍ଭାବ ପୂର୍ବରୁ ପ୍ରକାଶିତ "ଚିତ୍ରଗ୍ରୀବ"(୧୯୩୫) ଉପନ୍ୟାସରେ ପ୍ରକଟିତ ହୋଇଥିଲା।

"ପାଥେୟ" ଓ "ପାଣ୍ଡୁଲିପି" ପ୍ରକାଶକାଳ ମଧ୍ୟସ୍ଥ ଦୁଇଟି ଉଲ୍ଲେଖନୀୟ କୃତି ହେଉଚି : "ବାଜି ରାଉତ"୧୯୩୮ ଓ "ପଲ୍ଲିଶ୍ରୀ"। ସଚ୍ଚିଦାନଂଦଙ୍କ ଆଦ୍ୟକୃତି ଭିତରେ ଏ ଦୁଇଟି ଗ୍ରନ୍ଥ ହେଉଚି ତାଙ୍କର ଅତ୍ୟନ୍ତ ଜନପ୍ରିୟ ଓ ବହୁଚର୍ଚ୍ଚିତ କୃତି। "ବାଜି ରାଉତ" ପ୍ରଥମେ କଟକରୁ ପ୍ରକାଶିତ "ସହକାର" ପତ୍ରିକାରେ ପ୍ରକାଶ ପାଇଥିଲା। ପରେ ଏହାର ପରିବର୍ଦ୍ଧିତ ସଂସ୍କରଣରେ ଦୁଇଟି ଭିନ୍ନ ପରିଚ୍ଛେଦ, ଯଥା : "ଆହେ କବି ବାରେ ଠିଆ ହୁଅ" ଓ "ପୋଛ ମାତା, ପୋଛ ଅଶ୍ରୁରାଶି" ଯୋଡ଼ିଥିଲେ କବି। "ବାଜି ରାଉତ" ଥିଲା ଏକ ଦୀର୍ଘ କବିତା, ଏବଂ ଓଡ଼ିଶାର ପ୍ରଜା ଆନ୍ଦୋଳନର ଏକ ବିଭୀଷିକାମୟ ଐତିହାସିକ ପୃଷ୍ଠଭୂମି ଉପରେ ଲିଖିତ ହୋଇଥିଲା। ପ୍ରଜା ଆନ୍ଦୋଳନର ଏକ ନିରସ୍ତ୍ର ସିପାହୀ ଥିଲା ବାଜି ରାଉତ। ଭୁବନ ନିକଟସ୍ଥ ନୀଳକଣ୍ଠପୁର ଗ୍ରାମର ୧୨ବର୍ଷର ଏହି ଗରିବ ଖଂଡାୟତ ବାଳକ "ବାଜି ରାଉତ" ଥିଲା କବିତା ଗ୍ରନ୍ଥର କାବ୍ୟନାୟକ। ଏକ ମେଘ ମେଦୂର ରଜନୀର ଘନ ଅନ୍ଧକାର ଭିତରେ ଗାଁ ମୁଣ୍ଡ ବ୍ରାହ୍ମଣୀ ନଦୀର ଘାଟ ସୁରକ୍ଷା ଥିଲା ତା'ର ଦାୟିତ୍ୱ। ବ୍ରିଟିଶ୍ ଫୌଜ ଓ ଦରବାରୀ ପୁଲିସ୍‌ଙ୍କ ଘାଟ ପାର ହେବାର ନିର୍ଦ୍ଦେଶକୁ ଅବମାନନା କରିବାର ଦୁଃସାହସ ପାଇଁ ସେମାନଙ୍କ ଅତର୍କିତ ଗୁଳିବର୍ଷଣରେ ତଳେ ପଡ଼ିଯାଇଥିଲା। ବିରୋଚିତ ମୃତ୍ୟୁକୁ ସାମ୍ନା କରିବାରେ ବାଜି ରାଉତ ଏକମାତ୍ର ବାଳକ ନଥିଲା, ତା ସହ ସହିଦ ହୋଇଯାଇଥିଲେ ତା'ର ଅନ୍ୟ ପାଞ୍ଚଜଣ ସହଯୋଗୀ। କଟକ ଖାନନଗର ଶ୍ମଶାନରେ କିଛି ସହକର୍ମୀଙ୍କ ସହ ସହିଦମାନଙ୍କ ଶେଷକୃତ୍ୟ ସମାପନ କଲାପରେ ତାଙ୍କ ମନର, କବିଙ୍କ ଭାଷାରେ "ଅସଂଲଗ୍ନ ଭାବନା"କୁ ନେଇ ରଚିତ ହୋଇଥିଲା କବିତାଟି, ("ପରିଚୟ",୨)।

କୌଣସି ଏକ ବିରୋଚିତ ସାହସିକ ଆତ୍ମବଳିର କରୁଣ କାହାଣୀ ଉପରେ ପର୍ଯ୍ୟବସିତ "ବାଜି ରାଉତ" କବିତାଟି ପୃଥିବୀ ସାହିତ୍ୟ ଇତିହାସରେ ପ୍ରଥମ ନହୋଇପାରେ, ତେବେ ସାମନ୍ତବାଦୀ ବିଧିବ୍ୟବସ୍ଥା ବିରୁଦ୍ଧରେ ସାମ୍ୟତନ୍ତ୍ରୀୟ ମାନସିକତାକୁ ପ୍ରତିନିଧିତ୍ୱ କରିବା ସହ ସାଧାରଣ ଜନମାନସକୁ ଦୋହଲେଇ ପାରୁଥିବା ଏକ ବଳିଷ୍ଠ ଖଣ୍ଡକାବ୍ୟ ଯେ ନିଶ୍ଚୟ। କେବଳ ଓଡ଼ିଶାରେ କାହିଁକି ସାରା ଭାରତବର୍ଷର ଜାତୀୟ ମୁକ୍ତି ଆନ୍ଦୋଳନର ପ୍ରତୀକ ଭାବେ ଏହା କେବଳ ଓଡ଼ିଆ ସାହିତ୍ୟରେ ନୁହେଁ, ବରଂ ବହୁ ଭାରତୀୟ ଭାଷାରେ ଅନୁଦିତ ହୋଇ ପାଠକମାନଙ୍କ ଶ୍ରଦ୍ଧା ହାସଲ କରିଛି। ପରାଧୀନ ଭାରତବର୍ଷର ଗରିବ ଓ ଅବହେଳିତମାନଙ୍କ ପ୍ରତି ଧନିକ ବର୍ଗଙ୍କ ନିଷ୍ପେଷଣରୁ ମୁକ୍ତିଲାଭ ଜନିତ ଆହ୍ୱାନ ଥିଲା ଏଇ ଖଂଡ଼କାବ୍ୟର ବିଶେଷତ୍ୱ। ବାଜି ରାଉତ ଥିଲା, କବିଙ୍କ ଭାଷାରେ ଏକ "ଅଗ୍ନି ବଳାକା", "ଅଲିଭା ସଳିତା" ମୁକ୍ତିର ଏକ ମୁକ୍ତ ପ୍ରତିବିଂବ :

ନୁହେଁ ବଂଧୁ ନୁହେଁ ଏହା ଚିତା
ଏ ଦେଶ ତିମିର ତଳେ
ଏ ଅଲିଭା ମୁକତି ସଳିତା।
ନୁହେଁ ଏହା ଜଳିଯିବା ପାଇଁ
ଏହାର ଜନମ ଏଥି ଜାଳିପୋଡ଼ି
ଦବାକୁ ଧସାଇ ॥
ଏବଂ
ଏ କଥା ଦେଇଚି ଆଜି
    ଇତିହାସେ ହାତ ଟେକି ଦାନ
ଶତାବ୍ଦୀର ଶ୍ରେଷ୍ଠ ଫୁଲ
    ମୁକୁଳିତ 'ମୃତ୍ୟୁହୀନ' ପ୍ରାଣ ॥

"ବାଜି ରାଉତ" ରଚନା ପରିପ୍ରେକ୍ଷୀରେ ସଚ୍ଚିଦାନଂଦ କେବଳ ନିଜର ମାର୍କସ୍‌ବାଦୀ ଆଭିମୁଖ୍ୟକୁ ପରିପ୍ରକାଶ କରିନାହାନ୍ତି, ତା ସହ ତାଙ୍କର ଦୁଇଟି ପ୍ରଚ୍ଛନ୍ନ ସାହିତ୍ୟିକ ଅଭିପ୍ରାୟକୁ ଚରିତାର୍ଥ କରିଛନ୍ତି ମଧ୍ୟ :

ପ୍ରଥମ : ରାଧାମୋହନ – ଫକୀରମୋହନ– ସଚ୍ଚିଦାନଂଦଙ୍କ କାବ୍ୟ ପରମ୍ପରାର ମୁଖ୍ୟ ସ୍ରୋତରେ ସାମିଲ ହୋଇଥିବା 'ସବୁଜ' ଭଳି ଏକ କାବ୍ୟିକ ଉପଧାରା ବିପକ୍ଷରେ ଏକ ପ୍ରଚ୍ଛନ୍ନ ବିଦ୍ରୋହ ଘୋଷଣା କରିଛନ୍ତି।

ଦ୍ୱିତୀୟ : ନିଜ ସୃଷ୍ଟିକୁ ସବୁଜଙ୍କ କଳ୍ପିତ ପୃଥିବୀରୁ ଦୂରେଇ ରଖି ଯାହା ପ୍ରକୃତ ଓ ବାସ୍ତବ, ତାକୁ ଆଧାର କରି ଜୀବନର ପ୍ରକୃତ ଚିତ୍ର ଆଙ୍କିଛନ୍ତି।

ସଚ୍ଚିଦାନଂଦଙ୍କ ଓଡ଼ିଆ କାବ୍ୟଜଗତରେ ପଦାର୍ପଣ କଲାବେଳେ କାଳିନ୍ଦୀ ଚରଣ ପାଣିଗ୍ରାହୀ, ଅନ୍ନଦା ଶଙ୍କର ରାୟ ଓ ବୈକୁଣ୍ଠନାଥ ପଟ୍ଟନାୟକ ଇତ୍ୟାଦିଙ୍କ ପ୍ରତିଷ୍ଠିତ "ସବୁଜ" କାବ୍ୟଧାରା ବେଶ୍ ଲୋକପ୍ରିୟ ଥିଲା। ସ୍ୱପ୍ନ ଓ କଳ୍ପନାକୁ ଭିତ୍ତିକରି ଗଢ଼ି ଉଠିଥିବା ରୋମାଂଟିକ୍ କାବ୍ୟ ପରମ୍ପରା ବାସ୍ତବତାଠାରୁ କେତେ ଦୂରବର୍ତ୍ତୀ ଥିଲା, ତାହା ଅନୁଭବ କରିପାରିଥିଲେ ସଚ୍ଚିଦାନଂଦ। ସେମାନଙ୍କ ବିପକ୍ଷରେ "ପଳାୟନପନ୍ଥୀ", "କମଳବିଳାସୀ", "ଭୀରୁ" ଓ "ଶୂନ୍ୟଚାରୀ" ଭଳି ବହୁ କଟୁ ଶବ୍ଦ ପ୍ରୟୋଗ କରି ନିଜ କବିତାର ଅନ୍ତଃସ୍ୱର "ଛଳନା" ହୀନ ବାସ୍ତବତା ଉପରେ ପ୍ରତିଷ୍ଠିତ ବୋଲି ପରୋକ୍ଷ ଇଂଗିତ ଦେଇଥିଲେ :

କମଳ-ବିଳାସୀ କବି ! ଦେଖିଯାଅ
ନୁହେଁ ଏ ଛଳନା
ନୁହେଁ ଏହା ନିଶାନ୍ତର
ସ୍ୱପ୍ନ ମିଶା ଗତାୟୁ କଳ୍ପନା ॥

କବିତାକୁ ବାସ୍ତବାଭିମୁଖୀ କରିବାକୁ ହେଲେ କବିଙ୍କୁ ନିଜର କାବ୍ୟିକ ଦୃଷ୍ଟିଭଙ୍ଗୀ ଓ ଆଭିମୁଖ୍ୟରେ ଯେ ଅକପଟ ହେବାକୁ ପଡ଼ିବ - ଏହା ନେଇ ବେଶ୍ ସଚେତନ ଥିଲେ ସଚ୍ଚିଦାନଂଦ। ସେଥିପାଇଁ ବୋଧହୁଏ ସଚ୍ଚିଦାନଂଦ ପହଂଚିଛନ୍ତି ନିଜ ଭିଟାମାଟିରେ। ନିଜ ଜନ୍ମଭୂମିର ଦୁର୍ବାର ଆକର୍ଷଣରେ ରଚିତ ହୋଇଛି "ପଲ୍ଲିଶ୍ରୀ"। "ପଲ୍ଲିଶ୍ରୀ"ର ଏକ ବିଶେଷ ଓ ବହୁଚର୍ଚ୍ଚିତ କବିତା ହେଉଛି "ଛୋଟ ମୋର ଗାଆଁ"। ଭୂଗୋଳ ପୃଷ୍ଠାରେ ଅନାଙ୍କିତ ହେଲେ ମଧ୍ୟ ଗାଆଁର 'ଷଠୀଘର' ଓ 'ଏନ୍ଡୁଡ଼ିଶାଳ' ବ୍ୟତୀତ ଗାଆଁର ଅଙ୍କାବଙ୍କା 'ନଈ', 'ଝରଣା', 'ବଣ', 'ତୋଟାମାଳ', 'ସବୁଜ ଲତା', 'ଫଗୁଣ ପାହାଂତି' ଇତ୍ୟାଦି ଯେମିତି ତାଙ୍କୁ ମତୁଆଲା କରିଛନ୍ତି। ଗାଆଁର ପବିତ୍ର ଜଳକୁ 'ରକ୍ତ' ଭଳି ଶିରାରେ, ତାର 'ବାୟୁପ୍ରବାହ'କୁ 'ନିଃଶ୍ୱାସ'ରେ ତଥା ତା ଫୁଲଙ୍କ ଶୁଭ୍ର ସତେଜତାକୁ କଂଠରେ ବହନ କରି ସଚ୍ଚିଦାନଂଦ ଯେପରି ଭାବରେ ନିର୍ମଳ, ଉଦାର ଗ୍ରାମୀଣ ପରିବେଶ ସହ ନିଜ ପ୍ରାଣସ୍ପନ୍ଦନକୁ ଏକାକାର କରିଛନ୍ତି, ଏହାର ଉଦାହରଣ କୌଣସି ଭାରତୀୟ କବିତାରେ ଦୁର୍ଲଭ ମନେହୁଏ।

ଗାଆଁକୁ ସର୍ତ୍ତହୀନ ଭଲପାଇବା, ଅର୍ଥାତ୍ ଗାଆଁର ସମସ୍ତ ଭଲମନ୍ଦର ବାଛବିଚାର ଊର୍ଦ୍ଧ୍ୱରେ ତାର ସମ୍ମୋହନ ବା ଆକର୍ଷଣରେ ନିଜକୁ ହଜେଇଦେବାକୁ ନେଇ ରଚିତ ହୋଇଛି "ପଲ୍ଲିଶ୍ରୀ"। ଗାଆଁର 'ଆଲୋକ' ହେଉ କି 'ଅନ୍ଧାର' ଉଭୟଙ୍କ ଆବେଦନକୁ ଏକକ ଅର୍ଥରେ ଗ୍ରହଣ କରିଛନ୍ତି ସଚ୍ଚିଦାନଂଦ। ଉଭୟଙ୍କ ମଧ୍ୟସ୍ଥ କୌଣସି ବିରୋଧାଭାସକୁ ପ୍ରଶ୍ରୟ ଦେଇନାହାନ୍ତି କବି। ଗାଆଁକୁ ମନଭରି ଭଲପାଉଥିବା, ତାକୁ

ହୃଦୟଭରି ସ୍ନେହ କରୁଥିବା ଲୋକଟି ପାଇଁ ଏହା ନିଃସ୍ୱାର୍ଥପର ପ୍ରେମ ସଦୃଶ। ତା' ପାଇଁ 'ଆଲୁଅ' ଯେତିକି ମନୋହର ତା'ଠାରୁ କେତେଗୁଣ ମନୋରମ ହୋଇଛି 'ଅଂଧାର' :

ଆଲୁଅ ତାର କି' ମନୋହର !
ଅନ୍ଧକାର ତା'ଠାରୁ ଭଲ,
ଜୀବନ ପଥେ ସକଳ ତାର
ଫିଟାଏ ନୂଆ ରାହାଟି ॥

ଶାସ୍ତ୍ର ମତରେ, ଯାହା କିଛି ପୁଣ୍ୟ ବା ପବିତ୍ର ଓ ଶାନ୍ତିପ୍ରଦାୟକ - ସେ ସବୁ ସହ ଯୋଡ଼ିହୋଇ ରହିଥାଏ 'ଆଲୁଅ'। ସେହିଭଳି 'ଅଂଧାର' ସହ ସଂପର୍କିତ ଥାଏ ହିଂସା, ଦ୍ୱେଷ, ଅଜ୍ଞତା, ଅନ୍ୟାୟ ଓ ଅପବିତ୍ର। ଗ୍ରୀକ୍ ମିଥ୍ ଓ ଧର୍ମଧାରା ଅନୁଯାୟୀ, ପ୍ରାଚୀନକାଳରେ ସମୟର କୌଣସି ବିଭକ୍ତୀକରଣ ନଥିଲା। ଅଂଧାର ଓ ଆଲୁଅର ମାପକାଠିରେ ସମୟ ପ୍ରବାହକୁ ନିର୍ଣ୍ଣିତ କରାଯାଉଥିଲା। ଆମ ହିନ୍ଦୁ ସଂସ୍କୃତିରେ ଅଂଧାର ରୂପକ ନକାରାତ୍ମକ ପରିବେଶରୁ ମୁକ୍ତି ଲାଗି ଆଲୋକର ଆବାହନ କରାଯାଇଛି : ତମସୋ ମା ଜ୍ୟୋତିର୍ଗମୟ । ମୃତ୍ୟୁ ରୂପକ ଅଂଧାରରୁ ଅମୃତର ଆଲୋକ ସଂଧାନ କରିଛି ମଣିଷ। ତେବେ ସଚ୍ଚିଦାନଂଦଙ୍କ କବିତାରେ ଉଭୟଙ୍କ ଅନୁଭବକୁ ଗ୍ରାମ ସହ ସଂପର୍କିତ କଲାବେଳେ ଉଭୟଙ୍କ ଅସ୍ତିତ୍ୱକୁ ଆନନ୍ଦ ଓ ଉତ୍ସାହ ସହ ଗ୍ରହଣ କରିଛନ୍ତି କବି। କେବଳ ସେତିକି ନୁହେଁ ଆଲୋକର ବୈଚିତ୍ର୍ୟ ଠାରୁ ଅଂଧାରର ଐଶ୍ୱର୍ଯ୍ୟକୁ ବେଶି ଆକର୍ଷଣୀୟ ବୋଲି କହିଛନ୍ତି। ପୃଥିବୀର ଭୌଗୋଳିକ ପରିସୀମା ଭିତରେ ଏହା ଅତୀବ କ୍ଷୁଦ୍ର ହୋଇପାରେ, ହେଲେ ତାର ଦୁର୍ବାର ମୋହରେ ମୋହଗ୍ରସ୍ତ କବି ତାକୁ ଜୀବନ ଓ ମୃତ୍ୟୁର ଏକୀଭୂତ ଇଲାକା ବୋଲି ମନେ କରିଛନ୍ତି :

ମାଟିର ସେଇ ସରଗ ମୋର
ସେଇଠି ଅଛି ମୋ ଷଠୀଘର।
ଜଳିବ ପୁଣି ସେଇଠି ଶେଷ
ମୋହରି ଚିତା ନିଆଁଟି
ଛୋଟ ମୋର ଗାଆଁଟି ॥

॥ ୩ ॥

ସଚ୍ଚିଦାନଂଦଙ୍କ ପରବର୍ତ୍ତୀ କାବ୍ୟିକ ଅଗ୍ରଗତିରେ "ପାଣ୍ଡୁଲିପି" ଆଧୁନିକ ଓଡ଼ିଆ କବିତାକ୍ଷେତ୍ରରେ ଏକ ଉଲ୍ଲେଖନୀୟ ଓ ନିର୍ବିବାଦ ଭୂମିକା ନିର୍ବାହ କରିଛି ବୋଲି ମୁଁ ଆଗରୁ ଉଲ୍ଲେଖ କରିଛି। ଭାରତ ସ୍ୱାଧୀନତା ପ୍ରାପ୍ତିର ସମତାଳରେ ପ୍ରକାଶିତ

ପ୍ରତିମା ନାୟକ ଓ ଅନ୍ୟାନ୍ୟ କବିତା | ୧୫

"ପାଣ୍ଡୁଲିପି"(୧୯୪୭) ସଚ୍ଚିଦାନଂଦଙ୍କ କାବ୍ୟିକ ପ୍ରଗତିର ଆଦ୍ୟକାଳ ଓ ପରକାଳ ଭିତରେ ଏକ ବିପୁଳ ବ୍ୟବଚ୍ଛେଦକୁ ସୂଚିତ କରିଛି। ସଚ୍ଚିଦାନଂଦ ତାଙ୍କର ପ୍ରାଥମିକ ପର୍ବରେ ପରିଦୃଶ୍ୟ ଭାବ, ଭାଷା ଓ ଶୈଳୀକୁ ପରିତ୍ୟାଗ କରି ଏକ ନୂତନ କାବ୍ୟଭାଷା ସହ ନୂତନ ବିଷୟବସ୍ତୁ ଓ ଟେକ୍‌ନିକ୍ ବ୍ୟବହାର ପାଇଁ ପ୍ରୟାସ କରିଛନ୍ତି। ରାଧାନାଥ-ଫକୀରମୋହନ-ମଧୁସୂଦନ କାବ୍ୟ ପରଂପରା ବିରୁଦ୍ଧରେ, ବିଶେଷକରି "ବାଜି ରାଉତ" ଭଳି ଏକ ଖଂଡ଼କାବ୍ୟରେ ସେ ଜାହିର କରିଥିବା ବିଦ୍ରୋହ ଏକ ବିପୁଳ ଆଂଦୋଳନରେ ପରିଣତ ହୋଇଛି ଏ କାବ୍ୟଗ୍ରନ୍ଥରେ। "ପାଣ୍ଡୁଲିପି"ର ଅନେକ କବିତା "ସବୁଜ" କବିଙ୍କ ରୋମାଂଟିକ୍ ଭାବଧାରାକୁ ଅନୁସରଣ କରିଥିଲେ ମଧ୍ୟ, ଏଥିରେ ଅନୁସୃତ କାବ୍ୟଧାରା ପରବର୍ତ୍ତୀ ଆଧୁନିକ ଓଡ଼ିଆ କବିତାକୁ ଏକ ନୂତନ ଦିଗ୍‌ଦର୍ଶନ ଦେବାରେ ଏକ ସମର୍ଥ ବା ପ୍ରମୁଖ ଭୂମିକା ଗ୍ରହଣ କରିଥିଲେ। ବାସ୍ତବରେ ଦେଖିବାକୁ ଗଲେ "ପାଣ୍ଡୁଲିପି" ଥିଲା ଏକ ପ୍ରସ୍ତୁତି ପର୍ବର ଦସ୍ତାବିଜ୍, ଯାହାକୁ ସଚ୍ଚିଦାନଂଦ "ଝଡ଼"ର ପ୍ରତିରୂପ ଭାବେ ଗ୍ରହଣ କରିଛନ୍ତି।

"ପାଣ୍ଡୁଲିପି"ରେ ସଂକଳିତ "ଝଡ଼" ସଚ୍ଚିଦାନଂଦଙ୍କ ଏକ ବହୁ ସଂକଳିତ ଓ ବହୁଚର୍ଚ୍ଚିତ କବିତା। ସଚ୍ଚିଦାନଂଦ ତାଙ୍କ ଆତ୍ମଜୀବନୀ "ଉତ୍ତରକକ୍ଷ"ରେ ଏ କବିତାଟି ନିଜର କିଛି ବ୍ୟକ୍ତିଗତ ଅନୁଭୂତି ଉପରେ ଲେଖାଯାଇଛି ବୋଲି କହିଛନ୍ତି (୧,୧୭୬)। ରେବା ମଲ୍ଲିକ ନାମ୍ନୀ ଏକ ସହପାଠିନୀଙ୍କ ସହ ସଂପର୍କକୁ ନେଇ ସାମାଜିକ କୁତ୍ସା ବା ତିରସ୍କାରର ପୃଷ୍ଠଭୂମି ଉପରେ ପର୍ଯ୍ୟବସିତ ରହିଚି କବିତାଟି। ୧୯୩୭-୩୮ରେ "ସହକାର" ପତ୍ରିକାରେ ପ୍ରକାଶିତ କବିତାରେ ସଚ୍ଚିଦାନଂଦ ସମାଜର ଏପରି "ଅଶାଳୀନ କାର୍ଯ୍ୟ"କୁ "ଝଡ଼" ଭାବେ ବର୍ଣ୍ଣନା କରି ଏହାକୁ ଜୀବନର ଅନ୍ୟତମ ବାସ୍ତବତା ଭାବେ ଗ୍ରହଣ କରିନେବାକୁ ନିଜର ନିରୀହା ଓ ସରଳା ସହପାଠିନୀକୁ ପରାମର୍ଶ ଦେଇଛନ୍ତି :

ଏଇ ଯେ ଆସୁଛି ଝଡ଼
କର ସଖି ତାରେ ନମସ୍କାର
ତା'ପଦେ ପ୍ରଣତି ବାଢ଼େ
ଗିରି, ବନ, ନଦୀ, ପାରାବାର।
ଏ ଝଡ଼ ଦେଇଚି ସଖି
ତମକୁ ଯେ ମୋର ପରିଚୟ
ଭାଂଗିବାର ମନ୍ତ୍ର ସାଥେ
ଗଢ଼ିବାର ଭୂମିକା ଅକ୍ଷୟ।

ତେବେ "ବ୍ୟକ୍ତିଗତ" ଘଟଣା ଊର୍ଦ୍ଧ୍ୱରେ ତଥା ସଚ୍ଚିଦାନଂଦଙ୍କ ସାଂକେତିକ ବକ୍ତବ୍ୟ ପଛରେ ଯେଉଁ ଯଥାର୍ଥ ସାହିତ୍ୟିକ ଉଲ୍ଲେଖ ଲୁକ୍କାୟିତ ରହିଚି, ତାର ବିଚାର ଆଲୋଚନାର ଆବଶ୍ୟକତାକୁ ଏଡ଼େଇ ଦିଆଯାଇ ନପାରେ। ସଚ୍ଚିଦାନଂଦ ସମ୍ପୂର୍ଣ୍ଣ ସଚେତନ ଥିଲେ ଯେ - ଏକ ନବ୍ୟ କାବ୍ୟ ଆଂଦୋଳନ "ଝଡ଼" ପରି ବହିବାକୁ ଲାଗିଲାଣି। ଏ ଝଡ଼ର ପ୍ରଚଂଡ଼ତା ସମଗ୍ର କାବ୍ୟରାଜ୍ୟ (ଗିରି, ବନ, ନଦୀ, ପାରାବାର)ରେ ମଧ୍ୟ ଅନୁଭୂତ ହେଲାଣି। ତେବେ ଏହି ନୂତନ ସାହିତ୍ୟିକ ଆଂଦୋଳନର ଜଣେ ଯୁଗସ୍ରଷ୍ଟା କବିଙ୍କର ଭୂମିକା କ'ଣ ଓ କିପରି ରହିବ, ତାର କିଛି ବିଶେଷ ସୂଚନା ଦେବାକୁ ଶ୍ରେୟ ମଣିଛଂତି ସଚ୍ଚିଦାନଂଦ। "ଝଡ଼" କବିତାର ବିଶେଷ କାଳଜୟୀ ଶବ୍ଦବିନ୍ୟାସରୁ ତାଙ୍କର ଭୂମିକା ସ୍ପଷ୍ଟ ହେବ : "ଭାଂଗିବାର ମନ୍ତ୍ର ସାଥେ / ଗଢ଼ିବାର ଭୂମିକା ଅକ୍ଷୟ।" ଅନ୍ୟ ଭାଷାରେ କହିଲେ, ତାଙ୍କୁ ପ୍ରଚଳିତ ପରମ୍ପରାକୁ ଭାଂଗି ଏକ ନୂତନ ଆଧୁନିକ ପରଂପରାର ସୂତ୍ରପାତ କରିବାକୁ ହେବ । ସେଇଠି ପର୍ଯ୍ୟାପ୍ତ ରହିବ ତାଙ୍କର ଭୂମିକା, ଯାହାକୁ ଏକ "ଅକ୍ଷୟ" ଭୂମିକାର ନାମକରଣ କରିଛନ୍ତି ସଚ୍ଚିଦାନଂଦ। ତେବେ ଏ ଅକ୍ଷୟ ଭୂମିକାଟି କ'ଣ ଏବଂ ଭାଂଗିବାର "ମନ୍ତ୍ର" ସହ ଏହାର ସଂପୃକ୍ତି କେଦେଦୂର ଗ୍ରହଣୀୟ, ତାର ସ୍ୱରୂପ, ନିର୍ଣ୍ଣୟ କରିବାକୁ ହେବ । ତେବେ ଏହାର ପ୍ରକୃତ ସ୍ୱରୂପର ଆକଳନ ପାଇଁ ଏହାର ପର୍ଯ୍ୟାଲୋଚନାକୁ ଦୁଇଟି ବିଭାଗରେ ବିଭକ୍ତ କରିବାକୁ ପଡ଼ିବ :

ପ୍ରଥମ : କୌଣସି କବି ପାଇଁ "ଭାଂଗିବା" କିଛି ସାଧାରଣ କାର୍ଯ୍ୟ ନୁହେଁ। ଗୋଟିଏ ଦୃଢ଼ କାବ୍ୟ ପରଂପରାକୁ ଭାଂଗି ଏକ ନୂତନ ପରଂପରା ଗଢ଼ିବା ପାଇଁ ଏକ ମନ୍ତ୍ରସିଦ୍ଧ ବ୍ୟକ୍ତିତ୍ୱର ଆବଶ୍ୟକତା ଥାଏ। ଏଣୁ ଏଠାରେ ସଚ୍ଚିଦାନଂଦ ଏକ ମାନ୍ତ୍ରିକର ଭୂମିକାରେ ଅବତୀର୍ଣ୍ଣ ହୋଇଛନ୍ତି। ଅନ୍ୟ ଭାଷାରେ, ତାଙ୍କର ଭୂମିକା ରହିଛି ଏକ ମନ୍ତ୍ରସିଦ୍ଧ କବିର।

ଦ୍ୱିତୀୟ : ଦ୍ୱିତୀୟ ଭୂମିକାଟି ଜଣେ ସାଧକର, କାରଣ ଆତ୍ମଚିନ୍ତନ ପାଇଁ ସାଧନାର ଆବଶ୍ୟକତା ରହିଥାଏ। ସାଧାରଣରେ ଅନୁପଲବ୍ଧ ସିଦ୍ଧିକୁ କେବଳ ଜଣେ ଅସାଧାରଣ କବି ତାର ମାନ୍ତ୍ରିକ ଅନୁସଂଧାନ ଦ୍ୱାରା ହାସଲ କରିଥାଏ।

ଏହା ଦ୍ୱାରା କବି ତାର "ପରିଚୟ"ର ସଚେତନ ରହିବା ସହ ତାର କାବ୍ୟିକ ସିଦ୍ଧି ଜାହିର କରିଥାଏ।

ବର୍ତ୍ତମାନ ପ୍ରଶ୍ନ : ନିଜର ପରିଚୟର ସଂଜ୍ଞାକୁ କିପରି ନିର୍ଣ୍ଣୟ କରିଛନ୍ତି ସଚ୍ଚିଦାନଂଦ। ଏ ପରିପ୍ରେକ୍ଷୀରେ "ପାଣ୍ଡୁଲିପି"ରେ ସନ୍ନିବେସିତ ଅନ୍ୟ ଏକ ବହୁଚର୍ଚ୍ଚିତ କବିତା "ରାଜଜେମା"ରେ କିଛି ପଂକ୍ତିକୁ ଉଦାହାରଣ ନିଆଯାଇପାରେ :

ମୁଁ ସଚ୍ଚି ରାଉତରା
(ନୁହେଁ ଟାଗୋର ବା ଶେଲୀ)
ମୁଁ ଏଇ ମାଟିର ଧରା
ଆଉ ଆକାଶର କବି।
କାମ ନୁହେଁ ମୋ ଖାଲି ଆଙ୍କିବା କାଗଜରେ ଛବି ॥

ନିଜକୁ "ସଚ୍ଚି ରାଉତରା" ବୋଲି ଜାହିର କଲାବେଳେ ନିଜ ପରିଚୟର ସ୍ୱାତନ୍ତ୍ର୍ୟ ବା ବୈଶିଷ୍ଟ୍ୟକୁ ଇଂଗିତ କରିଛନ୍ତି ସଚ୍ଚିଦାନଂଦ। ସଚ୍ଚିଦାନଂଦଙ୍କ ଏପରି "ପରିଚୟ" ଭିତରେ ରହିଚି : ପ୍ରଥମ, ଟାଗୋର ବା ଶେଲୀଙ୍କ ଭଳି କବିଙ୍କୁ ପ୍ରତ୍ୟାଖ୍ୟାନ, ଦ୍ୱିତୀୟ ମାଟି ଓ ଆକାଶ ସହ ନିଜର ସଂପର୍କ ସ୍ଥାପନ ପୂର୍ବକ ବାସ୍ତବ ଜୀବନର ଜୟଗାନ। ସାମାନ୍ୟ ବିସ୍ତୃତ ଭାବେ କହିଲେ, ସଚ୍ଚିଦାନଂଦ କବିତାକ୍ଷେତ୍ରରେ ପହଂଚିଲା ବେଳେ, ଶେଲୀ ଓ ତାଙ୍କର ସମଧର୍ମୀ ଇଂରେଜୀ କବିଙ୍କ ଦ୍ୱାରା ପ୍ରତିଷ୍ଠିତ ରୋମାଂଟିକ୍ କାବ୍ୟଧାରା ପ୍ରଚଳିତ ଥିଲା ଏବଂ ବହୁ ଭାରତୀୟ କବି, ବିଶେଷକରି ଓଡ଼ିଶାର "ସବୁଜ" କାବ୍ୟଗୋଷ୍ଠୀ ସେମାନଙ୍କ ଦ୍ୱାରା ପ୍ରଭାବିତ ହୋଇ ରୋମାଂଟିକ୍ ଭାବବିଳାସ ଭିତରେ ବୁଡ଼ି ରହିଥିଲେ । ସଚ୍ଚିଦାନଂଦ ସେମାନଙ୍କ କବିତାକୁ "କାଗଜରେ ଛବି" ଆଙ୍କୁଥିବା କବିଙ୍କର କେବଳ ସୌଖୀନ ମାନସିକ ବିଳାସ କହି ସେପରି କବିଙ୍କୁ ପ୍ରତ୍ୟାଖ୍ୟାନ କରିଥିଲେ। ଦ୍ୱିତୀୟରେ, ଭାରତୀୟ ରହସ୍ୟବାଦୀ କାବ୍ୟିକ ପରଂପରାର ଅନ୍ୟତମ ବିନ୍ଧାଣୀ ରବୀନ୍ଦ୍ରନାଥ ଠାକୁରଙ୍କୁ ବର୍ଜନ କଲାବେଳେ ଏହା ସହ ସାଂପ୍ରତିକ ଓଡ଼ିଆ କବିତାରେ ବୈକୁଣ୍ଠନାଥ ପଟ୍ଟନାୟକଙ୍କ ରହସ୍ୟବାଦୀ ଆଧିପତ୍ୟକୁ ଗୌଣ ମନେ କରିଥିଲେ ମଧ୍ୟ। ଏହିପରି ପୃଥିବୀ ସାହିତ୍ୟର ଦୁଇ ପୃଥକ ଓ ପ୍ରମୁଖ କାବ୍ୟଧାରାର ସୂତ୍ରଧର, ପ୍ରଥମରେ ଶେଲୀ ଓ ଦ୍ୱିତୀୟରେ ଟାଗୋରଙ୍କ ଠାରୁ ଦୂରେଇଯାଇ "ମାଟି" ଓ "ଆକାଶ" ଭିତରେ, ପକ୍ଷାନ୍ତରେ ଯାହା କିଛି ଦୃଶ୍ୟମାନ, ବାସ୍ତବ, ବୋଧଗମ୍ୟ ଓ ପ୍ରାସଂଗିକ ତାକୁ ପ୍ରସଂଗ ପୂର୍ବକ ଆଧୁନିକ ନବ୍ୟ କାବ୍ୟ ଆଂଦୋଳନର ଭିତ୍ତିପ୍ରସ୍ତର ସ୍ଥାପନ କରିଥିଲେ ସଚ୍ଚିଦାନଂଦ।

ପ୍ରଚଳିତ କାବ୍ୟଧାରା ଠାରୁ ସମ୍ପୂର୍ଣ୍ଣ ଭିନ୍ନ ସୃଜନକ୍ରିୟା କେତେଦୂର ଗ୍ରହଣୀୟ ହେବ, ତା'ନେଇ ବେଶ୍ ସଚେତନ ଥିଲେ ସଚ୍ଚିଦାନଂଦ। ସେଥିପାଇଁ ସେ "ପାଣ୍ଡୁଲିପି"ର "ନାନ୍ଦୀମୁଖ" ଭଳି ଏକ ସ୍ୱତନ୍ତ୍ର ପରିଚ୍ଛେଦ ଯୋଗକରିଥିଲେ। ଏଥିରେ ବିଶେଷକରି ନୂତନ କବିତାର "ଚେହେରା"କୁ ନେଇ ପାଠକଙ୍କ "ପ୍ରଶ୍ନଜାଲ"କୁ ଭେଦ କରିବାର ସୂତ୍ର, କବିଙ୍କ ଭାଷାରେ "ଇସ୍ତାହାର" ("ଉତ୍ତରକକ୍ଷ"୨, ୪୩୫)ରେ ରହିଥିଲା। ସଚ୍ଚିଦାନଂଦଙ୍କ କବିତାର ସମାଲୋଚକମାନେ କବିଙ୍କ ଏପରି

ଇସ୍ତାହାରର ସୀମାସରହଦ ଉପରେ ଆଲୋଚନା କରିଛନ୍ତି, ଯଦିଓ ଆଧୁନିକ / ନୂତନ କବିତା ଆକାଶରେ ଉଠି ଆସୁଥିବା ଅପ୍ରତ୍ୟାଶିତ ଝଡ଼ ପରି କବିତାଗ୍ରନ୍ଥଟି ପାଠକୀୟ ରୁଚି ଓ ବିଚାରକୁ ଯେପରି ପ୍ରଭାବିତ ବା ଆଂଦୋଳିତ କରିଥିଲା ତାର ପର୍ଯ୍ୟାପ୍ତ ପର୍ଯ୍ୟାଲୋଚନା କରିନାହାନ୍ତି। ତେବେ ନୂତନ କବିତା ଧାରାକୁ ପ୍ରତୀକାତ୍ମକ ସ୍ତରରେ ଝଡ଼ ଭଳି ବର୍ଣ୍ଣନା କରି ଏଇ ଝଡ଼ ଅର୍ଥାତ୍ ନୂତନ କବିତାର ନୂତନ ବିଭବ କିପରି ହେବ, ତା'ର ଏକ ସାହିତ୍ୟିକ ମାନସାଂକକୁ ଚିତ୍ରଣ କରିଥିଲେ କବି। ମୋଟାମୋଟି ଭାବେ କହିଲେ, ନୂତନ କବିତାକ୍ଷେତ୍ରରେ ଯେଉଁ ପରିବର୍ତ୍ତନ ଦେଖିବାକୁ ମିଳିଥିଲା, ତାହା ଥିଲା ଏହିପରି :

୧– କାବ୍ୟ ଭାବ ଓ ଭାଷା ଚୟନ ପ୍ରକ୍ରିୟାରେ ପରିବର୍ତ୍ତନ

୨– ପାରମ୍ପରିକ ପ୍ରକାଶଭଂଗୀ ଅର୍ଥାତ୍ ଉପଧା, ଯମକ, ବଦଳରେ ବିଂବ / ଚିତ୍ରକଳ୍ପର ପ୍ରୟୋଗ

୩– କବିତାରେ 'ବାକ୍‌ଛଂଦ' ଓ 'କାବ୍ୟଛଂଦ'ର ମିଳନରେ ଏକ ଅଭିନବ 'ମୁକ୍ତଛନ୍ଦ'ର ପ୍ରୟୋଗ

୪– କବିତାରେ ଆବେଗ ଅପେକ୍ଷା ମନନ, ପକ୍ଷାନ୍ତରେ ବୌଦ୍ଧିକତାର ପ୍ରାବଲ୍ୟ ଅନୁଭବ

୫– ଆଧୁନିକ ଜୀବନଚର୍ଯ୍ୟା ପାଇଁ କବିତାରେ ଜଟିଳତାର ଆବାହନ

"ପାଣ୍ଡୁଲିପି"ର 'ନାଂଦୀମୁଖ'ରେ ସେ 'ବାକ୍‌ଛଂଦ' ସହ 'କାବ୍ୟିକ ଛଂଦ'ର ମିଳନ ପ୍ରସଂଗ ଉତ୍‌ଥାପନ କରିଛଂତି ଏବଂ "ପାଣ୍ଡୁଲିପି"ର ଉତ୍ତରାର୍ଧରେ ସନ୍ନିବେସିତ କବିତାଗୁଡ଼ିକ ଉଭୟ ଛଂଦଙ୍କ ଯଥାସଂଭବ ସମନ୍ୱୟରେ ରଚିତ ହୋଇଛି ବୋଲି ନିଜର ଦାବି ରଖିଛଂତି। ଆମ କାବ୍ୟ ପରମ୍ପରାରେ ଗଦ୍ୟ ଓ ପଦ୍ୟ ଛଂଦର ମିଳନରେ ରଚିତ କାବ୍ୟକବିତାକୁ 'ପୟାର' ବା 'ପୟାର-ଜାତୀୟ' କହିଲା ବେଳେ ସେ ସାରଳା ଦାସଙ୍କ "ମହାଭାରତ" ଓ "ରୁଦ୍ରସୁଧାନିଧି" ଭଳି କାବ୍ୟଗ୍ରନ୍ଥରେ ଗଦ୍ୟ ଓ ପଦ୍ୟର ଏକାକୀତ୍ୱକୁ ଶ୍ରେଷ୍ଠ କାବ୍ୟିକ ଶୈଳୀର ପରିପ୍ରକାଶ ବୋଲି ଅଭିହିତ କରିଛଂତି। "ପାଣ୍ଡୁଲିପି" ପୁସ୍ତକରେ ଶୈଳୀଗତ ପରୀକ୍ଷାନିରୀକ୍ଷା କଲାବେଳେ ଗଦ୍ୟପନ୍ଥୀ ଓ କବିତା ପନ୍ଥୀ ରଚନାର ମିଶ୍ରଣକୁ ପ୍ରାଧାନ୍ୟ ଦେଇଛଂତି। ଏହାବ୍ୟତୀତ 'ନାନ୍ଦୀମୁଖ'ରେ ମୁକ୍ତଛଂଦ ବା Vers Libreର ପ୍ରସଂଗ ଉତ୍‌ଥାନ କରି ପରୋକ୍ଷରେ ପାଶ୍ଚାତ୍ୟ କବିତାରାଜ୍ୟରେ, ବିଶେଷକରି Paul Verlaine, Jules Laforgue ଓ Baudelaire ଏବଂ Whitman, Eliot ଓ Pound ଙ୍କ କାବ୍ୟଧାରାର ଉତ୍କର୍ଷ ବିଷୟରେ ଇଂଗିତ କରିଛଂତି। ଗତାନୁଗତିକ ମେଳ-ସର୍ବସ୍ୱ ପଦ୍ୟ କବିର ଚିଂତା ଓ ଚେତନାକୁ ପ୍ରତିବଂଧକ

ମୁକ୍ତ ପରିବେଷଣରେ ଅନ୍ତରାୟ ସୃଷ୍ଟି କରୁଥିବାରୁ ମୁକ୍ତଛଂଦର ଅବାଧ ସ୍ୱାଧୀନତାକୁ ସ୍ୱାଗତ କରିଛଂତି ସଚ୍ଚିଦାନଂଦ । ଏହାକୁ ନେଇ ସଚ୍ଚିଦାନଂଦଙ୍କ ବକ୍ତବ୍ୟ ହେଉଚି :

"ଗଦ୍ୟ ଓ ପଦ୍ୟ କିଛି ପରସ୍ପରର ଶତ୍ରୁ ନୁଂହତି, ଯେତେଦିନ ଯାଏ ଗଦ୍ୟ ଓ ପଦ୍ୟ ପରସ୍ପରର ପାଖାପାଖି ରହିବା ପାଇଁ କବିତାରେ ବ୍ୟବସ୍ଥା ନହୋଇଚି ସେତେଦିନ ଯାଏ ସାମାଜିକ ଜୀବନର ଅଂଦିକଂଦିରେ କବିତାର ଯାତାୟାତ ବଂଦ।" (ଘ)

ମୁକ୍ତ ଛଂଦରେ ଲିଖିତ "ପାଣ୍ଡୁଲିପି" କେତୋଟି କବିତା ମଧ୍ୟରୁ "ଅଳକା ସାନ୍ୟାଲ" ଏକ ବହୁ ଚର୍ଚ୍ଚିତ କବିତା। କବିତାର ପୃଷ୍ଠଭୂମିରେ ବଂଗ କବି ଜୀବନାନଂଦ ଦାସଙ୍କ "ବନଲତା ସେନ୍" ଏବଂ "ବନଲତା ସେନ୍"ର ପୃଷ୍ଠଭୂମିରେ Edgar Allen Poeଙ୍କ "To Helen" କବିତାର ଭାବାବେଗଜନିତ ପ୍ରେରଣା ରହିଚି ବୋଲି କୁହାଯାଏ। ହେଲେନ୍ ହେଉ କି ବନଲତା ସେନ୍ ବା ଅଳକା ସାନ୍ୟାଲ, ଏ ସମସ୍ତ କବିତା ମଧ୍ୟସ୍ଥ ସାମଞ୍ଜସ୍ୟ ବା ସାଦୃଶ୍ୟର ଅଧ୍ୟୟନ କରାଯାଇପାରେ :

ଜୀବନାନଂଦ ଦାସ : ହାଜାର ବଛର ଧରେ ଆମି ପଥ ହାଣ୍ଟିତେଛି ପୃଥିବୀର ପଥେ

ସିଂହଲ ସମୁଦ୍ର ଥେକେ ନିଶିଥର ଅଂଧକାରେ ମାଲୟ ସାଗରେ
ଅନେକ ଘୁରେଛି ଆମି, ବିମ୍ବିସାର ଅଶୋକେର ଧୂସର ଜଗତେ।

ଏଡଗାର ଏଲାନ ପୋ : Helen ! thy beauty is to me
Like those, Nicean barks of yore
That gently o'ver a perfumed sea,
The weavy, way-worn wanderer bore
To his own native shore.

ସଚ୍ଚିଦାନଂଦ ରାଉତରାୟ :
ପ୍ରଥମେ ତମକୁ ଯେବେ ଦେଖିଲି ଅଳକା ସାନ୍ୟାଲ
ବିଦେହର ରାଜପୁରେ, ଲକ୍ଷ ସ୍ୱର୍ଣ୍ଣ ହରିଣର ଛାଲ-
ଛାଇଥିଲା ପୃଥିବୀରେ ଫଗୁଣର ଆଶ୍ଚର୍ଯ୍ୟ ଗୋଧୂଳି...

ଏ ସମସ୍ତ କବିତାର ପୃଷ୍ଠଭୂମିରେ ରହିଛି ପ୍ରାଚୀନ ଇତିହାସର କେତୋଟି ଫର୍ଦ୍ଦ । ପୋ'ଙ୍କ କବିତାରେ ଟ୍ରୟର ଅନନ୍ୟ ସୁନ୍ଦରୀ ହେଲେନ୍‌ଙ୍କୁ ସ୍ମରଣ କଲାବେଳେ ଜୀବନାନଂଦଙ୍କ କବିତାରେ ବିଂବିସାର ଓ ଅଶୋକଙ୍କ କିଛି ଐତିହାସିକ ଦୃଶ୍ୟର ପଟ୍ଟଚିତ୍ର ରହିଚି। କବିତାର କେଂଦ୍ରବିଂଦୁକୁ ପ୍ରତିଧ୍ୱନିତ କରୁଛଂତି ଜଣେ ଜଣେ ଅନନ୍ୟ ସୁନ୍ଦରୀ ନାରୀ : ହେଲେନ୍, ବନଲତା ସେନ୍ ଓ ଅଳକା ସାନ୍ୟାଲ। ତେବେ ସେମାନଙ୍କ ମଧ୍ୟରେ ପାର୍ଥକ୍ୟ ଏତିକି, ପୋ'ଙ୍କ ହେଲେନ୍ ପରି ଅଳକା ସାନ୍ୟାଲ ଓ ବନଲତା ସେନ୍ କୌଣସି

ଐତିହାସିକ ଚରିତ୍ର ନୁହନ୍ତି, ଯଦିଓ ସେମାନଙ୍କୁ ଚିତ୍ରଣ କଲାବେଳେ ଇତିହାସର କୌଣସି ନା କୌଣସି ଚରିତ୍ର ବା ଘଟଣାଚକ୍ରର କିଛିଟା ଅବତାରଣା ରହିଚି।

ଅଳକା ସାନ୍ୟାଲକୁ ଛାଡ଼ିଦେଲେ ସଚ୍ଚିଦାନଂଦଙ୍କ କବିତାରେ ଅନ୍ୟ ଏକ ଉଲ୍ଲେଖନୀୟ ଚରିତ୍ର ହେଉଚି : ପ୍ରତିମା ନାୟକ। କିଂତୁ ଅଳକା ସାନ୍ୟାଲ ପରି ପ୍ରତିମା ନାୟକ ଏମିତି ଜଣେ ଅନିନ୍ଦ୍ୟ ସୁନ୍ଦରୀ ବା ରୂପବତୀ ନାରୀ ନଥିଲା। ସଚ୍ଚିଦାନଂଦଙ୍କ ବର୍ଣ୍ଣନାରେ -

ମୁଖ ତାର ବ୍ରଣଦୃଷ୍ଟ ହାତରେ ତା ଚମଡ଼ାର ବ୍ୟାଗ୍
ଶୀର୍ଣ୍ଣ ସାଦା ଗାଲେ ଫୁଟେ ବ୍ୟର୍ଥତାର ଅକପଟ୍ ଦାଗ।
ତନୁ ତାର ରୋଗ ଜୀର୍ଣ୍ଣ, ବ୍ରଣେ ତାର ମ୍ଲାନ ମୁହଁଯାକ
ଶ୍ଲଥ, ରକ୍ତ ଦେହ-ଶିଖା ଢାଙ୍କି ଅଛି ଖାକିର ପୋଷାକ
ଜାପାନୀ କାଗଜ ଫୁଲ ପରି ଦେହେ ବୟସର ଧୂଳି।

ରୋଗଜୀର୍ଣ୍ଣ ବ୍ରଣଦୃଷ୍ଟ ମୁହଁ ସହ କାଗଜଫୁଲ ପରି ଜୀର୍ଣ୍ଣଶୀର୍ଣ୍ଣ ଶରୀରବିଶିଷ୍ଟା ପ୍ରତିମା ନାୟକ କୌଣସି ଏକ ରୋମାଂଟିକ୍ କବିଙ୍କ କଳ୍ପନାପ୍ରସୂତ ଅପରୂପା ନାରୀର ପ୍ରତିଛବି ଉଦ୍ରେକ କରେନାହିଁ। ଦିକିଦିକି ଜଳୁଥିବା ହାରିକେନ୍ ବତୀ ସହ ଲାସ୍‌କଟା ଘରର ଭୟାବହତାକୁ ଚିଂତା କଲାବେଳେ ପ୍ରତିମାର ପିତାଙ୍କ ମୃତ୍ୟୁ, ଋଣଭାର, ବାହା ନହୋଇ ପାରିବାର ପରାଭବ ଓ ଖାକିର ଶୁଷ୍କ ହସ ସବୁ ଆଖି ଆଗରେ ଗୋଟିଏ ପରେ ଗୋଟିଏ ଚିତ୍ର ପରି ଭାସିଆସେ।

ଆଧୁନିକ ନାରୀର ଜୀବନ୍ତ ଓ ଚଳଚଂଚଳ ପ୍ରତିବିଂବ ହେଉଛି ପ୍ରତିମା ନାୟକ। ବହୁଦିନ ପରେ ପ୍ରତିମା ନାୟକର ସହ "ହଠାତ୍" ଭେଟହୋଇଚି କବିଙ୍କର : "ହଠାତ୍ ଯେ ଦେଖାହେଲା ବହୁଦିନେ ପ୍ରତିମା ନାୟକ।" କୌଣସି ନାରୀଙ୍କ ସହ ହଠାତ୍ ଦେଖାହେବାଟା ଆଧୁନିକ ପାଶ୍ଚାତ୍ୟ କବିତା, ବିଶେଷକରି ଫରାସୀ କବି ବଦଲେୟରଙ୍କ କବିତାର ଏକ ବିଶେଷ ଆକର୍ଷଣ ବୋଲି ମନେକରାଯାଏ।

ବଦଲେୟରଙ୍କ ପରି କୌଣସି ନାରୀଙ୍କୁ ଯାତ୍ରାପଥରେ ହଠାତ୍ ଭେଟିଲାବେଳେ ନିଜକୁ flaneur ବା intellectual parasite ଭୂମିକାରେ ସ୍ଥାପନ କରିଥିଲେ ସଚ୍ଚିଦାନଂଦ। ବଦଲେୟରଙ୍କ ଦ୍ୱାରା ଅନୁପ୍ରାଣିତ ହୋଇ ସଚ୍ଚିଦାନଂଦ ତାଙ୍କର "ନାଗକନ୍ୟା" କବିତାରେ ନାଗକନ୍ୟାକୁ ମଧ୍ୟ ହଠାତ୍ ଦେଖିବାର ପ୍ରସଂଗ ଉତ୍‌ଥାପନ କରିଛଂତି : "ହଠାତ୍ କେଜାଣି / ଝିଲିମିଲି ତାକୁ / ମନେହେଲା ଠାବକଲି।"

॥ ୪ ॥

ସଚ୍ଚିଦାନଂଦ ତାଙ୍କ ସୃଜନସୋପାନର ପ୍ରଥମ ଚରଣରେ ପଲ୍ଲୀର ଅପରୂପ ଓ

ଅନନ୍ୟ ଦୃଶ୍ୟକାଂତି ଦେଖି ଯେତିକି ବିମୋହିତ ହୋଇଛଂତି, ପରବର୍ତ୍ତୀ ଚରଣରେ ସହରର ବିଭତ୍ସ, ଉତ୍କଟ ଦୃଶ୍ୟପୁଂଜ ଦେଖି ସେତିକି ବିମର୍ଷ ଓ ହତୋତ୍ସାହିତ ହୋଇଛଂତି। ଆଧୁନିକ ପୂତିଗଂଧମୟ ସହରକୁ କବିତାର ବିଷୟବସ୍ତୁ ଭାବେ ନିର୍ବାଚନ କରିଥିବା ଓଡ଼ିଆ କବିଙ୍କ ମଧ୍ୟରେ ସେ ଥିଲେ ଅଗ୍ରଗଣ୍ୟ। ପାଶ୍ଚାତ୍ୟ କବିଙ୍କ ପରି ସହରକୁ କବିତାରେ ସ୍ଥାନିତ କରି ଏହାର ନକାରାତ୍ମକ ପରିବେଶକୁ ପରିବେଷଣ କରିଛଂତି ସଚ୍ଚିଦାନଂଦ। କଟକ ଓ କଲିକତା ଭଳି ସହରରେ ତାଙ୍କ ଅବସ୍ଥାନ ଜନିତ (ଯାହାକୁ କୁହାଯାଏ metoikos) ଅର୍ଥାତ୍ ଏକ ଅନୁଭୂତିକୁ କାବ୍ୟିକ ବିଭବ ଭାବେ ପ୍ରୟୋଗ କଲାବେଳେ ଉଭୟ ଇଟା, ସିମେଂଟ ଓ କଂକ୍ରିଟରେ ତିଆରି ପ୍ରକୃତ ସହରର ଆଶ୍ରୟ ଲୋଡ଼ିଛଂତି। ସଚ୍ଚିଦାନଂଦଙ୍କ ସହର ଭିତ୍ତିକ କବିତାର ସ୍ୱଚ୍ଛତା ଦୃଷ୍ଟିରୁ ତାଙ୍କୁ Poet of the Cityର ଆଖ୍ୟା ଦେଇହେବନି ଯଦିଓ ପାଶ୍ଚାତ୍ୟ ପ୍ରଭାବରେ ଲିଖିତ ତାଙ୍କର ଅଳ୍ପ କେତୋଟି କବିତାର ପ୍ରଚଣ୍ଡ ପ୍ରଭାବକୁ ଅସ୍ୱୀକାର କରିହେବନାହିଁ। ତାଙ୍କର ସହରକେନ୍ଦ୍ରିକ କବିତା ମଧ୍ୟରେ ପ୍ରମୁଖ ସ୍ଥାନ ଅଧିକାର କରିଛଂତି : "ଏ ସହରଟା", "ମାଟିଆବୁରୁଜର ଜହ୍ନ" ଓ "ସହରତଳିର ଉଷା"।

"ସହରତଳିର ଉଷା"ରେ ସହରରେ ଉପଗତ ଏକ ଉଷାକାଳୀନ ଦୃଶ୍ୟର ଅବତାରଣା ରହିଚି। ଏ ଉଷା ଏକ ସମ୍ପୂର୍ଣ୍ଣ ଭାବେ ନୂତନ ଓ ଭିନ୍ନ ଉଷା। ଏ ଉଷା ପ୍ରକୃତି କବି ଗଙ୍ଗାଧର ମେହେରଙ୍କ ଋଷି କୁଟୀରରେ ଉପନୀତ ଉଷାର "ବିକଚ ରାଜୀବ ଦୃଶା"ର ଚିତ୍ରପଟ ସୃଷ୍ଟି କରେନାହିଁ। 'ମେଘ', 'ଧୂଆଁ', 'ପଙ୍କ' ସହ 'ତିଳକ', 'କୁସୁମ' ସହ 'ନର୍ଦ୍ଦମା' ତମକୁ ମିଶୁଛି କରି ଆଧୁନିକ ଜୀବନଯାତ୍ରାର ଏକ ନିଛକ ଛବି ଆଙ୍କିଲାବେଳେ ଯନ୍ତ୍ରଣାଦଗ୍ଧ କବି ଦୀର୍ଘ ନିଃଶ୍ୱାସ ଦେଇ ଲେଖିଛନ୍ତି :

> ହାୟରେ ପ୍ରଭାତ !!
> ଚୂର୍ଣ୍ଣ ଆଜି କୋଇଲାର ଜ୍ୱଳଂତ ଆଲୋକ
> ପୁଣ୍ୟ ନୀରବତା ତାର ଦଗ୍ଧୀଭୂତ ହାତୁଡ଼ି ପ୍ରହାରେ
> ହାୟରେ ଜୀବନ !!

"ସହରତଳିର ଉଷା"ରେ ଉଷା ବା ସକାଳ ଯେତିକି ମଳିନ, ସେତିକି 'ସଂକୀର୍ଣ୍ଣ', 'ଅପରିଚ୍ଛନ୍ନ' ଓ 'ଅପରିଷ୍କାର' ମାଟିଆବୁରୁଜର ଜହ୍ନ। "ମାଟିଆବୁରୁଜର ଜହ୍ନ"ରେ ଜହ୍ନ କୌଣସି ରୋମାଂଟିକ୍ ପ୍ରାଣ ବା କଳ୍ପନାର ଜହ୍ନ ନୁହେଁ। ସହରତଳିରେ ମୁଂଡ଼ ଟେକି ଉଠିଥିବା ଅସଂଖ୍ୟ କାରଖାନାର ଚିମିଣି ଧୂଆଁରେ ଏହା ତା'ର ମୌଳିକ ଔଜଲ୍ୟ ହଜେଇ ଦେଇଛି। ଅତ୍ୟନ୍ତ ନିଃସହାୟ ଓ ନିଷ୍ପ୍ରଭ ଦିଶୁଛି ମଧ୍ୟ। ଦଂଗାଗ୍ରସ୍ତ ଏ

ସହରର ଦୃଶ୍ୟ ମନେ ହେଇଚି ଭୀଷଣ କରୁଣ ଓ ବିଭତ୍ସ :

କିଏ କାଟିଲା ନାରୀର ସ୍ତନ,
କିଏ ତା'ର ଯୌନଦ୍ୱାରେ ବିନ୍ଧକଲା ଛୁରୀ
ରାସ୍ତାର ସିମେଂଟ ଗଲା ଲୁହ ଆଉ ଲହୁରେ ବତୁରି
ବିଧର୍ମୀ ନାରୀର ଚିଜ
ଶିଶୁ, ବୃଦ୍ଧ, ରଦ୍ଧ ଆର୍ତରବ
ଗଲା ନାହିଁ ଶୁଣା।

ଉଭୟ କବିତାର ଦୃଶ୍ୟପଟରେ ସହରରେ "ବାସ୍ତବ" ବିଦ୍ୟମାନତାକୁ ଅନୁଶୀଳନ କଲେ ସହରୀ ସଭ୍ୟତା ଭିତରେ ମଣିଷ ପ୍ରତି ମଣିଷର ହିଂସା, ଅତ୍ୟାଚର ଓ ନିଷ୍ପେଷଣର ଚିତ୍ର ଉକୁଟି ଉଠେ। "ସହରତଳିର ଉଷା"ରେ "ମାନବର ଶ୍ରମ...ପଣ୍ୟ ପରି ହେଲାର ବିକ୍ରୟ" କିଂବା "ମନୁଷ୍ୟର ଦାବି ଆଜି ବିଡ଼ଂବିତ", "ସ୍ୱତ୍ତ୍ୱ ତାର ଶସ୍ତାରେ ବିକ୍ରି" କହି ଏବଂ "ନକଲି ଉଷା"ର "ନିଷ୍ଠୁର ଛଳନା"କୁ ସତ୍ୟର କଷଟି ପଥରରେ ପରୀକ୍ଷା କରି "ମାଟିଆବୁରୁଜର ଜହ୍ନ"ରେ ଶ୍ୱାପଦ ଠାରୁ "ଅଧିକ ବର୍ବର / ଅତ୍ୟନ୍ତ ନଖର", "ଆହୁରି କର୍କଶ, କୃଷ୍ଣ, ଅତିଇ ଲୋମଶ" ଭଳି ଶୋଷକଙ୍କ ଉଦାହରଣ ମାଧ୍ୟମରେ ଶ୍ରେଣୀବିବାଦର କେତୋଟି ଝଲକ ସୃଷ୍ଟି କରିଛଂତି ସଚ୍ଚିଦାନଂଦ। ଏଇ ଝଲକରେ ଯାହା ପରିଷ୍କାର ଭାବେ ପ୍ରତ୍ୟୟ ହେଉଚି ତା' ହେଲା "ଅର୍ଧଭୁକ୍ତ ସର୍ବହରା" ଶ୍ରମିକ ଶ୍ରେଣୀ ପ୍ରତି ଅଗ୍ରଗାମୀ ଶ୍ରେଣୀର କ୍ରୂର ଅଟ୍ଟହାସ୍ୟ ଯାହାକୁ ସଚ୍ଚିଦାନଂଦଙ୍କ କାବ୍ୟପୁରୁଷ ବରଦାସ୍ତ କରିପାରିନାହିଁ। ଏ କବିତାରେ ଶ୍ରେଣୀ ସର୍ବସ୍ୱ ସମାଜ ପ୍ରସଂଗ ଉପରେ ଆଲୋକପାତ କରି ତାଙ୍କର ପୂର୍ବର ପ୍ରିୟବସ୍ତୁକୁ ଦୋହରେଇଛନ୍ତି ସଚ୍ଚିଦାନଂଦ। ସହରର ଯାବତୀୟ ନକାରାତ୍ମକ ପରିବେଶକୁ ପରିବେକ୍ଷଣ କଲାବେଳେ ଏହାର "ଅସ୍ଥିମଜ୍ଜା ନାଳ ଓ ବିବର", ଏହାର "ଗଳିଗୁଲା ଗୁମୁଟି ଗୁହାଳ", ଏବଂ ଏହାର "ଜଖମୀ ଖୁଂଦ ନିୟନ" କବିଙ୍କୁ ଯେମିତି ଅଧୀର ଓ ଅସ୍ଥିର କରି ପକେଇଛନ୍ତି :

ପ୍ରୟାଗ ଯାତ୍ରୀର ଟିଣ ଟ୍ରଂକତଳେ
ଏକ ନାତ ମାରି
ପିତୃଅସ୍ଥି ପରି
ଏ ସହର ବେଳେବେଳେ
ମୋ ଆଡ଼କୁ ଚହେଁ।

ଯେତେବେଳେ

ପଚ୍ଚ ନାସପାତି ପରି ସହରର ସ୍ତନ।

ହଠାତ୍ ସ୍ପଂଦିତ ହୁଏ।

ଏବଂ ସହରର ସକଳ ସ୍ପଂଦନ ଭିତରେ କବିଙ୍କର ସହର ପ୍ରତି ଦୃଷ୍ଟିଭଙ୍ଗୀ ମଧ୍ୟ ବଦଳିଯାଏ। କବିଙ୍କ ଘରିପାଖର ସଜନା ଓ ନାରୀକେଳ ଶାଖା ଭିତରେ ବହୁଥିବା "ଝିରିଝିରି ସଂଜ ପବନ"ର ଶିହରଣ ଭିତରେ ସବୁ କିଛି ଭୁଲିଯାଆନ୍ତି ସଚ୍ଚିଦାନଂଦ, ଯେତେବେଳେ

ମନେହୁଏ ଏ - ସହରଟା ମଂଦ ନୁହେଁ।

ପ୍ରକୃତିମୁଗ୍ଧ କବିଙ୍କ ସହର ପ୍ରତି କିଛିଟା ଉଦାର ଭାବ ପଛରେ ରହିଚି ସହର ସହ ପ୍ରକୃତିର ସହବଂଧନ। କେତୋଟି ଉଦାହରଣରୁ ଏହା ସ୍ପଷ୍ଟ ହେବ :

୧- ଚୌରାସ୍ତାରେ ଜୋଛନାସ୍ନାତ ଦେବଦାରୁ

ଗଛର ଛାୟାରେ

ସୁପ୍ତ ବ୍ୟାଂକ।

୨- ସଂଧ୍ୟାର ଚଂପକ ଜ୍ୟୋସ୍ନା ଝରିପଡ଼େ ପୃଥିବୀରେ।

ଗଛ ପତ୍ରେ ଘାସରେ ଫୁଲରେ

ଆଉ ଏକା କାଂଥବାଡ଼େ ସିନେମା ପୋଷ୍ଟରେ

ଅଭିନେତ୍ରୀ ଗାଲେ।

୩- ସମୁଦ୍ରର ଭଉଁରିର ନାଭିରେ ଚଳାଇ ଶଂଖ ମୋର କୁ଼ର ପେଂଚକସ୍

ଏହି କ୍ରମରେ ଏକ ବଳିଷ୍ଠ ଉଦାହରଣ ହେଉଚି "ବସଂତର ନିଛକ ଜିଲାରେ" ଯେଉଁ ମହୁଭର୍ତି ବଂସତ ଋତୁ ଜିଲାର ଜଡ଼ତା ସହ ବାଂଧି ହୋଇ ନୂତନ କବିତାର ଏକ ଉତୁଂଗ ଅଟ୍ଟାଳିକା ନିର୍ମାଣ କରିଚି। କବିତାର ଆରମ୍ଭରେ ଏକ କାବ୍ୟିକ ବିରୋଧାଭାସକୁ ଅନୁମାନ କରିହେବ :

ବସଂତ ଆସେ ଯେ ଠେଲି

ଧକ୍କା ଖାଇ କୁକୁଡ଼ାର ଦିହେ

ଭାଂଗି ବହୁ ମହୁର ସୋରାଇ

ମାଟିରେ ଗଡ଼ାଇ ଅବା ଫୁଲବଣ ସଂଜେ।

ବସଂତ ଆସେ ଯେ ଠେଲି ମଲାଚେର ଗଂଜେ

ଶୁଖିଲା ହାଡ଼ିର ରଂଧ୍ରେ ବଜାଇ ସାନାଇ।

କବିତାଂଶଟିର କେଂଦ୍ରବିଂଦୁରେ ରହିଚି ଏହାର ବିରୋଧାଭାସ। ଏକପ୍ରକାର binary opposition। ବସଂତ ଆଗମନର ଏକ ଆଧୁନିକ ଚିତ୍ର ବିରୋଧାଭାସ ଭିତରେ

୨୪ | ସଚ୍ଚି ରାଉତରାୟ

ହିଁ ପ୍ରକଟିତ ହୋଇଛି, ଯଥା : ବସଂତ - ଜିଲା

ମହୁ - ସୋରାଇ

ଫୁଲବଣ - ମଲାଚେର, ଶୁଖିଲା ହାଡ଼

ସାନାଇ - ଧକ୍‌କା, ଠେଲିବା, ଗଡ଼ାଇବା

ମହୁ ଓ ଫୁଲବଣ ଦ୍ୱାରା ପ୍ରତିକିତ ବସଂତ ଓ ପ୍ରକୃତିର ଏକ ସଜଳ ସୃଷ୍ଟି, ଈଶ୍ୱରଙ୍କ ଆଶୀର୍ବାଦ ସ୍ୱରୂପ। ପକ୍ଷାନ୍ତରେ ଜିଲା ହେଉଚି, ମନୁଷ୍ୟକୃତ ଯାହା ସୋରାଇ ବ୍ୟତୀତ ଧକ୍‌କା ବା ଠେଲିବା ଭଳି ସଂଘାତ ଭିତରେ ସୀମିତ। ଉଭୟଙ୍କ ବ୍ୟବଚ୍ଛେଦ ପ୍ରସଂଗ ଚିଂତା କଲାବେଳେ ଇଂରେଜ କବି William Cowper ମନେ ପଡଂତି : "God made the country and man made the town"(The Task, 1785).

॥ ୫ ॥

"ପାଣ୍ଡୁଲିପି" ପ୍ରକାଶନର ୧୫ବର୍ଷ ପରେ ପ୍ରକାଶ ପାଇଛି "କବିତା ୧୯୬୨" । ଏ କବିତା ଗ୍ରଂଥରେ ୫୫ଟି, କବିଙ୍କ ଭାଷାରେ "ଅଧୁନାତମ" କବିତା ସହ ୧୮୧ ପୃଷ୍ଠା ବିଶିଷ୍ଟ ଏକ ଦୀର୍ଘ "ସଂଦର୍ଭ" ଯୋଗକରି ସଚ୍ଚିଦାନଂଦ ନୂତନ କବିତାର "ପୃଷ୍ଠଭୂମି" ଓ "ବିକାଶ" ଉପରେ ଆଲୋକପାତ କରିଛଂତି। ପାଶ୍ଚାତ୍ୟ ସାହିତ୍ୟ, ଦର୍ଶନ, ସମାଜତତ୍ତ୍ୱ ଓ ନୂଆକରି ମୁଂଡ଼ ଟେକିଥିବା ବହୁ ବାଦ (ism) ପରିପ୍ରେକ୍ଷୀରେ ଆଧୁନିକ କବିତାର ଭୂମିକା ପ୍ରସ୍ତୁତ କରିବାକୁ ଯାଇ ସେ ପରୋକ୍ଷରେ ନିଜର ସୃଷ୍ଟିର ନୂତନତା ସହ ପାଠକମାନଙ୍କୁ ପରିଚିତ କରିଛଂତି। କମ୍ୟୁନିଜମ (communism) ଠାରୁ ଆରଂଭ କରି ସରିଆଲିଜମ୍ (Surrealism), ଭୋରଟିସିଜମ୍ (Vorticism) ଠାରୁ ଆରଂଭ କରି ଫ୍ୟୁଚରିଜମ୍ (Futurism) ପର୍ଯ୍ୟଂତ ପ୍ରାୟ ଅଧିକାଂଶ ପାଶ୍ଚାତ୍ୟ ଆଂଦୋଳନ ବିଷୟରେ ପୁଂଖାନୁପୁଂଖ ଆଲୋଚନା କରିଛଂତି ସଚ୍ଚିଦାନଂଦ। "ସଂଦର୍ଭ"ର ତୃତୀୟ ଅଧ୍ୟାୟରେ ଇମେଜିଜମ (Imagism) ଉପରେ ଏକ ବିସ୍ତୃତ ଆଲୋଚନା ଯୋଡ଼ିଛଂତି। ଆଧୁନିକ କବିତାର ଜଟିଳତା ପ୍ରସଂଗରେ କହିବାକୁ ଯାଇ ଜଟିଳତା ପାଇଁ ଆଧୁନିକ ସମାଜ-ବ୍ୟବସ୍ଥାର "ଅସଂଗତି" ଓ "ଅରାଜକତା"କୁ ଦାୟୀ କରିଛଂତି। ଆଧୁନିକ ଜୀବନର ବିଷାଦ, ବିଷର୍ଣ୍ଣତାବୋଧ ଓ ଯୁଗଯଂତ୍ରଣା କିପରି ଆଧୁନିକ କବିତାକୁ ନିୟନ୍ତ୍ରଣ କରିଛି, ତା' ଉପରେ ନିଜର ମତବାଦ ରଖିଛଂତି ମଧ୍ୟ।

"କବିତା ୧୯୬୨" ସଂକଳନର ପ୍ରଥମ କବିତା ହେଉଚି "ସାମୁଦ୍ରିକ" ଏବଂ କବିତାଟି ଆଧୁନିକ ଇଂରେଜୀ କବି Dylan Thomasଙ୍କ ପ୍ରତି ନିବେଦିତ ହେଇଚି। "ସାମୁଦ୍ରିକ" କୁ ପାଠ କଲେ କବିତାଟି ଡିଲାନ୍ ଟମାସ୍‌ଙ୍କ "And Death Shall Have No Dominion" ଦ୍ୱାରା ପ୍ରଭାବିତ ହୋଇଥିବା ମନେହୁଏ। ଉଭୟ

କବିଙ୍କ ତାଙ୍କ ବିଷୟବସ୍ତୁ ରହିଚି ଏକ, ଇଂରେଜୀରେ କହିଲେ undying । ଥୋମାସ୍‌ଙ୍କ କବିତାରେ ମୃତ୍ୟୁକୁ ପ୍ରତ୍ୟକ୍ଷ ଆହ୍ୱାନ ଦେଇ And Death Shall Have No Dominion କହିଲାବେଳେ ସଚ୍ଚିଦାନଂଦ ପରୋକ୍ଷରେ ଜୀବନର ପରିଶେଷ ମୃତ୍ୟୁ ନୁହେଁ ବୋଲି ଦୋହରେଇଛଂତି । ଟମାସ୍‌ଙ୍କ "Though they sink through the sea they shall rise again" କିଂବା "No more may gulls cry at their ears / On waves break loud on the seashores; Where in the sun till the sun breaks down" ସଚ୍ଚିଦାନଂଦଙ୍କ ଭାଷାରେ ହେଇଚି :

ଏଠି ଏଇ ସମୁଦ୍ରବାଲିରେ
ରୁହିତନ ସୂର୍ଯ୍ୟ ଯେବେ ବୁଡ଼ିଯାଏ
ଆଖପାଖ ନଦୀ ମୁହାଣରେ
କି ସ୍ୱପ୍ନ ଫେରେଇଉଠେ ?
କିଂବା - ଏଠାରେ ମୋ ସ୍ୱପ୍ନର ରଂଗିନ ଚେହେରା
ପଡ଼େନାହିଁ ଫିକା ଯଥା ଭୋ"ରର ଅପେରା ।
ଏଠି ମୁଁ ସତେଜ ରହେ ଏଇ ସବୁ ଶାମୁକା ଓ ମାଛକାତି
ସାଂକୁଚର ଖୋଳେ ।

ଟମାସଙ୍କ କବିତାରେ ବୁଡ଼ିଯାଇଥିବା ଲୋକମାନେ ଯଦି ପୁଣି ଜିଇଁଉଠଂତି, ମରିଯାଇଥିବା ଫୁଲଗଛ ଯଦି ବର୍ଷା ଜଳରେ ଗଜୁରି ଉଠଂତି, ତେବେ ସଚ୍ଚିଦାନଂଦଙ୍କ କବିତାରେ ଏ ପାଖର ସମୁଦ୍ରବାଲିରେ ବୁଡ଼ିଯାଇଥିବା "ରୁହିତନ" ସୂର୍ଯ୍ୟ ଆରପାଖ ନଦୀ ମୁହାଣରେ କାହିଁକି ଉଦୟ ହୋଇପାରିବନି । ଏଇଠି ମନେରଖିବାକୁ ହେବ, ତାଙ୍କର ସମସାମୟିକ କବିଙ୍କ ପରି ସଚ୍ଚିଦାନଂଦ ବିଷଣ୍ଣତାବାଦୀ କବି ନୁହଂତି । ଗୁରୁପ୍ରସାଦ ମହାଂତି କିଂବା ରମାକାଂତ ରଥଙ୍କ ପରି ଜୀବନର ଦାରୁଣ ଦୁଃଖ ଓ ଯଂତ୍ରଣାକୁ ମଣିଷର ଭାଗ୍ୟ ବୋଲି ମନେକରିନାହାଂତି ସଚ୍ଚିଦାନଂଦ । ତାଙ୍କ କାବ୍ୟପୁରୁଷ ଜୀବନର ପ୍ରତ୍ୟେକ ଅନୁଭବ ଓ ଅନୁଭୂତି ସହ ବଂଚିବାକୁ ଚାହେଁ, ଜୀବନର କଷାତିକ୍ତ ଅନୁଭୂତିକୁ ବିନା ଭ୍ରୂକୁଂଚନରେ ଗ୍ରହଣ କରିଥାଏ ।

ସଚ୍ଚିଦାନଂଦଙ୍କ କାବ୍ୟପୁରୁଷ ଗୁରୁପ୍ରସାଦ କିଂବା ରମାକାଂତ ରଥଙ୍କ ପରି ବିଷଣ୍ଣତାବୋଧ ଦ୍ୱାରା ସଂକ୍ରମିତ ନଥାଏ । ଜୀବନ ଜିଇଁବାକୁ ହେଲେ ଦୁଃଖକୁ ଆପଣା କରିବାର କଳା ତାଙ୍କୁ ଜଣା, ହୁଏତ ପ୍ରକାରାନ୍ତରେ ବାଧ୍ୟ ମଧ୍ୟ । ବାଧ୍ୟବାଧକତା ଭିତରେ ସୁଖ ଆସିଲେ ଭଲ, ନହେଲେ ନାଇଁ । ସେ ଜାଣେ : "ଜୀବନ ଦୁଃଖର ରତ୍ନ / ଦୁଃଖ ତ ଦୁଃଖର କାରଣ / ସୁଖ ତାର ବିପରୀତ / ଗୋଟିଏ ବିକଳ୍ପ । ଉତ୍ସ କିଂତୁ

ଦୁହିଁଙ୍କର ଏକ ଓ ଅଭିନ୍ନ।" (ଜୀବନ ଦୁଃଖର ରତ୍ନ)। ସୁଖ ଏବଂ ଦୁଃଖ ଉଭୟ ଉପନିଷଦର ଦ୍ୱାସୂର୍ଣ୍ଣା ନୁହଁନ୍ତି, ଗୋଟିଏ ମାତ୍ର ପକ୍ଷୀ ଏବଂ ଏପରି ଉପଲବ୍ଧି ଭିତରେ ବଂଚୁଥିବା କବିଟି ଜୀବନର ରହସ୍ୟ ଭେଦ କରିବାର ଦକ୍ଷତା ହାସଲ କରିଥାଏ, ଯେତେବେଳେ ତାର ହୃଦବୋଧ ହୋଇଥାଏ : "ପିଣ୍ଡରୁ ବ୍ରହ୍ମାଂଡ଼ ଯାଏଁ ଚେତନାର ନୀଳ ଅକ୍ଷବୃତ୍ତ।" ଏବଂ ଦୃପ୍ତ କଂଠରେ ଘୋଷଣା କରିଥାଏ -

ମୁଁ ଏକ ହଂସ
ପରି ଖେଳିବୁଲେ ସେଠି ଆତ୍ମ-ରହସ୍ୟରେ।

ନୂଆଖାଲିର ଦଂଗାଗ୍ରସ୍ତ ବିଭୀଷିକା ଯେଉଁଠି ନାରୀମାନଙ୍କ ସ୍ତନ କାଟିଦେବା ବା ସେମାନଙ୍କ ଯୌନାଂଗକୁ କ୍ଷତବିକ୍ଷତ କରିଦେବା ଦୃଶ୍ୟପଟରେ ସଚ୍ଚିଦାନଂଦ ଯେ ବିଷଣ୍ଣ ହେଇନାହାଂତି ତା ନୁହେଁ କିଂତୁ ଏପରି ବିଷଣ୍ଣତାବୋଧ ତାଙ୍କର ସାମଗ୍ରିକ କାବ୍ୟବୋଧକୁ ନିୟନ୍ତ୍ରିତ କରିନାହିଁ। ମଲାଚେର ଶୁଖିଲା ହାଡ଼ ଭିତରେ ବସଂତର ପରିକଳ୍ପନା କରିପାରିଛଂତି କବି।

ସକାଳର କୁକୁଡ଼ା ଡାକରେ ବସଂତର ମହୁଭର୍ତି ପ୍ରାଚୁର୍ଯ୍ୟକୁ ଉପଭୋଗ କରିଛଂତି । ସେହିପରି ନିଜକୁ "ଭଗ୍ନନାୟକ" ମନେକରି ଏବଂ ଜୀବନର ସମସ୍ତ "କ୍ଷତ" କିଂବା "ଅସନ୍ତୋଷ" ସତ୍ତ୍ୱେ କବି ଜୀବନର "ଚମକ" ଅନୁଭବ କରି ଲେଖିଛନ୍ତି :

ନିରସ୍ତ୍ର ମନର କିଂତୁ ଗୋଟିଏ ଚମକ
 ଏକ ମୂଳ ଚିତ୍ରିତ ମୁହୂର୍ତ୍ତ...
ଜୀବନର ମଝି ଘରେ ରହିବ ସାଇତା
 ଅମୃତ ନା କେବଳ ଅମୂର୍ତ୍ତ।

"କବିତା ୧୯୬୨" ପରେ ସଚ୍ଚିଦାନଂଦ ଯେଉଁ କେତୋଟି କବିତା ସଂକଳନ ପ୍ରକାଶ କରିଛଂତି ସେଗୁଡ଼ିକ ବର୍ଷାନୁକ୍ରମିକ ନାମକରଣ ବହନ କରିଛଂତି : ଯଥା "କବିତା ୧୯୬୯", "କବିତା ୧୯୭୧", "କବିତା ୧୯୭୪", "କବିତା ୧୯୮୩", "କବିତା ୧୯୮୫", "କବିତା ୧୯୮୭", "କବିତା ୧୯୯୦" ଏବଂ ଶେଷତମ ସଂକଳନ "କବିତା ୨୦୦୩"। କେହି କେହି ସମାଲୋଚକଙ୍କ ମତ : ଏ ସଂକଳନମାନଙ୍କରେ କବିଙ୍କର ଆଶାନୁରୂପ କାବ୍ୟିକ ଅଗ୍ରଗତି ପରିଲକ୍ଷିତ ହୋଇନାହିଁ। କବିଙ୍କର କାବ୍ୟାନୁଭୂତିର ଶିଥିଳତା ତାଙ୍କ ପରିପ୍ରକାଶଜନିତ ପରୀକ୍ଷାନିରୀକ୍ଷାରେ ସେମିତି କିଛି ସହାୟକ ହୋଇପାରିନି। କିଂତୁ "କବିତା ୧୯୬୨" ପରବର୍ତ୍ତୀ କବିତାଗୁଡ଼ିକ ଠିକ୍ ଭାବରେ ଅନୁଶୀଳନ କଲେ, ଏପରି ଧାରଣା କେତେ ଅମୂଳକ ତଥା ମୂଲ୍ୟହୀନ, ତାହା ପ୍ରମାଣିତ ହେବ।

୧୯୫୦ ପରବର୍ତ୍ତୀ ଓଡ଼ିଆ କବିତାକୁ ପାଶ୍ଚାତ୍ୟ ସାହିତ୍ୟର High Modernism ପରିପ୍ରେକ୍ଷୀରେ ଆକଳନ କଲାବେଳେ "ପାଣ୍ଡୁଲିପି" ଓ "କବିତା ୧୯୬୨"ର ମୁଷ୍ଟିମେୟ କବିତା ଯଥେଷ୍ଟ ନୁହଁନ୍ତି। କବିଙ୍କର ଜୀବନ ଓ ପୃଥିବୀ ପ୍ରତି କାବ୍ୟିକ ଦୃଷ୍ଟିଭଂଗୀ ଏତେ ବେଶି ପରିଷ୍କାର ନୁହେଁ। "କବିତା ୧୯୬୨"ର ଅଭୁତପୂର୍ବ ସାଫଲ୍ୟରେ ଅଭିଭୂତ ପାଠକ / ସମାଲୋଚକ ବୋଧହୁଏ ପରବର୍ତ୍ତୀ କବିତାଗୁଡ଼ିକ ପଢ଼ିବା ଅନାବଶ୍ୟକ ବୋଲି ମନେ କରିଛନ୍ତି। ତେବେ ସଚ୍ଚିଦାନଂଦ ଏଭଳି ଜଣେ କବି ଥିଲେ ଯିଏ ମୃତ୍ୟୁ ପର୍ଯ୍ୟନ୍ତ ସୃଜନଶୀଳ ଥିଲେ, ଏବଂ ୮୮ ବର୍ଷ ବୟସରେ ମୃତ୍ୟୁବରଣ କରିବାର ମାତ୍ର ବର୍ଷକ ପୂର୍ବରୁ ପ୍ରକାଶିତ "କବିତା ୨୦୦୩"ରେ ନିଜ ସୃଜନର ନାନା ଝଲକ ପରିବେଷଣ କରିଥିଲେ।

"କବିତା ୧୯୬୨" ପରବର୍ତ୍ତୀ କବିତାରେ ଯେଉଁ କେତୋଟି ବିଷୟବସ୍ତୁ କବିଙ୍କୁ ବେଶି ଆଂଦୋଳିତ କରିଛି, ସେଗୁଡ଼ିକ ହେଲେ ଜୀବନର କ୍ଷୟ, ଧ୍ୱଂସ, ଜରା, ଯଂତ୍ରଣା ଓ ମୃତ୍ୟୁ । ପାଶ୍ଚାତ୍ୟ କବି ଡିକିନସନ୍ ଏବଂ ହାର୍ଟ କ୍ରେନ୍ ଏବଂ ଫ୍ରଷ୍ଟଙ୍କ ପରି ସଚ୍ଚିଦାନଂଦ dark poems ଲେଖିଲା ବେଳେ କେବେ ଅସହାୟ ଅନୁଭବ କରିଛଂତି ତ କେବେ ଅସହାୟତାର କାନଭାସ ଉପରେ ବାହାସ୍କୋଟର ଚିତ୍ର ଆଙ୍କିଛଂତି ଯଦିଓ ଯନ୍ତ୍ରଣାର ଯନ୍ତା ଭିତରେ ପଡ଼ିଯାଇ ତ୍ରାହି ଭାବ ପ୍ରକଟ କରିନାହାଂତି। "କବିତା ୧୯୬୯"ର ଏକ କବିତା "ମୃତ୍ୟୁ" ଏହାର ଏକ ଉଜ୍ଜ୍ୱଳ ଉଦାହରଣ। କବିତାଟିରେ ମୃତ୍ୟୁକୁ ଏକ "ବାଘ" ଭଳି ଚିତ୍ରଣ କଲାବେଳେ ମୃତ୍ୟୁ ପ୍ରତି କବିଙ୍କ ଭୟ ଉଦ୍ରେକ ହେବା ସ୍ୱାଭାବିକ, ତେବେ ଇଂରେଜୀ କବି Blake ରାତିର ଜଂଗଲରେ "ବାଘର ଭୀତିପ୍ରଦ ପ୍ରତିସାମ୍ୟ" ବା fearful symmetry ଦେଖି ଆତଂକିତ ହେଲାଭଳି ଏ କବିତାରେ ସଚ୍ଚିଦାନଂଦ ବାଘର "ମଖମଲୀ" ଓ "ହଳଦିଆ ପଶମ ଦେହ"ର "କଳାଜାଇ ଫଳା" ପଟପଟ ଦାଗ ଭିତରୁ ଭାସି ଆସୁଥିବା ଅପୂର୍ବ ବାସ୍ନାରେ ବିଭୋର ହୋଇପଡ଼ିଛଂତି । ବାଘ ବିଭୋର କବି ବାଘରୂପୀ ମୃତ୍ୟୁକୁ ସାମ୍ନା କଲାବେଳେ ଯେମିତି ଖୁସିରେ ଗଦଗଦ ହୋଇ ପଡ଼ିଛଂତି :

ମୃତ୍ୟୁ ଏକ ହଳଦିଆ ପଶମରେ କଳାଜାଇ ଫଳା
ମହାବଳ ବାଘ।
ବେଳେବେଳେ ବାସ୍ନା ତାର ପାଉଁ।
(କାରଣ ମୃତ୍ୟୁର ବି ଗଂଧ ଅଛି)

ବ୍ଲେକ୍‌ଙ୍କ କବିତାରେ ବାଘର ନାନ୍ଦନିକ ସୌଂଦର୍ଯ୍ୟ (aesthetic beauty) ସହ ଆଦିମ ହିଂସ୍ରତା (primal ferocity) ଦେଖିଲା ବେଳେ, ସଚ୍ଚିଦାନଂଦ ତାଂକ

କବିତାରେ "ଆଇଁଷିଣା ମାଛଗଂଧ" ଓ "ପଦ୍ମଗଂଧ"ର ମିଶ୍ରଣଜନିତ କାବ୍ୟାନୁଭବ ପାଠକଙ୍କୁ ବିମୋହିତ କରିଥାଏ। ମୃତ୍ୟୁଜନିତ ସଚେତନତା ଆଧୁନିକ କବିଙ୍କୁ ମୃତ୍ୟୁର ଭୟ ଏଡ଼ିଯିବାରେ ବେଶ୍ ସହାୟକ ହୋଇଛି, ଯଦିଓ ମୃତ୍ୟୁ-ସଚେତନତାରେ ଜୀବନର କ୍ରୂର ପରିଣତିକୁ ଅସ୍ୱୀକାର ନକରିବାର ଅବକାଶ ନଥାଏ। ଏଭଳି ସ୍ଥିତିରେ "ସଦ୍ୟ-ସେକା ପାଉଁରୁଟି ପରି / ମୃତ୍ୟୁ ମୋତେ ଗ୍ରାସକରେ।" କହି କବି ଜୀବନର ଶେଷାଂଶରେ ମଶାଣିଗ୍ରସ୍ତ ମାନସିକତାକୁ ପରିପ୍ରକାଶ କରିଛଂତି। ଜୀବନଯାତ୍ରାର ଆରଂଭ ଓ ଶେଷ ମଧ୍ୟସ୍ଥ "ରୁଗ୍ଣ ପୃଥିବୀ"କୁ ପ୍ରତିଧ୍ୱନିତ କରୁଥିବା "ଅଥଂଡ଼ା ସୂର୍ଯ୍ୟ", "ଆଂଠୁକୁଡ଼ା" ଓସ୍ତ ଗଛ "ମଶାଣି" ଛକ ଏପରି ମାନସିକତାରେ ବାର୍ତ୍ତା ବହନ କରିଛଂତି।

ଜନ୍ମ ହେଲେ ମୃତ୍ୟୁ ନିଶ୍ଚିତ, ଅନିବାର୍ଯ୍ୟ; ଏହା ଅଦୃଶ୍ୟ ନିୟତିର ଇସାରାରେ ପରିଚାଳିତ। "କବିତା ୧୯୮୩"ରେ ସନ୍ନିବେସିତ କବିତା "ଚିତ୍ରବାଘ"ଟି ମୃତ୍ୟୁକୁ ନେଇ ଏକ ଭବିଷ୍ୟବାଣୀ ଉପରେ ଲିଖିତ ହୋଇଛି। ଏହା ଓଡ଼ିଶାର ପୁରପଲ୍ଲୀରେ ପରିଚିତ ସତ୍ୟନାରାୟଣ ପାଲାର ଏକ କାହାଣୀ ଉପରେ ପର୍ଯ୍ୟବସିତ। କାହାଣୀର ମୁଖ୍ୟ ନାୟକ ପଦ୍ମଲୋଚନ ମଧୁଶଯ୍ୟା ରାତିରେ ବାଘ ଦ୍ୱାରା ନିହତ ହେବାର ଭବିଷ୍ୟତ ବାଣୀକୁ ଅନ୍ୟଥା କରିବା ଲାଗି ନାୟକଙ୍କ ପିତା ଦିବ୍ୟଲୋଚନ କୌଣସି ଜଳାଶୟର ମଧ୍ୟଭାଗରେ ଏକ ପ୍ରାସାଦ ନିର୍ମାଣ କରନ୍ତି ଏବଂ ପ୍ରାସାଦକୁ ସଶସ୍ତ୍ର ପ୍ରହରୀ ଜଗି ରହନ୍ତି। ମଧୁଶଯ୍ୟା ରାତିରେ କେବେ ବାଘ ଦେଖିନଥିବା ପତ୍ନୀ ପଦ୍ମାବତୀ ବାଘ କେମିତି ଦେଖିବାକୁ ବୋଲି ପ୍ରଶ୍ନ କରନ୍ତି। ବାସର ରାତିର କାନ୍ଥରେ ଖଡ଼ିରେ ବାଘର ଚିତ୍ର ଆଙ୍କିଦିଅନ୍ତି ପଦ୍ମଲୋଚନ ଓ କହନ୍ତି :

ଦେଖୁନାହଁ ! ଏ କ'ଣ ! ଫୁଲିଉଠେ ସେ ବାଘର ନିଶ
ନିର୍ଜୀବ କାଂଥରେ, ଆସ୍ତେ ଆସ୍ତେ ହଲିଲାଣି ଲାଂଜ
ସେ ବାଘ ଅନାଏ ମୋତେ, ତା'ଓଠର ମଳା ହସ
କ୍ରମଶଃ ଜୀବଂତ ହୁଏ।
ଏବଂ –
ମୋତେ ଗ୍ରାସ କରେ।

ଭୟରେ ଥରୁଛ କିଆଁ ? ଦେଖିନ କି ଅଦୃଷ୍ଟର ହସ ?
ମୁଁ ପ୍ରସ୍ତୁତ, ମୋତେ ଛାଡ଼ିଦିଅ।

ମୃତ୍ୟୁ ପାଇଁ "ପ୍ରସ୍ତୁତ" କବି ସାଂସାରିକ ମାୟା ଓ ବଂଧନ ଦ୍ୱାର ବଂଦୀ

ନଥାଏ । ମାଟିଘଟ ପଂଜୁରୀକୁ ଛାଡ଼ି, ସୁବର୍ଣ୍ଣ ଶୁକପକ୍ଷୀ ନିରବରେ ଉଡ଼ିଗଲା ପରି ସେ ପୃଥିବୀରୁ ନିଃଶବ୍ଦ ବିଦାୟ ଦେବାକୁ ଚାହିଁଛଂତି :

ଏଇପରି ଚୁପ୍‌ଚାପ୍, ଚାଲିଯିବା ଭଲ
କାହାକୁ କିଛି ନକହି କିଛି

ସବୁରିର ଅଜାଣତେ
ଏକାକୀ କେବଳ
ସୂର୍ଯ୍ୟ ଅସ୍ତ ଆଗୁ
ଏକେଲା ସହଳ। (କବିର ମୃତ୍ୟୁ, "କବିତା-୧୯୭୪")

"ମହାପ୍ରସ୍ଥାନ" କବିତାରେ ପୃଥିବୀକୁ "ମୋ ଘର" ମନେ କରୁଥିବା କବି ମୃତ୍ୟୁକୁ "ତୁମଘର" ବେଶି ଦୂର ନୁହେଁ କହି ଉଭୟଙ୍କ ମଝିରେ "ଥୁଂଟା ଛାଇ" ପରି ଠିଆ ହୋଇଥିବା "ଅଶରୀରୀ" ମୁହଁମାନଙ୍କୁ ଭେଟିଛଂତି। ତେବେ ଗୋଟିଏ ଘର ଅନ୍ୟ ଘର ମଧ୍ୟସ୍ଥ ସଂପର୍କରେ ବହୁବାର, ପକ୍ଷାନ୍ତରେ ବହୁ ଜନ୍ମ ଓ ବହୁ ମୃତ୍ୟୁର ବ୍ୟବଚ୍ଛେଦ ସହ ଏକାତ୍ମ ହୋଇଛନ୍ତି କବି। ଭାରତୀୟ ଧର୍ମଧାରାର ଏହି ମହାନ୍ ସତ୍ୟକୁ କବିତା ମାଧ୍ୟମରେ ପ୍ରକାଶ କରି ନିଜ କାବ୍ୟଚେତନାର ଏକ ପରମ ପରିପକ୍ୱତା ପରିବେଷଣ କରିଛଂତି। "କବିତା ୧୯୬୨" ପରବର୍ତ୍ତୀ କବିତାମାନଙ୍କରେ ଏହା ଦିବାଲୋକ ପରି ସ୍ପଷ୍ଟ ହୋଇଛି । ପୁନଶ୍ଚ କହିବାକୁ ଚାହେଁ "କବିତା ୧୯୬୨" ପ୍ରକାଶନ ପରେ ସଚ୍ଚିଦାନଂଦଙ୍କ କାବ୍ୟିକ ପ୍ରଗତିକୁ ନେଇ ପ୍ରଶ୍ନଚିହ୍ନ ଆଂକିଥିବା ସମାଲୋଚକ ମୋ ମତରେ "କବିତା ୧୯୬୨" ଭଳି ମୁଖଶାଳାକୁ ଦେଖି ମଂଦିରର ଭ୍ରମ ସୃଷ୍ଟି କରିଛଂତି। ଏଥିପାଇଁ ୧୯୬୨ ପରବର୍ତ୍ତୀ କାଳରେ ପ୍ରକାଶିତ ୮ଟି କବିତା ଗ୍ରଂଥକୁ ଭଲଭାବେ ନିରୀକ୍ଷଣ କରିବାର ଆବଶ୍ୟକତା ରହିଚି।

ଯୁଗସ୍ରଷ୍ଟା କବି କେବଳ ଗୋଟିଏ ଜାତି ବା ସମାଜର ଚଳଣି ବା ମାନସିକତାରେ ପରିବର୍ତ୍ତନ ଆଣେନି, ସେ ଜାତି ଓ ସମାଜ ପାଇଁ ନୂତନ ଶବ୍ଦକୋଷ ବା ଭାଷାକୋଷ ନିର୍ମାଣ କରିଥାଏ। ନୂତନ ଚିଂତା ବା ଚିଂତାଧାରାର ଧାରଣ ଓ ପରିବହନ ପାଇଁ ଏହି ନୂତନ କାବ୍ୟଭାଷାର ଆବଶ୍ୟକତା ଥାଏ। ରାଧାନାଥ ଓ ତାଙ୍କ ସମସାମୟିକ କବିଙ୍କ ରୋମାଂଟିକ ଭାଷାକୁ ପରିତ୍ୟାଗ କରି ପ୍ରଥମ ଥର ପାଇଁ ନୂତନ କାବ୍ୟଭାଷାର ପରିକଳ୍ପନା କରିଛଂତି ସଚ୍ଚିଦାନଂଦ। ଆଧୁନିକ କାଳର ମଣିଷଙ୍କ ବହୁ ବ୍ୟକ୍ତ ଓ ଅବ୍ୟକ୍ତ ତଥା ବହୁ ସ୍ପଷ୍ଟ ଓ ଅସ୍ପଷ୍ଟ ଅନୁଭୂତିକୁ ନୂତନ ଶବ୍ଦଜାଲରେ ବାଂଧିରଖିବା ପାଇଁ ପ୍ରଚେଷ୍ଟା କରିଛଂତି ସେ । ସାଂପ୍ରତିକ ଜୀବନ ଓ ଜଂଜାଳର ସମସ୍ତ ଜଟିଳତା ଓ

ବିରୋଧାଭାସକୁ ସମକାଳ ପରିପ୍ରେକ୍ଷୀରେ ପରିପ୍ରକାଶ କରିବାକୁ ଏକ କାବ୍ୟିକ ସଂଧାନ ଜାରି ରଖିଛଂତି।

ଏଇଠି ମନେ ରଖିବାକୁ ହେବ, ଏଇ "ଆକୁଳ ସଂଧାନ"କୁ କବିତା ନାମ ଦେଇଛନ୍ତି ସଚ୍ଚିଦାନଂଦ। କେବଳ ସଂଧାନ ନୁହେଁ, ସଂଧାନର ଶେଷ ପାହାଚରେ "ଆବିଷ୍କାର" ହୋଇଛି ତାଙ୍କ କାବ୍ୟିକ ପ୍ରୟାସର ଶେଷ ପରିଚ୍ଛେଦ। କବିଙ୍କ ଘୋଷଣା ହୋଇଛି : ପୃଥିବୀକୁ ଖୋଜେ ମୁଁ ଯେ ପାଏ ପୁଣି ହରାଏ ମୁହୂର୍ତ୍ତେ।

ତଥାପି ଏ ଖୋଜିବାଟା ଧର୍ମ ପରି ମୋତେ ଧରି ରଖେ
କବିତା ମୋ ତେଣୁ ଖାଲି କାବ୍ୟ ନୁହେଁ, ଏ ଯେ ଏକ
ଆବିଷ୍କାର ସଖେ। (କବିତାର ସଂଜ୍ଞା, "ସ୍ୱଗତ")

ଏ କବିତାରେ ନିଜକୁ 'ମାଟି', 'ମଣିଷ' ଓ 'ଆକାଶ'ର କବି ବୋଲି ନିଜର ପୂର୍ବ ବକ୍ତବ୍ୟକୁ ଦୋହରେଇଥିବା ସହ ତାଙ୍କ କବିତା "ନାନା ରଂଗ, ନାନା ଧ୍ୱନି" ଏବଂ "ନାନା ପ୍ରତୀକ ବିଂବ ଓ ନାନା ଛଂଦ ଓ ସଂକେତ"ରେ ନିର୍ମିତ ବୋଲି ନିଜ କବିତାର "ସଂଜ୍ଞା" ନିରୂପଣ କରିଛଂତି ସଚ୍ଚିଦାନଂଦ।

ଏହା ବ୍ୟତୀତ କବିତା ଭଳି ଏକ ସୃଜନକ୍ରିୟାର ସମାପନ ପାଇଁ କୌଣସି ଏକ "ସୁରଭିତ ମୁହୂର୍ତ୍ତ"କୁ ଅପେକ୍ଷା ରହିଥାଏ ବୋଲି କହିଛଂତି ଯଦିଓ ଏ ସୁରଭିତ ମୁହୂର୍ତ୍ତଟି କ'ଣ ଓ କିପରି ତାର ସତ୍ୟ ନିରୂପଣ କରି ନାହାଂତି। ଆଧୁନିକ କବିତାକୁ ବହୁବିଧ ରୂପ ଓ ବହୁବିଧ ରଂଗରେ ରୂପାୟିତ ବା ରଂଗାୟିତ କରି ତାକୁ ସାଂକେତିକ, ବିଂବମୟ ଓ ପ୍ରତୀକାତ୍ମକ କରିବାରେ ସର୍ବପ୍ରଥମ ଭୂମିକାକୁ ସୁଂଦର ଭାବେ ନିର୍ବାହ କରିଛଂତି କବି। ପଶ୍ଚିମ ଅନୁସୃତ କାବ୍ୟଶୈଳୀର ଆଧାରରେ କବିତାକୁ ଚିତ୍ରାତ୍ମକ କରିବାରେ ସେ ଯେଉଁ ଚିତ୍ରକଳ୍ପର ପ୍ରୟୋଗ କରିଛଂତି, ତାହା ଆଜି ମଧ୍ୟ ପାଠକ ପ୍ରାଣରେ ପୁଲକ ସୃଷ୍ଟି କରିଥାଏ । ସଚ୍ଚିଦାନଂଦ ଚିତ୍ରକଳ୍ପ ପ୍ରୟୋଗରେ ତାଙ୍କ ପ୍ରତିଭାର ସର୍ବଶ୍ରେଷ୍ଠ ନିଦର୍ଶନ ଦେଇଛନ୍ତି ବୋଲି ମୁଁ ମୋର ଏକ ଇଂରାଜୀ ପୁସ୍ତକ Door to Despair : Modernism in Odia Poetryରେ ଲିପିବଦ୍ଧ କରିଛି। ଚିତ୍ରକଳ୍ପର କେତୋଟି ଉଦାହରଣ :

ବନେବନେ ମହୁଲ ମହକ
ତାପରେ ଗୋଧୂଳି
କେଉଁ ସ୍କୁଲ ଫେରଂତା କ୍ଲାଂତ କିଶୋରୀର ଉସ୍ତ୍ରିଚ୍ୟୁତ
ଶାଢ଼ିଟି ପରି। (ଏଇ ଫାଲଗୁନ୍, "କବିତା ୧୯୬୨")

ଦର୍ପଣେ ଅନେକ ମୁହଁ
　　　　କିଛି ଫିକା, କେତୋଟି ବା ସାଫ୍
ହଠାତ୍ ଆଭାସି ଆସେ
ମୋ ସ୍ମୃତିର ନାନା ଫଟୋଗ୍ରାଫ୍ । (ଦର୍ପଣ, "କବିତା ୧୯୬୨")
ଶୀତ ଆସେ। ମେସିନ୍‌ରେ ଜଂକ୍ ଲାଗେ।
ଜଂକ୍ ଲାଗେ ଖରାର ଛାଇରେ।
ପାଉଁଶିଆ ସକାଳରେ ବାଟ ହୁଡ଼େ ପାଦ।
ଆଖି ଲୋଡ଼େ ନଦୀର ଲଂଗଳା,
ଋତୁସ୍ନାତ ଦେହ। (ଶୀତ, "କବିତା ୧୯୮୩")
ଏ ଟ୍ରେନ୍ ଆସୁଛି ଛୁଟି ଦୂରଦୂରାଂତରୁ
ହୋଇ ବହୁ ତୀର୍ଥରେ ବୋଝେଇ
ଭାଂଗି ଚୂରି ଏକାକାର କରି ପାପ ପୁଣ୍ୟ
ଭଲ ମଂଦ
ମୋ ରକ୍ତର ପ୍ରତି ବିଂଦୁ କୀଟଂକୁ ଥରାଇ
ମୋ କେଂଦ୍ରକୁ ପ୍ରତି ପଦେ ଗ୍ରାସି
ଟ୍ରେନ୍ ଆସୁଛି ଧସି ସମୟ ବାହାରୁ।
(ଯେଉଁଠାରେ ସଂଜହେଉ, "କବିତା ୧୯୮୭")

ପାଠ୍ୟାଂଶର ସୂଚୀ :

ରାଉତରାୟ, ସଚ୍ଚିଦାନଂଦ। "ଉତ୍ତର କକ୍ଷ" ୧।
କଟକ : ଗ୍ରନ୍ଥ ମନ୍ଦିର, ୧୯୮୮
ରାଉତରାୟ, ସଚ୍ଚିଦାନଂଦ। "ଉତ୍ତର କକ୍ଷ" ୨।
କଟକ : ଗ୍ରନ୍ଥ ମନ୍ଦିର, ୨୦୦୦
Jayasingh, Bhagaban, "Sachi Raut-Ray"
Door to Despair : Modernism in Odia Poetry,
New Delhi : Authors Press, 2014

ଭଗବାନ ଅଛ କାହିଁ ?

ଭଗବାନ ଅଛ କାହିଁ ?
ଆକାଶ, ପବନ ଗର୍ଜି ମୋ କାନେ
କହିଯାଏ 'ନାହିଁ ନାହିଁ' ॥
ଯଦି ମୁଁ ଫେରାଏ ଆଜି ବେନି ଆଖି
ତହିଁ ଦେଖେ ଖାଲି ଦୀନ, ନିରିମାଖି,
ଅନ୍ନ ବିହୁନେ ମଣିଷ ଆତ୍ମା
  କରୁଅଛି ହାଇ, ହାଇ,
  ଭଗବାନ ଅଛ କାହିଁ ?

ଚାରିଆଡ଼େ ଦେଖେ ଧନୀର ଶୋଷଣ
ଧର୍ମ ନାଆଁରେ ଯାବତ କଷଣ
'ବହୁ'ର ଲହୁ ତ ଶୋଷିନିଏ ଏକ
  ମୁଖେ ହରିନାମ ଗାଇ,
  ଭଗବାନ ଅଛ କାହିଁ ?

ସକଳେ ଖଟାଇ ଆପଣାର କାମେ
ଲାଭ ମାରେ ଜଣେ ଧର୍ମର ନାମେ,
ଧରମଟା ଏକ ଶସ୍ତା ବେଉସା
ଗଢ଼ା ତାହା କାହା ପାଇଁ,
ଭଗବାନ ଅଛ କାହିଁ ?

ରାଜା ଦେବତାଠୁଁ ବଡ଼ ଶହେ ଗୁଣ
ପୂରୁବ ଜନମୁ ଜାତ ଧନୀ ପୁଣ।
ଧନୀର ଶାସ୍ତ୍ର ଏହି କଥା କହି
(ଆମ) ମୁଣ୍ଡଟା ଦିଏ ଖାଇ,
ଭଗବାନ ଅଛ କାହିଁ ?

ଧନୀର ଶୋଷଣ ନୁହଇ ଶୋଷଣ
ଦେବତା ଅଂଶୁ ତାର ଯେ ଜନମ,
ସବୁ ଅବତାର ଧନୀର ଦୁଲାଳ
    ମାନିବାକୁ ହେବ ତା' ହିଁ
    ଭଗବାନ ଅଛ କାହିଁ ?

ମହାପୁରୁଷର ଖିଆଲୀ କଥାରେ
କାଟିଅଛୁ ଆମେ ମଣିଷ ମଥାରେ,
ଭାଇକୁ ଭାଇଠୁ ପକାଇଛୁଁ ବାଡ଼
    ଅଫିମ ନିଶାରେ ବାଇ,
    ଭଗବାନ ଅଛ କାହିଁ ?

ଧର୍ମର ନାମେ ଭିଆଇଟି ରଣ
ବଳି ଦେଇଅଛୁଁ ସମୂହ ଓ ଗଣ,
ବ୍ୟକ୍ତିର ଲାଗି ଧରାରେ ମରଣ
    ନିମିଷେ ଯାଇଛି ଛାଇ,
    ଭଗବାନ ଅଛ କାହିଁ ?

ପରକାଳ (?) ପାଇଁ ମରେ ଇହକାଳ
ଛାୟା ପଛେ ଧାଇଁ ଜୀବନ ବିଫଳ।
ସତ୍ତା ଆମର ଲୁଣ୍ଠଇ ଆନ
    ଦେବତାର ଦେଇ ଦ୍ୱାହି,
    ଭଗବାନ ଅଛ କାହିଁ ?

ଧରଣୀର ମାଟି ମଣିଷ ରକତେ
ବୁଡ଼ ପାରେ ଆଜି ଦେଖ ଅବିରତେ,
ଦେବତାରେ ଆମେ ଗଢ଼ିଅଛୁଁ ହାତେ
    ସେହି ଜଳେ ଅବଗାହୀ,
    ଭଗବାନ ଅଛ କାହିଁ ?

ମଣିଷର ଲହୁ ଝରିଅଛି ଯେତେ
ସବୁ ତମ ପାଇଁ ଭଗବାନ ଏତେ,
ଇତିହାସ ଶିରେ କାଳକାଳ ଧରି
ସେଥିପାଇଁ ତୁମେ ଦାୟୀ
ଭଗବାନ ଅଛ କାହିଁ ?

ଧନିକ ହାତରେ ତମେ ଏକ କଳ
ମଣିଷର ଧନ ଶୋଷଣେ କେବଳ,
ତମ ଦୟାରୁ ତା ରାଜ୍ୟ ଓ ବିତ୍ତ
ସବୁ ତମ ହାତେ ଥାଇ
ଭଗବାନ ଅଛ କାହିଁ ?

ଗଢ଼ିଛି ତମକୁ ଧନିକ ଦେବତା
ନିଜର ସ୍ୱାର୍ଥ ପାଇଁ ସତ କଥା ।
ଫରମାସେ ତାର ହୋଇଛ ତିଆରି
ତାହାରି ବରାଦ ପାଇଁ,
ଭଗବାନ ଅଛ କାହିଁ ?

ଛାୟାରେ ଗଢ଼ି ସେ ରୂପଟି ତମର
ମାୟାରେ ଭୁଲାଏ ଆମକୁ ମାତର,
ଧୂଆଁ ପଛେ ଆମେ ବୁଲୁଅଛୁ ଭୁଆଁ
ଅନ୍ଧାରେ ଧାଇଁ ଧାଇଁ,
ଭଗବାନ ଅଛ କାହିଁ ?

ଚୂରିବାକୁ ହେଲେ ଧନୀର ବିଧାନ
(ଆଗେ) ରକ୍ତ ତମର ଲୋଡ଼ା ଭଗବାନ,
ତମରି କବର ଧନୀର କବର
ମରଣ ତମର ଚାହିଁ,
ଭଗବାନ ଅଛ କାହିଁ ?

ଛୋଟ ମୋର ଗାଆଁଟି

ଛୋଟ ମୋର ଗାଆଁଟି
ଭୂଗୋଳ ପୋଥି-ପତରେ ପଛେ ନ ଥାଉ ତାର ନାଆଁଟି।
ମାଟିର ସେଇ ସରଗ ମୋର,
ସେଇଠି ଅଛି ମୋ ଷଠୀଘର।
ଜଳିବ ପୁଣି ସେଇଠି ଶେଷେ
ମୋହରି ଚିତା ନିଆଁଟି।
ଛୋଟ ମୋର ଗାଆଁଟି !
ଜନମି ତାର ଏନ୍ତୁଡ଼ିଶାଳେ
ବୁଲିଚି କେତେ ତା ତୋଟାମାଳେ।
ପାଞ୍ଚଟି ମୋର ପଞ୍ଜରା କାଠି,
(ଶେଷେ) ସେଇଠି ହବ ଡାହାଟି।
ଛୋଟ ମୋର ଗାଆଁଟି !
ତାହାରି ଜଳ ରକତ ହୋଇ
ଶିରାରେ ବହେ ଯେସନ ନଈ,
ନିଃଶ୍ୱାସେ ମୋ ତାହାରି ବାୟୁ
ଚଳାଏ ପ୍ରାଣ-ନାହାଟି।
ଛୋଟ ମୋର ଗାଆଁଟି !
ତାହାରି ଫୁଲ, ଶାଗୁଆ ଲତା
କଣ୍ଠେ ମୋର ଦେଲା ଯେ କଥା,
ଆଖିରେ ଦେଲା ଚାହାଣି ନୂଆ
(ତାର) ଫଗୁଣ ଉଷା ପାହାଂତି।
ଛୋଟ ମୋର ଗାଆଁଟି !
ଝରଣା ତାର କଲା ଯେ କବି,
ନୟନେ ଦେଲା ରୂପର ଛବି,
ବୁହାଇଦେଲା ସପନ ଢେଉ

ପଥର ବୁକେ ନିହାତି।
ଛୋଟ ମୋର ଗାଆଁଟି !
ତାହାରି ଲଟା, ତାହାରି ବଣ,
ତା' ଗାଈଗୋଠ ମୁରଲୀ-ସ୍ୱନ,
ଫସଲକଟା ମଧୁର ଗାନ
ସକଳ ମୋର ସାହାଟି।
ଛୋଟ ମୋର ଗାଆଁଟି !
ଆଲୁଅ ତାର କି ମନୋହର !
ଅନ୍ଧକାର ତା'ଠାରୁ ଭଲ,
ଜୀବନ ପଥେ ସକଳ ତାର
ଫିଟାଏ ନୂଆ ରାହାଟି।
ଛୋଟ ମୋର ଗାଆଁଟି !
ଦୁନିଆ କଣେ ଚାଖଣ୍ଡେ ଥାନ,
ଅତି ସେ ଛୋଟ, ନିହାତି ସାନ,
ତଥାପି ଭାଳେ ଛବିଟି ଦୂରୁଁ
ଥରେ ମୁଁ ତାର ଚାହାନ୍ତି।
ଛୋଟ ମୋର ଗାଆଁଟି !
ଖୁଦର ତାର ଉଦର ତଳେ
କେତେ ଯେ ରଥୀ ଜନମ ନେଲେ।
(କେତେ) ନାଉଁଆ ଲୋକେ ଅଇଲେ ଗଲେ
ଆଜି ସେ ସବୁ କାହାନ୍ତି ?
ଛୋଟ ମୋର ଗାଆଁଟି !
ପେଟରେ ପେଟେ ମାମଲା ବୁଦ୍ଧି
ଜନମିଥିଲେ ହରି ସୁବୁଦ୍ଧି,
ସାଥିଙ୍କୁ ତାଙ୍କ ଗୋଦର ଗୋଡ଼
ମନ୍ତ୍ରୀ ଛଣି ମହାନ୍ତି।
ଛୋଟ ମୋର ଗାଆଁଟି !
ଖଣ୍ଡିଆ କାନ୍ଥ ଗାଆଁଟା ହେଲା
ଡିହରେ ନାଚେ ବିଲୁଆ ପିଲା,

ଉଚ୍ଛନ୍ନ ହେଲେ ଆସାମ ଗଲେ
ଘରେ ତ ଚାଷୀ ନାହାନ୍ତି।
ଛୋଟ ମୋର ଗାଆଁଟି !
ପ୍ରତାପଶାଳୀ ସାମନ୍ତରାୟ
ଗାଁରେ କଲେ ଏମନ୍ତ ରାୟ,
ଦେଏଣା ଭାରେ ସକଳେ ହାୟ
ରେଙ୍ଗୁନ୍ ଭୂଇଁ ଧାଆନ୍ତି।
ଛୋଟ ମୋର ଗାଆଁଟି !
ଗାଁରେ ଥିଲେ କପିଳ ନନ୍ଦେ
ଚାଲିଲେ ଭୂଇଁ ଲସେ ଯେ ଖନ୍ଦେ।
ସବୁ କଥାରେ ମୁରବି ସାଜି
ହଲାଉଥିବେ ବାହାଟି।
ଛୋଟ ମୋର ଗାଆଁଟି !
ସରବାକାର ଅଗାଧୁ ଷଣ୍ଢ
ଗାଧୋଇ ସାରି ଦିଅନ୍ତି ଦଣ୍ଡ।
ପୋଷିଲେ ଜଣେ, ଶୋଷନ୍ତି ପଣେ
କଲମ - କାଠି ଛୁଆନ୍ତି।
ଛୋଟ ମୋର ଗାଆଁଟି !
ଚଉକିଦାର ଗୋବରା ଭୋଇ
ଚିଲମ ଟାଣି ରାତିଟା ଶୋଇ
ସକାଳୁ କହେ ବୁଲାଇଦେଲି
ଚୋରକୁ କାଲି ଭୁଆଁଟି।
ଛୋଟ ମୋର ଗାଆଁଟି !
ଆବର ଥିଲା ଜଟିଆ ବୁଢ଼ୀ
ପିଲାଠୁ ବଡ଼ ସବୁରି ଖୁଡ଼ୀ,
କା ଘରେ କେତେ ମୂଷାର ଗାଡ଼,
ସବୁ ତା ଜିଭେ ଥୁଆଟି।
ଛୋଟ ମୋର ଗାଆଁଟି !

୪୦ | ସଚ୍ଚି ରାଉତରାୟ

ମୁହଁଟା ତାର କାତିରୁ ଦାଢ଼,
ପଣତ କାନି ଛୁଆଇଁ ବାଡ଼,
ଲଗାଇ କଳି, ଝୁଣିବ ହାଡ଼,
ଡାକିବ କେତେ କୁହାଟି।
ଛୋଟ ମୋର ଗାଆଁଟି !
ଗାଁର ପୁଣି ବାଗୁଡ଼ ଖେଳେ
କେଳୁଆ, ନିଧି, ଅଇଁଠା ମେଳେ
କେତେ କେ ଜୀଏ, କେତେ କେ ମରେ,
ମରେନା ଖାଲି କାଆଟି,
ଛୋଟ ମୋର ଗାଆଁଟି !
ଗାଁର ଶେଷେ ଏକଣା ଘରେ
ବଉଳ ଫୁଲ ଯେଉଁଠି ଝରେ,
ଥିଲା ଯେ ପୁଣି ବିଧବା ଏକ
ବାଳୁତ ତାର ଛୁଆଟି,
ଛୋଟ ମୋର ଗାଆଁଟି !
ହବିଷ ଖାଇ ଚଉରା ମୂଳେ
ନିତି ସେ ଆସି ପ୍ରଣତି ଢାଳେ,
ଆକାଶଦୀପ ହୋଇ ସେ ଜଳେ
ଭୋକିଲା ତାର 'ସାହା'ଟି।
ଛୋଟ ମୋର ଗାଆଁଟି !
ଏସବୁ କଥା ଛବିଟି ପରି
ପ୍ରବାସେ ମନେ ଉଠଇ ଝଳି।
ଇଚ୍ଛା ହୁଏ ମାଟିରେ ତାର
ଶିରଟି ଥରେ ନୁଆଂତି।
ଛୋଟ ମୋର ଗାଆଁଟି !

ପ୍ରତିମା ନାୟକ ଓ ଅନ୍ୟାନ୍ୟ କବିତା | ୪୧

ବାଜି ରାଉତ

||ଏକ||

ନୁହେ ବଂଧୁ, ନୁହେ ଏହା ଚିତା,
ଏ ଦେଶ ତିମିର ତଳେ
ଏ ଅଲିଭା ମୁକତି ସଳିତା ।
ନୁହେ ଏହା ଜଳିଯିବା ପାଇଁ
ଏହାର ଜନମ ଏଥି ଜାଳି ପୋଡ଼ି
ଦବାକୁ ଧସାଇ ॥
ଉଆଁସ ପାରିରି ଘେରା
ଏ ଅଂଧାରି ଅମୁହାଁ ଦେଉଳେ
ପ୍ରେତାୟିତ ଅଂଧ ରାତି
ମଥା ପିଟେ ଯାର ବେଦୀ ମୂଳେ
ଏ ତାହାର ଶେଷ ଦୀପାୟନ,
ସଞ୍ଜର ତୁଳସୀ ମୂଳେ
ପ୍ରଦୀପର ନିରୁକ୍ତ ବେଦନ,
ଜଳି ଉଠି କ୍ଷଣକ ସକାଶେ
ସାର୍ଥକ କରଇ ଯଥା 'ଚିରଂତନେ'
ମନ୍ଦ ଉପହାସେ,
ସେହିପରି ତାହା
ସଂକ୍ଷିପ୍ତ ଜୀବନ ଦେଇ ଜୀବନର ଅତିରିକ୍ତ ଯାହା
ଗର୍ଭେ ତାର ହେଇଚି ଜନମ,
ତାହାରି ବନ୍ଦନା କରେ ଆୟୁଷ୍ମାନ
ଶିଖା ପ୍ରିୟତମ !!
ଏ ଶିଖା ଦେଇଚି ଆଜି
ଇତିହାସେ ହାତ ଟେକି ଦାନ
ଶତାବ୍ଦୀର ଶ୍ରେଷ୍ଠ ଫୁଲ,

ମୁକୁଳିତ 'ମୃତ୍ୟୁହୀନ' ପ୍ରାଣ ॥
ନିରନ୍ନ ଏ ଜନତାକୁ ଦେଇଚି ଏ
ତାହାର ଚାଳକ,
କ୍ଷୁଦ୍ର ଏକ ନାଉରି ବାଳକ
ବାହିବାକୁ ଏ ଦେଶର ତରୀ,
ଭିଡ଼ି ନାଇ ଘାଟେ ନାଆ
ନାଉରିଆ ପାରେ କିରେ ମରି ?
ଆଜି ତାର ବାଣୀ
ଶୀତଳ ଧମନୀ ତଳେ ପଠାଇଚି ଅପୂର୍ବ ଆହ୍ୱାନୀ।
ଜ୍ୱଳଂତ ଏ ଲେଲିହାନ, ସ୍ୱାଦହୀନ ଶିଖାର ଅନଳେ
ଜୀବନର ମାଲ୍ୟ ଥରେ, ମରଣର ଚାରୁ ସ୍ୱୟଂବରେ
ରଚିବାକୁ ସୃଷ୍ଟିର ଭୂମିକା
ଉଷାର ଗୋପନ ଅର୍ଥ ରଜନୀର ଲୁପ୍ତ ପାଦଟୀକା
ରଖେ ଯଥା ଧରି
ଆପଣା ମୃତ୍ୟୁରେ ଫୁଟେ ଆଜି ସେ ତ ଝରି ସେଇପରି ॥
ପଛୁ କିଏ ଡାକୁଚି ତୁହାଇ
ରହ ରହ ଆରେ ଶିଶୁ,
ଛିଡ଼ା ହୁଅ ବାରେ, ଯାଆ ନାଇ।
ଅଛି ଝଡ଼, ଅଛି ରାଜା
ଅଛି ପୁଣି ରାଜାର ସଇନ,
ଗରଜୁଚି କଳା ମେଘ, ଝଡ଼ ରାତି,
ହୋଇ ନାଇ ଦିନ।
ଫୁଲି ଫୁଲି ନାଚେ ନଈ ପାଣି
ଅଂଧାରରେ ଖାଲ, ବିଲ କିଛିଇ ତ
ହେଉ ନାଇ ଜାଣି।
ଶାଳବନୁ ମହାବଳ ରଡ଼ି
ଭାସି ଆସେ ବଣ ବିଲେ ଖେଳାଇ ଯେ
ଭୟର ନହଡ଼ି ॥
ଭଲୂକର ଆରଣ୍ୟ ନିଃଶ୍ୱାସ

ଆର୍ଦ୍ରକରେ ପାହାଡ଼ର ଶିଳାମୟ ଆଗ୍ନେୟ ବିଶ୍ୱାସ।
ଛିଡ଼ା ହୁଅ, ଅଛି ଆରେ ରାଣ।
ସମ୍ମୁଖର ଯାତ୍ରା-ପଥେ ଶୁଣ ପଛୁ କରୁଣ ଆହ୍ୱାନ।
ଏଡ଼ିକି ସେ 'ଅମାନିଆ ପିଲା'
ଫଉଜର ଗୁଳି, ଗୁଳା, ରଜା, ଝଡ଼ କିଛି ନ ମାନିଲା।
ଧୂଳି ଖେଳ ଛାଡ଼ି
ଗୁଳି ଆଗେ ଜୀବନକୁ ହସିହସି ଦେଲା ସିନା ବାଢ଼ି ॥
ଝଡ଼ ଠାରୁ ସେ ଯେ ବଡ଼
ମେଘଠାରୁ ଆଉରି ସେ କଳା,
ସାନ ଦେହେ ଖେଳେ ତାର
ଜୀବନର ଅଲିଭା ଚପଳା।
ରାତି ପରି ହୁଏ ବାଟବଣା
ପଥ ଭୁଲି ଏଣେତେଣେ ବୋହିଯାଏ।
ସେ ପରା ଝରଣା !!
ଛୋଟ ପୁଣି ଏଡ଼େ ସେ ବିରାଟ
ଜୀବନ ପାରିଲା ନାଇ ରଖି ତାକୁ
ମୃତ୍ୟୁ ତାରେ ଛାଡ଼ିଦେଲା ବାଟ।
ଲୁହାର ଫଉଜ ଗଲେ ଫାଟି,
ମାଟିର କଙ୍କାଳ ସେ ଯେ କାହିଁ ଗଲା ?
ମାଟି ଖାଲି ମାଟି !!
ଏ ଦେଶର ମାଟି
ତାହାକୁ ସେ ଭଲପାଏ,
ତାହା ଲାଗି ନୂଆ ବାରବାଟି
ଗଢ଼ିଲା ସେ ହାଡ଼ ମାଂସେ
ନିଃଶ୍ୱାସରେ ଦେଲା ଜୀବନ୍ୟାସ
ହଳଦିଘାଟରୁ ବଡ଼ ଗଢ଼ିଗଲା
ଦେଶ ଇତିହାସ।
ଲହୁ ଢାଳି ତହିଁ ପରେ ଲେଖିଲା ସେ
ମୁକତିର ଛବି

ଛବି ନୁହେଁ, ତୂଳୀ ନୁହେଁ, ନୁହେଁ ରଙ୍ଗ
　　　　ସେ ରକ୍ତ କରବୀ !!
ଏ ମାଟିର ସ୍ତନ୍ୟ ପିଇ ଗାଇଲା ସେ
　　　　ଏ ମାଟିର ଜୟ
ବିଶ୍ୱର ଦୁରଂତ ଶିଶୁ
　　　　ମୃତ୍ତିକାର ଚିର ସ୍ତନଂଧୟ।
ଚମ୍ପକ ସମ ସେ ଯେ
　　　　ସଉରଭ ରଖି ଗଲା ମରି
ମରଣ ପାରିଲା ନାଇ କଦାପି ତ
　　　　ଛୋଟ ତାକୁ କରି।
ପଦଚିହ୍ନ ତାର
ଶମଶାନେ କଲା ତୀର୍ଥ,
　　　　ଦେବାଳୟ ହେଲା ଶବାଗାର ॥
　　　　ସେ ତ ରୂପକାର
　　　　ଏ ପତିତ ଦଗ୍ଧ ମୃତ୍ତିକାର।
ନିଗାଡ଼ି ଆପଣା ତନୁ, ନିଃଶେଷି ସେ ନିଜ ରକ୍ତ ଜଳ
　　　　ଧରଣୀରେ କରିଚି ଉର୍ବର।
ଯାହା କିଛି ଅସୁନ୍ଦର, ଯା'ବିକଟ ଅଭଦ୍ର ମଳିନ
ଜୀବନର ସମାରୋହେ ଯାହା କରେ କ୍ଲୀବ, କ୍ଲାନ୍ତ, ଦୀନ
　　　　ସବୁ ଦଳି ସେ ରକ୍ତ ଯୌବନ
ସଜାଇଚି ଏଥି ଆଜି 'ସୁନ୍ଦର'ର ଚାରୁ ସିଂହାସନ ॥
　　　　ଯା କିଛି କୁତ୍ସିତ ଏଥି, ଅଶୋଭନ, ଅଶ୍ଳୀଳ, ଆବିଳ
ଜୀବନର ଛନ୍ଦ ସାଥେ ନାହିଁ ଯାର ଏତେ ଟିକେ ମେଳ,
　　　　ପ୍ରତିବାଦ କରଇ ଯା' ଚିର
ସକଳ ସ୍ୱପ୍ନର ଏଥି, ମଣିଷରେ କରଇ ସ୍ଥବିର,
　　　　ଦୂର କରି ତାର କଳା ଛାଇ
ଲୋଡ଼ିଚି ସେ ଏ ଧରାରେ ଆଣିବାକୁ ଅଟକିତେ ବାହି
ସୃଜନର ନୂଆ ଭାଗିରଥୀ
　　　　କ୍ରାନ୍ତିର ସାରଥି।

ଜନତାର ସେ ଯେ ମୂକ କବି
ତାହାରି ବନ୍ଦନା ଗାଏ ମେଘମୁକ୍ତ ଅନାଗତ ରବି।
ପୂର୍ଣ୍ଣିମାର ସୁଦୀର୍ଘ ଗୌରବ
ଆଜି ଏଥି ତମିସ୍ରାରେ
ଗାଏ ବନ୍ଧୁ ତାର ମୁଗ୍ଧ ସ୍ତବ ॥
ମାଳଂଚର ନବୀନ ଅଙ୍କୁର
ତାହାରି ଶୋଣିତପୁଷ୍ଟ ମୃତ୍ତିକାର
ଗନ୍ଧେ ଲଭେ ସୁର
ଆଗନ୍ତୁକ ଘାସର ସଭାରେ
ତାହାରି ଚଞ୍ଚୁର ପୀତ ଫୁଟି ଉଠେ
ନୂତନ ଆଭାରେ।
ଯେତେ ପତ୍ରଫୁଲ
ଫୁଟିବ ଏ ଧରଣୀରେ
ମୃତ୍ତିକାର ଶାଖାରେ ମୁକୁଳ,
ତୁମକୁ ତା' କରିବ ସ୍ମରଣ।
ଅଧୁନା-କ୍ଷୟିଷ୍ଣୁ ତବ ତନୁ ତୀରେ
ତାହାର ତୋରଣ
ଚୁମିବ ଆକାଶ,
ତବ ପଚମାନ ଦେହେ ଖୋଜେ ତାହୀ
ଜନ୍ମ ଅବକାଶ ॥
ପଳାଶ-ପିଚ୍ଛିଳ ବନେ
ବସନ୍ତର ପୁଷ୍ପିତ ବିଳାସେ
ତୁମରି ରକ୍ତର ରାଗ
ଅବିରର ରଙ୍ଗ ଅଧିବାସେ
ଉଠିବ ଉକୁଟି,
ବିଧବା ବନର ପଥ ସୀମଂତେ ତା'
ଉଠିବଇ ଫୁଟି
ସିଂଦୂରର ପରି
ରକ୍ତ-ତାରା ! ତୁମ ନାମ ସ୍ମରି ॥

ତୁମ ଦୀର୍ଘଶ୍ୱାସ
ନିର୍ଝରର କଂପ୍ର ବୁକେ ଆଣିଦେବ ତରଂଗର ପ୍ରାସ।
ଅଜଣା ସେ ପ୍ରତ୍ୟୁଷର ତୀରେ
କେଉଁ ଅନାଗତ କବି ଫୁଟାଇବ
ତାହାକୁ ବାଣୀରେ ?
କେଉଁ ଚିତ୍ରକର
ତବ ତନୁପୁଷ୍ଟ ଏଇ ସୌନ୍ଦର୍ଯ୍ୟରେ କରିବ ମୁଖର ?
ଆଜି ଏଥି 'ସୁନ୍ଦର'ର ପଥ
ମଳିନର ହ୍ରେଷା ରବେ ହୋଇଅଛି ରୁଦ୍ଧ, ପ୍ରତିହତ।
ଶୋଷଣର ନିର୍ମମ ସ୍ୟଂଦନ
ପିଷ୍ଟ କରେ ଜୀବନର ଲତାୟିତ ଋରୁ ପଦ୍ମବନ।
ଅନଶନେ, ଅନଟନେ ଶତ
ମଣିଷ ପାସୋରି ଅଛି ସତ୍ୟ ଶିବ ସୁନ୍ଦରର ପଥ।
ମ୍ଳାନ ତାର କ୍ଷୀଣ ଦୃଷ୍ଟି ପଥେ
କ୍ଷିୟମାନ ଲାବଣ୍ୟର ଦଗ୍ଧ କ୍ଷେତେ ଖର ଘୂର୍ଣ୍ଣ ରଥେ
କେଉଁ ପ୍ରେତ ମେଲେ ଧୂମ୍ର-ପୁଚ୍ଛ ?
ଫୁଲର ଫସଲ ତାର ନଷ୍ଟ କରେ ପଙ୍ଗପାଳ ତୁଚ୍ଛ।
'ସୁନ୍ଦର'ର ଛିନ୍ନ ଧ୍ୱଜା ତଳୁ
ତେଣୁ ତୁମେ ନେଇ ଷଯକି ନିଜ ହାତେ ପୀଡ଼ନ କବଳୁ ॥
ଅନାଗତ ସୃଷ୍ଟିର ଗୌରବେ
'ସୁନ୍ଦର'ର ନବ ଜନ୍ମୋତ୍ସବ
ଝରା ବକୁଳର କବି ! ବାଜୁଅଛି ତୁମରି ସ୍ୱାଗତ
ଉଚ୍ଚାରେ ଆଗାମୀ କାଳ ସେଇ ମଂତ୍ର ଆଜି ଯେ ସ୍ୱଗତ ॥
ତେଣୁ ତ ଫାଲଗୁନି !
ବୃଷ ସ୍କଂଧେ ତବ ଅଗ୍ନି ତୂଣୀ
ଟଂକାରଇ ରାତ୍ରିର ପ୍ରାଚୀରେ
ଜୟର ସ୍ପର୍ଦ୍ଧିତ ଶଙ୍ଖ ବାଜେ ଦୂରେ
ଉଷାର ଶିବିରେ ॥

ପ୍ରତିମା ନାୟକ ଓ ଅନ୍ୟାନ୍ୟ କବିତା | ୪୭

ଭାଙ୍ଗିବାର କବି !
ଗଢ଼ିବାର ପର୍ବ ଶେଷେ ଗାଇଲ କି
ମରଣ-ଭୈରବୀ ?
ନିଜର ଶୋଣିତ ରାଗେ ଲେଖିଗଲ ଏ ଯେଉଁ କବିତା
ସନ୍ଧ୍ୟାର ତୋରଣେ ଥରେ ତାହା ଦେଖି ଭୟରେ ସବିତା
ହେ ଅମର ମୃତ୍ୟୁର ଶିଳିପୀ !
କରୁଣ ସ୍ୱଗତେ ଥିଲ ରଚି ଯେଉଁ କ୍ଷୀଣ ପାଣ୍ଡୁଲିପି,
ମରଣର କଂଧେ ଆଜି ଲଭିଚି ତା ଅମରଣ ରୂପ,
ପଶ୍ଚାତେ ରହୁ ଗୋ ପଡ଼ି ଦଗ୍‌ଧ ଶବ ବ୍ୟର୍ଥ ଭସ୍ମରୂପ ।
ଶୂନ୍ୟଚାରୀ ବଳାକାର ସମ
ମେଘର ନିଥର ହ୍ରଦେ ହାଣ ଢେଉ, ଊର୍ମିର ବଲ୍ଲମ ॥

\ \ \

ହସି ଉଠେ କଳା ରାତି
ଫିଟି ପଡ଼େ ଝଡ଼ର କବରୀ,
ଆଗାମୀ କାଲିର ବାର୍ତ୍ତା
ଜନ୍ମ ଲଭେ ଭ୍ରୂଣ ସମ ଥରି ।
ଯା ଆସିବ ତାହା ଲାଗି
ଘରିଦିଗେ ଲାଗେ ଅଭିସାର,
ତବ ନ୍ୟାୟ ଅନୁଷ୍ଠାନେ
ଅତୀତର ନିଷ୍ଠୁର ବିଚାର
ହୋଇଲାଣି ଶେଷ,
ଶାସ୍ତି ତାର ମୃତ୍ୟୁର ଆଦେଶ ।
ତୁମରି କବିତା ଆଜି ବୋହି ଆଣେ
ଅବା ସେ ଘୋଷଣା,
ମୃତ୍ୟୁର ବଧିର ହାସ୍ୟ ତହିଁ ବାଜେ
ଯେସନ ବାଜଣା ।

୪୮ | ସଚ୍ଚି ରାଉତରାୟ

ଆହେ ବିଚାରକ !
ଅତୀତର ମୃତ ଦେହେ ରଖ ତବ
ସ୍ୱାକ୍ଷର ସ୍ମାରକ ॥
ଅତୀତର ବାରୋଟି ଫୁଲଗୁନ୍
ପୋଡ଼ି ଯଦି ଯିବ ଯାଉ ଏ ଚିତାରେ
ଯଥା ଶୁଷ୍କ ତୃଣ
ନାହିଁ କ୍ଷତି, ନାହିଁ ଆରେ ଭୟ,
ହବ, ହବ ପୁଣି ଦିନେ ବସନ୍ତର ଚିର ଅଭ୍ୟୁଦୟ।
କୁସୁମର ରାଜଧାନୀଠାରୁ
ଆସିଅଛି ଆଜି ଦୂତ, ଆଣିଅଛି
ବାର୍ତ୍ତା ଅତି ଚାରୁ ॥
ଏ ଚିତାରେ ତାର ନିମନ୍ତ୍ରଣ।
ଡାକି ଯାଏ ଲକ୍ଷ ଜନେ,
ଧନ୍ୟ ହେଲା ମୃତ୍ୟୁର ଲଗନ ॥
ଡାକେ ଦୂରେ ଉଦାର ଅଂଧାର,
କଥା କହେ କାଠଯୋଡ଼ି
କଥା କହ ଆଜି ହେ ମୁର୍ଦ୍ଦାର !
ନୁହେ ବନ୍ଧୁ, ନୁହ ଏ ଯେ ଚିତା,
ସେ ତୁମର କ୍ଷମାହୀନ ମୃତ୍ୟୁମିଶା
ଅମର କବିତା ॥

ପ୍ରତିମା ନାୟକ ଓ ଅନ୍ୟାନ୍ୟ କବିତା | ୪୯

ବାଜି ରାଉତ

।।ଘରି।।

ଆହେ କବି ! ବାରେ ହୁଅ ଠିଆ
ନେଇଯାଅ ତାର ମାଳା,
ନୁହେ ଫୁଲ, ସେ ଯେ ଦୀପ୍ତ ନିଆଁ।
ପ୍ରାଣର ଗୋପନ ଲିପି
ମରମର ଆଦିମ ବେଦନ
ତହିଁ ମଧ୍ୟେ ଲଭେ ରୂପ
ଲଭେ ଭାଷା କରୁଣ, ମୋହନ।
ସୃଷ୍ଟିର ଗୋପନ ଉତ୍ସ
ଜଳିବାର ଅନିବାର କ୍ଷୁଧା
ଦୀପଦାନି ସମ ଜଳି
ଜାଳିବାର ଶକ୍ତି ଜ୍ୟୋତି ସୁଧା
ପରକାଶ ଲଭିଅଛି ତହିଁ,
ଜୀବନର ମହୋତ୍ସବେ ମରଣର
ସ୍ୱପ୍ନ ରହି ରହି...
ଆପଣାର କରିଚି ଘୋଷଣା,
ମରଣର ସଭା-କବି ଦେଇଯାଏ
ଆଜି ତା' ସୂଚନା ।।
କମଳ-ବିଳାସୀ କବି ! ଦେଖିଯାଅ
ନୁହେ ଏ ଛଳନା,
ନୁହେ ଏହା ନିଶାଂତର
ସ୍ୱପ୍ନମିଶା ଗତାୟୁ କଳ୍ପନା !

ସପନର ସ୍ୱାତୀ ତାରା ସମ ଏହା
ନିଭିବନି ବାରେ
ତିମିର ସାଗର ତଳେ
ରଜନୀର ଶାଣିତ ଅନ୍ଧାରେ ।
ଜଳିବାର ଏ ମହା ତପସ୍ୟା,
ନିଜେ ସେ ଜଳିଚି ଜାଳି କୋଟି ବୁକେ
ଜ୍ୱଳନ ପିପାସା !!

\ \ \

ପୋଛ କବି ପୋଛ ଅଶ୍ରୁ ନୀର
କ୍ରୌଂଚ ମିଥୁନର ଶୋକେ ଅଭିଭୂତ ତବ ନେତ୍ର-ତୀର ।
ମଣିଷର ଦେଖି ଏ ସାଧନା
ବୁଣିଦେଉ ଅଗ୍ନିକଣା, ବଜ୍ରଗର୍ଭ
ଝଡ଼ର ସୂଚନା ।
ନିଭିଯାଉ ଲୋତକର ନଦୀ,
ଆସନ୍ନ ଝଡ଼ର ବାଣୀ ପ୍ରତି କଣ୍ଠେ ଝରୁ ନିରବଧି ॥
ବହୁ ଦିନ ତଳେ
କିରାତର ଶରବିଦ୍ଧ ବନ ପକ୍ଷୀ କରୁଣ ଦୁଃଖରେ
କାନ୍ଦିଥିଲ ବାରେ,
କାନ୍ଦିଥିଲା ତୁମ ସାଥେ ବନଲତା,
ତରୁଦଳ ମାଳେ ।
ଆଜି ଏଥି ମଣିଷର ଶିଶୁ
ପଡ଼ିଚି ଭୂଇଁରେ ଲୋଟି ଅସହାୟେ ମରଣର ବିଷ୍ଣୁ ।
ଶର କି ହେ ଗଲା ସରି
କବି ତବ ନୟନ ତୂଣୀରୁ
ବ୍ୟଥାର କରୁଣ ଲିପି
ହରାଇଲ ଆଜି କି ବାଣୀରୁ ?
କାନ୍ଦ କବି ଶେଷ ଥର ପାଇଁ
ଗଗନ ପବନ ଯାଉ ସେଇ ମ୍ଳାନ
ବ୍ୟଥାରେ ମିଳାଇ

ବନେ ବନେ ଉଠୁ ହାହାକାର,
ଧରଣୀରେ ହେଉ ବନ୍ୟା,
ମାଡ଼ି ଆସୁ ଅଶ୍ରୁ ପାରାବାର,
ତଳେ ମାଟି ଉପରେ ଆକାଶ
ଭରିଦେଉ ଅଶ୍ରୁ ଜଳ ତହିଁ ମଧ୍ୟେ ଯେତେ ଅବକାଶ ॥
ସେ ମହା ପ୍ଲାବନ
ସ୍ୱପନ ଖଚିତ ତବ ଅଳକାର
ପ୍ରବାଳ-ତୋରଣ,
ଦେଉ ଧ୍ୱଂସ କରି,
ସଂଗେ ତାର ଭାଜି ଯାଉ ମରି
ତୁମରି କଳ୍ପନାଜାତ ଗଜଦଂତ ରଚିତ ମିନାର,
ମୃତ୍ତିକାରେ ବ୍ୟଙ୍ଗ କରି ବୁଣେ ଯାହା
ଘନ ଇନ୍ଦ୍ରଜାଲ ॥
ମଣିଷର ଦଳିତ କଙ୍କାଳ
ପଠାଏ ଯେ ତୁମ ପାଶେ ଆଜି ତାର ଦୂତ ବାର ବାର।
ଏକ ଦୀର୍ଘଶ୍ୱାସ -
ଆକାଶେ ଧ୍ୱନୁଛି ତା'ର ସକରୁଣ
ବନ୍ୟ ଅଟ୍ଟହାସ।
ପୁଚ୍ଛ ତାର ମିଶେ ନଭ ଶେଷେ,
ଧୂମକେତୁ ସମ ସେ ଯେ ଧ୍ୱଂସେ ତବ
ପଦ୍ମଭୁକ୍-ଦେଶେ ॥
ଜଳିଯାଏ ଆଜି ଜଉଗଡ଼...
ଜ୍ୱଳଂତ ପଳାଶ ପରି
ଭସ୍ମସାତ୍ ପ୍ରାଚୀନ ନିଗଡ଼।
ଚାହିଁ ଦେଖ ଭୁଲି ଅବସାଦ
ଭାଜି ପଡ଼େ ଭୂଇଁ ତଳେ କିପରି ତୋ'
ତାସ୍‌ର ପ୍ରାସାଦ।
ମହମର ସ୍ତଂଭ

ଜଳିଯାଏ ହୁତୁ ହୁତୁ
                ନୁହେ ଶେଷ, ଶେଷର ଆରଂଭ !!
ଆରେ ଆରେ ପଳାୟନପଂଥି !
ପଳାଇବୁ ଆଜି କାହିଁ ଛିନ୍ନ କରି ଧରଣୀର ଗ୍ରଂଥି ?
                ଲୁଚିବୁ ବା କାହିଁ
ମୃତ୍ତିକାର ଏତେ ଦାବୀ
                ପାରିବୁ କି ଆଜି ତୁ କଟାଇ ?
                କାହିଁ ଭୀରୁ ନେବୁ ରେ ଆଶ୍ରୟ
ତୋର ସେଇ କୁଞ୍ଜବନ
                ଦେଇ କି ସେ ପାରିବ ଅଭୟ ?
ଏ ଘୂର୍ଣିର ସର୍ବଗ୍ରାସୀ କାୟା
ତାରେ କି ଧରିବ ନାଇ ପ୍ରସାରି ତା
                ପ୍ରେତାୟିତ ଛାୟା ?
କଳ୍ପନାରେ ? ନୁହେ ସେ ତ ଅମୂଳକ
                ଆକାଶର ଫୁଲ,
ନୁହେ ବି ସେ ଶୂନ୍ୟଚରୀ ସ୍ୱପନର ମସୃଣ ମୁକୁଳ।
                ଦେହ ସାଥେ ସେ ତ ଜଡ଼ିଥାଏ,
ଏ ଦେହର ତରୁ ଶାଖେ ପୁଷ୍ପ ସମ
                ସେ ଯେ ଶୋଭାପାଏ।
                ଏ ମାଟିର ମଣିଷର ମନେ
ଯେତେ ଫୁଲ ଗନ୍ଧେ ଛନ୍ଦେ
                ଫୁଟିଉଠେ ଚଇତାଳି ବନେ।
ମାଟିର ପ୍ରାଣର ରସେ ରଙ୍ଗାଏ ତା'
                ଆପଣାର ଦଳ
ମାଟିର ନିଃଶ୍ୱାସ ଦିଏ ଡେଣାରେ ତା'
                ଗତିର ହିଲ୍ଲୋଳ।
                ମଣିଷର ଗନ୍ଧମୃଗ - ମନ
ଧରାର ଉଦ୍ଭିଦୁ କରେ ସିନା ତାର
                କସ୍ତୁରୀ ଚୟନ ॥

ଅସ୍ୱୀକାର କରିବୁ କେସନ
ମୃତ୍ତିକାର ଏତେ ଋଣ, ପୃଥିବୀର
ପ୍ରାଣଭରା ସ୍ତନ ?

\ \ \

ଆଜି ତୋର ସପ୍ତର୍ଷିର ଦେଶ
ମାଟିର ତୋଫାନେ ହୁଏ ଶତ ଛିନ୍ନ
ମଳିନ ନିଃଶେଷ।
ଶ୍ରାବଣର ସଚ୍ଛିଦ୍ର ଆକାଶ
ତୋର ମୃଦୁ କଳ୍ପନାରେ ବ୍ୟଙ୍ଗ କରି
ତୋଳେ ଅଟ୍ଟହାସ ॥
ଶୂନ୍ୟଗାମୀ ମରାଳ ସମାନ
କେତେ ଦିନ ଧରଣୀର ମୃତ୍ତିକାରେ
କରି ଅପମାନ
ଶୂନ୍ୟେ ତୋର ଡେଣା ଦି'ଟି ମେଲି
ଏପରି ବୁଲିବୁ ଆରେ ବାରବୁଲା ଯାଯାବର ଖେଳି ?
କ୍ଳାନ୍ତ ଡେଣା ନ ମାନିବ ବଶ,
ଦିନେ ତାହା ହେବରେ ଅବଶ।
ଓହ୍ଲାଇ ତୁ ଧରଣୀର ବୁକେ,
ଆସିବୁ ଆସିବୁ ଫେରି ପଥହରା
ବିଶ୍ରାମ କୌତୁକେ
ପଲ୍ଲବର ବେନି ବାହୁ ତୋଳି
ତେବେ ତୋତେ କୋଳେ ଯେହୁ
ଟାଣିନେବ, ସେ ଏଇ ଶ୍ୟାମଳୀ
ପୁରାତନ ମାଟିର ଧରଣୀ।
ତାର ସଂକ୍ରାମକ ମାୟା କାରା ସମ
ବଂଦୀ କରେ ପୁଣି
ପଳାତକ ମନେ,
ମୃଦୁ ମୃଗ ଯଥା ଭୂର୍ଜବନେ ॥

୫୪ | ସଚ୍ଚି ରାଉତରାୟ

ନାଇ ନାଇ ନାଇରେ ଉପାୟ
ପଳାୟନ ପଥ ନାଇ ହାୟ !
ମଣିଷର ଦଗ୍‌ଧକ୍ଷତ
ମୃତ୍ତିକାର କରୁଣ ଚିତ୍କାର
ସ୍ୱପ୍ନର ଅଞ୍ଜନ ପୋଛି
ଦେଉ ମନେ ନୂତନ ବିଚାର
ଚାହିଁ ଦେଖ ମଣିଷର ହାଡ଼
ଅରାଜକ ରଜନୀର ପକ୍ଷ ତଳେ
ଗଢ଼ିଚି ପାହାଡ଼।
ପୃଥିବୀର କ୍ଷତ
କିପରି ଦମନ କରେ ଅବିରାମ
ଶୋଣିତର ସ୍ରୋତ।
ଜଦଧ୍ୱ ସମାଜର ମନେ
ଜଳି ଉଠେ ବୃଦ୍ଧ ଆଶା,
ଦିନ ଶେଷେ ସୂର୍ଯ୍ୟାସ୍ତର ବନେ
ଢୁଳାଏ ପଶ୍ଚିମ,
ଜାରଜ ସଭ୍ୟତା ହସେ,
କଳା ରାତି ମୃତ୍ୟୁଠାରୁ ହିମ।
ସାବଧାନ ନିରୀହ ପଥିକ !
ପଦ ତଳେ ଖୋଳେ ଗର୍ତ୍ତ
ଶକୁନିର ଶିକ୍ଷିତ ମୂଷିକ।
ସାବଧାନ ! ଏ 'କପଟ ପାଶା'।
ଏ ପଶାରେ ପାଞ୍ଚାଳୀର
ଅତି ଭୋକୀ କେଶର ପିପାସା।
ପଥଭୁଲା କବି !
ଏତେ ଦିନ ସପନରେ ଲେଖିଅଛ ମାୟାମୃଗ ଛବି
ଏତେ ଦିନ ଗାଇଅଛ ତୁମେ
ଦ୍ରାକ୍ଷର ପୀବର ସ୍ତନ ପୂର୍ବ-ବାୟୁ କେଉଁପରି ଚୁମେ।

ଦେଖିନ ଅନୂଢ଼ା ଦେହେ
ସହି ସହି ଭୋକ, ଅନଶନ
ମଉଳିଚି ତନୁଶିରୀ, ଫୁଟିନାଇ କିପରି ଯୌବନ।
ମାଆର ଲୁଳିତ ସ୍ତନେ, ଶୁଷ୍କ ଚର୍ମେ
ଶିଶୁ କେତେ ବାର
ଶୋଷି ପାଇ ନାଇ କ୍ଷୀର
ଝରିଅଛି ଲୁହ ଧାର ଧାର।
ବନ୍ଧ୍ୟା ଦେଶେ ସନ୍ଧ୍ୟା ବାୟୁ
କାନ୍ଦିଅଛି ଖାଲି ଆର୍ତ୍ତନାଦେ
ନପୁଂସକ ଭବିଷ୍ୟତ,
ବର୍ତ୍ତମାନ ଫଗୁ ଅବସାଦେ।
କେହି ଯଦି କରେ ପ୍ରତିବାଦ,
ମୃତ କଣ୍ଠେ ଦିଏ ଯଦି କେହି ଥରେ ଜୀବନର ସ୍ବାଦ
ଦେଖିଚ କି ତେବେ ତାହା ଲାଗି
କାରାର ଶୃଙ୍ଖଳ ପୁଣି ଘାତର ଖଡ୍‌ଗ ଉଠେ ଜାଗି
ଏଥି କେଉଁପରି ?
ଝରା ବକୁଳର କବି ! କି ଦେଖିଚ କହ କହ ସ୍ମରି !
ଦେଖିନ ତ କିଛି,
ପଦ୍ମଭୋଜୀ ଦେଶେ ତବ ଏ ସଂବାଦ
କେବେ ପହଞ୍ଚିଛି ??
ଖାଲି ତମ ଅଭିଜାତ ମନ
ଆଜିଯାକେ ଦେଖିଅଛି ଅସ୍ଥିହୀନ ମର୍ମର ସ୍ୱପନ।
ଅଙ୍ଗୁର କୋରକ ପରି ଲତାୟିତ ଉର୍ବଶୀର ତନୁ
ଗଢ଼ିଚି ନିଗାଡ଼ି ତୁମେ
ସପନର ଶତ ଇନ୍ଦ୍ରଧନୁ।
ତେଣୁ କେବେ ମଣିଷର ପାଇଁ
ଟୋପାଏ ଲୋତକ କେବେ ଚକ୍ଷୁ ତୀରୁ
ତାର ଝରି ନାଇ ॥

ନମ୍ର ବୁକେ ଏକ ଦୀର୍ଘଶ୍ୱାସ
କାହାର ବିରହେ କେବେ ଆଣିନି ତା' ବେଦନାର ପ୍ରାସ।
ସ୍ନିଗ୍ଧ ସେଇ ଆକାଶୀ ପ୍ରତିମା
କରି ତ ପାରିନି ସ୍ପର୍ଶ ମଣିଷର ଜୀବନର ସୀମା।
କେବେ କାହା ଗୃହର ଅଂଗନେ
ଜାଳିନି କନକ ଦୀପ ସନ୍ଧ୍ୟାଗମେ ଅଙ୍ଗୁଳି ଚାଳନେ।
କେବେ କାର ବାସର ମନ୍ଦିରେ
ପ୍ରଥମ ପ୍ରେମର ଲାଗେ ଭୀରୁ ବଧୂ
ସ୍ନିଗ୍ଧ ସ୍ୱେଦ-ନୀରେ...
ଜାଗିନି ପାଷାଣୀ ପ୍ରାଣେ,
ରହିଅଛି ଖାଲି ସେ ତ ଦୂରେ
ବହୁ ଦୂରେ, ଧରଣୀର ସ୍ୱପ୍ନ ସିଂଧୁ
ସ୍ନିଗ୍ଧ ଉପକୂଳେ ॥
ଶତ ଶତ ସର୍ପିଳ ଉଲୁପୀ
ତୁମରି ସପନେ କବି ନେଇଅଛି ଜନ୍ମ ବହୁରୂପୀ !
ସାପର ଚିକୁର ମେଲି, ତ୍ରସ୍ତ ପଦେ ବିଦ୍ୟୁତ ଖେଳାଇ
ଧରାର ସୀମାନ୍ତ ଏଡ଼ି ଯାଇଅଛି ଚଳି ପୁଣି କାହିଁ ?
ସପନର ସୁନାର ହରିଣୀ
ପାଗଳ କରିଚି ଖାଲି ଆକାଶର ନୀଳ ସୁରା ଜିଣି।
ପଂପାସର ପଦ୍ମବନେ ଆଜି
ସାହାରାର ହାହାକାର ଶୁଣ କବି
ଧୀରେ ଉଠେ ବାଜି ॥
ଶୀର୍ଣ ସିପ୍ରା ତୀରେ...
ମାଳିବିକା କାନ୍ଦି ମରେ ଅନୁର୍ବର ଅଶ୍ଳୀଳ ତିମିରେ।
କସ୍ତୁରିକା, ମାଧୁରିକା ଦଳ,
ହରାଇ ଅଛନ୍ତି ନିଜ କବରୀରୁ
ଲୀଳାର କମଳ।
କ୍ଷୁଧାତୁର କ୍ଷୀଣ ଦୃଷ୍ଟି ପଥେ
ମଣିଷ ପାରେନା ଆଜି ଚିହ୍ନି ତାଙ୍କୁ

ଜୀବନ ସୈକତେ।
କହିପାର ମନେହୁଏ କିଆଁ
ସେମାନେ ଯେ ପରଦେଶୀ ପୁରାତନୀ
ପରକୀୟା ପ୍ରିୟା।
ମଣିଷର ନୁହନ୍ତି ନିଜର,
ସପନର ମହୁ-ଶେଯ ମଉଳିଚି ବାଜି ପ୍ରଭାତର
ଉଚ୍ଚ ଐକ୍ୟତାନ,
ଚାନ୍ଦର ରେଶମୀ ଜାଲ ଦଳି ଛୁଟେ
ସୂର୍ଯ୍ୟର ବିମାନ !!
ଦେଖ ଦେଖ କବି ଖୋଲି ଆଖି
ଚଉଦିଗେ ଏ କି ଝଡ଼ ଛୁଟିଆସେ
କି କାଳ ବୈଶାଖୀ ?
ତୂର୍ଣ ବାୟୁ, ଚୂର୍ଣ ଆୟୁ, ସତ୍ୟାନାଶୀ ଏ ଯେ ସର୍ବନାଶୀ
ଆର୍ତ୍ତ କଣ୍ଠେ ଏ ଉଷାରେ ବାଜିଉଠେ
କି ଉନ୍ନପଂଚାଶୀ ?
ରକ୍ଷାକର ! ଆର୍ତ୍ତେ ରକ୍ଷା କର !
ଭାଜିଚି ପ୍ରାଚୀନ ନିଦ୍ରା ଶିଳାଭୂତ ଗରୁଡ଼ ସ୍ତମ୍ଭର !
ତୁଟିଅଛି ତନ୍ଦ୍ରାର ପ୍ରାଚୀର
ସାବଧାନ ଯାତ୍ରୀ ମୁସାଫିର !!
ଲୋଟୁଅଛି ତଳେ...
ହସ୍ତିନାର ସ୍ୱର୍ଣ କୁମ୍ଭ
ଭଗ୍ନଭିରୁ କୌରବ କବରେ।
ବାରୁଣାବନ୍ତର ଚାରୁ ହେମଶିଳା,
ହର୍ମ୍ୟର କଳସେ
ଶକୁନ ହାଣଇ ଚଞ୍ଚୁ,
ଦେଖ, ଦେଖ ଆଜି ନିରଳସେ।
ଚାରିଦିଗେ ଦୁର୍ଗନ୍ଧ ଶବର;
କ୍ଷୁଧାରେ ଶ୍ମଶାନ ଧରା,

ପାନଶାଳା ହେଇଚି କବର।
ପଥ କାହିଁ ? ପଥ ଆଜି କାହିଁ ?
ଲମ୍ପଟ ସମାଜ ଦୂରେ ଉଜାଗରେ
ମାରେ ଖାଲି ହାଇ।
ସୌଦାଗରୀ ସଭ୍ୟତାର ହାଡ଼
ଗଢ଼ିଅଛି ମେଘାସନ,
ମୃତ୍ୟୁ-ନୀଳ କରୁଣ ବାହାଡ଼ !!
ଯେଉଁଠି ମରଇ ଶିଶୁ
ଜନନୀର ଆର୍ଦ୍ରବୁକେ ଶୋଇ,
ଫୁଲର ଫସଲ ଯାଏ
ବୈଶାଖର କାଳ ଝଡ଼ ଧୋଇ,
ତୁମର ଚନ୍ଦନ କଳା,
ତୁମର ଏ ମାଧବୀ କଳ୍ପନା
କିପରି ମଣିଷ ସତେ
କହ କବି କରିବ ଅର୍ଚ୍ଚନା ?
ସେ ଯେ ନିଃସ୍ୱ, ସେ ଯେ ହତଭାଗା,
ଅଛି ଖାଲି କ୍ଷୁଧା, ତୃଷ୍ଣା,
ଆଉ ଅଛି ଏତେଟିକେ ଜାଗା-
ଧରା ବୁକେ, ମରିବାର ପାଇଁ,
ଚରଣେ ଶୃଙ୍ଖଳ ଅଛି
ଏହା ଛଡ଼ା ଆଉ କିଛି ନାହିଁ
ସେ ଯେ ସର୍ବହରା !
ହରାଇଚି ସବୁ କିଛି, ବାକି ଅଛି ଶୃଙ୍ଖଳ ଓ କାରା !!
ଆଜି ମ୍ଳାନ ଆଖିରେ ତାହାର
ଚୈତ୍ରର ସୁରଭି ରାତି
ହରାଇଛି ସବୁ ମାନେ ତାର-
ସବୁ ସାର୍ଥକତା,
ତେଣୁ ତାକୁ କ୍ଷମ କବି ବୁଝେ ନା ସେ
ବୋଲି ତୁମ କଥା ॥

ତୁମରି ଲଳିତ କଳା, ସୁକୁମାର
ନର୍ମ ପଦାବଳୀ
ତାହାର କ୍ଷୁଧାରେ ଆଜି ବ୍ୟଙ୍ଗ କରି
ଉଠୁଚି କୁହରି।
ଦୂରାଗତ ବଂଶୀ ସ୍ୱନ ପରି
ପାରେ ନା ସେ ତେଣୁ ସେଇ
ଦରବୁଝା କୂଜନରେ ଧରି ॥

\ \ \

ଧ୍ୱଂସ କରି ସବୁ ଅତ୍ୟାଚାର
କେ ଦେବ ତା' ବୁକେ ଆଶା
ମନେ ଦବ ଦୂରଂତ ବିସ୍ମର ?
ଧ୍ୟାନରେ କେ ଆଣିବ ସ୍ଥିରତା
ଜୀବିକାର ଯଂତ୍ର ବୁକେ ଜୀବନର
ସତ୍ୟ ପ୍ରଖରତା ?
ପଶ୍ଚରଇ ସକାଳ ଆଲୋକ,
ଜାଗ ଜାଗ ବୃହନ୍ନଳା !
ଗଳିଯାଉ ପଳିତ ନିର୍ମୋକ ॥
ମଣିଷର ଯୁଗ ଆଣ କବି
'ନିରକ୍ତ କାର୍ତିକ' ପ୍ରାତେ ସୃଜନର
ଆରକ୍ତ କରବୀ
ଫୁଟିବ ଗୋ ତେବେ
ଚିର ବସଂତର ସ୍ତବ ବନେ ବନେ
ଝଙ୍କାରିବ ଯେବେ ॥
କର କବି ତେଣୁ ତୀର୍ଥ ସ୍ନାନ
ଏ ଶିଖାର ପୁଣ୍ୟ ତେଜେ
ହଉ ସବୁ କ୍ଲାଂତିର ନିର୍ବାଣ ॥

ଝଡ଼

ଏଇ ଯେ ଆସୁଚି ଝଡ଼,
କର ସଖି ତାରେ ନମସ୍କାର,
ତା' ପଦେ ପ୍ରଣତି ବାଢ଼େ
ଗିରି, ବନ, ନଦୀ, ପାରାବାର।
ନିଖିଳର ଲୋମକୂପେ
ରୋମାଂଚନ ଜଗାଇ ପୁଲକେ,
ଆଜି ତାର ଅଭିଷେକ
ମନେ, ପ୍ରାଣେ, ତିମିରେ, ଆଲୋକେ।
ମୁକ୍ତ କର ବାତାୟନ
ଭୀରୁ ! ଆଜି କିଳ ନାଇ ଦ୍ୱାର,
ଏଇ ଯେ ଆସୁଚି ଝଡ଼
କର ପ୍ରିୟ ତାରେ ନମସ୍କାର।

ଏ ଝଡ଼ ଦେଇଚି ସଖି
ତୁମକୁ ଯେ ମୋର ପରିଚୟ,
ଭାଙ୍ଗିବାର ମଂତ୍ର ସାଥେ
ଗଢ଼ିବାର ଭୂମିକା ଅକ୍ଷୟ।
ମୋହରି ସ୍ୱାକ୍ଷର ତହିଁ
ଆଜି ବନ୍ଧୁ ! ବାରେ ଚିହ୍ନିନିଅ,
ଧ୍ୱଂସର ଅଙ୍ଗୁରୀଟିରେ
ଅଙ୍ଗୁଳିରେ ଘେନ ଥରେ ପ୍ରିୟ।

ଏଇ କ୍ଷିପ୍ତ ପ୍ରଭଂଜନ
          ଦେବ ମୋତେ ତୁମକୁ ଚିହ୍ନାଇ,
ତେଣୁ ତାରେ ନିଅ ବରି
          ଭୟ ମନୁ ଦିଅ ଗୋ ହଜାଇ !
ମୋହରି ଚରମ ବାର୍ତା
          ଆଣିଚି ସେ ଲଂଘି ପରାଜୟ,
ଏ ଝଡ଼ ତୁମକୁ ଦେବ
          ଉପହାର ମୋର ପରିଚୟ ॥

ମୋ' ଜୀବନ ରୁଦ୍ର ଗତି,
          ଆକୁଳତା, ଚରମ ପିପାସା,
ଏ ଝଡ଼ର ତୂଳିମୁନେ
          ଲଭେ ଆଜି ମୂକ, ମୌନ ଭାଷା ।
ଜୀବନର କୋଟି ଆଶା,
          ପରାଣର ନୀରବ କ୍ରନ୍ଦନ,
ଯାହା ମୋ ହୋଇନି କୁହା
          ପଦେ ବହି ବାଧାର ବନ୍ଧନ ।
ତାହାରି ପ୍ରକାଶ ଆଜି
          ଝଡ଼ କଣ୍ଠେ, ମଉଳେ ନିରାଶା,
କଥା କହେ ପ୍ରାଣ ମୂଳେ
          ଶତାବ୍ଦୀର କୋଟି ମାତୃଭାଷା !!

ମୃତ୍ୟୁ

ତୁମେ କେବେ ଯାଇଅଛ ମରି...
ତୁମେ ତ ଜାଣନା ତାହା,
ମୁହିଁ ବି ତା ପାରିନାଇ କଳି।
ମୋ ଭିତରେ ତିଳେ ତିଳେ
ପଉଷର ଶେଷ ଫୁଲ ପରି
ତୁମେ ତ ଜାଣିଚ ପ୍ରିୟ
କେବେ ତୁମେ ପଡ଼ିଅଛ ଝରି ?
ଏ ମୋର ମାନସ-ପୁରେ
ପଳେପଳେ ପ୍ରଦୀପ ସମାନ
ହେ ଶିଖା ! କେବେ ହେ ହେଲା
ଅଜାଣତେ ତୁମ ମ୍ରିୟମାଣ
କେହି କି ତା ଜାଣେ ?
ମରଣର ଗୁପ୍ତଚର
ଇତିହାସ ତାର ବା ବଖାଣେ।
ରଜନୀର କଳା ହ୍ରଦେ
ଗୋଧୂଳିର ପାଂଡୁଲିପି ଧୀରେ
ଯେପରି ନିଭଇ ଟାଣି
ତମସାର ଛାୟାଂଚଳ ଶିରେ,
ସପ୍ତର୍ଷିର ସିଂହଦ୍ୱାରେ
ଛାୟାପଥ ଲୁଚଇ ଯେପରି
ଚକିତେ ମିଳାଇ ଗଲ ଆଗୋ ପ୍ରିୟ !
ତୁମେ ସେଇପରି।
ତୁମେ ଯେ ପାରିନ ବଂଚି
ତାହା ବଂଧୁ ମୋର କି ଗୋ ଦୋଷ ?

ସେ ଲାଗି ମୋ ପରେ ଆଜି
ବହନାଇ ମିଛେ ଅସଂତୋଷ
ଦୁଇଟି ସଂଜର ପକ୍ଷୀ
ଫେରୁଫେରୁ ନୀଡ଼େ ଭୟେ ଭୟେ
ଝଡ଼ର ପ୍ରବଳ ଶ୍ୱାସେ
ଛିନ୍ନ ଯଦି ହୁଅଂତି ଉଭୟେ,
ପରସ୍ପରଠାରୁ,
ବିରହର ହାହାକାର
ରଜନୀର ପାରାବାର ପାରୁ
ଆସେ ସିନା ଭାସି।
କିଏ ତାହା ରୋଧିପାରେ ?
କିବା ଲାଭ ଢାଳି ଅଶ୍ରୁରାଶି ?
ସମୟର ଘୂର୍ଣ୍ଣିବାୟୁ ତଳେ...
ଦୁଇଟି ଯୁଗଳ ଯାତ୍ରୀ
ଭୁଲି ଯଦି ପଥ ବାରେ ବାରେ
ଖୋଜିନିଏ ଆଶ୍ରୟ ନିଜର -
ଦୁଇ ଭିନ୍ନ ପାଂଥଶାଳେ;
ଅପରାଧ ନୁହଁ ତାହା କା ର।
ସେଥିପାଇଁ ଢାଳିବାକୁ ଲୁହ
ସମୟ କି ଅଛି ସାଥି ?
ଚଳମାନ ଜୀବନର ସୁଅ...
ପଛକୁ କି ଫେରେ କେବେ ହେଲେ ?
ବୃଥା ଏ ପ୍ରୟାସ କିଆଁ
ଫେରାଇବା ଲାଗି ଯା' ନ ଫେରେ ?
ମୁହିଁ ତ ଚାହିଁନି କେବେ
ଆପଣାକୁ ନେବାପାଇଁ ହରି
ତାହାଠାରୁ - ଯାହାକୁ ମୁଁ
ଦେଇଥିଲି ନିଜକୁ ବିତରି,

ବଦଳେ ବା ଚାହିଁଥିବି
ଆଦ୍ୟ ଦେଖା ସେ ମଧୁ ଲଗନେ
ତାହା ଆଖି ତଳେ ଥାପି
କ୍ଲାଂତିହୀନ ଯୁଗଳ ନୟନେ
ପିଇବାକୁ ଲାବଣ୍ୟ ସଂଜର,
ପିୟାସୀ ଭ୍ରମର ଯଥା ରୂପ ମାଗେ
ଫୁଟଂତ ପଦ୍ମର।
ଦିନ ପରେ ଦିନ ବିରାମ ବିହୀନ ॥
ମୁହିଁ ସେହିପରି
ଚାହିଁଥିବି ତୁମଠାରୁ ସବୁଟିକ
ନେବାପାଇଁ ହରି।
ଚିରଂତନ ଚିରଦିନ ଲାଗି,
ରଚିଥିବି କେତେ ସ୍ୱପ୍ନ
ନିଂଶାତର ଶେଷ ଯାମେ ଜାଗି।
କିଂତୁ ହାୟ କାହିଁ 'ଚିରଂତନ'
ସମୟର ପକ୍ଷାଘାତେ
ଶତ ଛିନ୍ନ ତାହାର ଲପନ।
ନିତ୍ୟ ଉଷା ଉଦୟନେ
ନିତି ସଂଜ ମଉଳା ଲଗନେ
ନୂଆ ରୂପେ ଦେଖାଦିଏ
ନିତି ନିତି ସେ ମୋର ଜୀବନେ।
ପ୍ରତି ଅସ୍ତ ଉଦୟର ଘାଟେ -
ନୂତନ ସଂଭାର ଘେନି ଉଭାହୁଏ
ଜୀବନର ହାଟେ।
କେତେ ମୁଁ ଯେ ଭାବିଅଛି ମନେ
ତାହାକୁ ରଖିବି ଧରି ମୋ ଜୀବନେ
ଅମର ସପନେ।
ପଳାତକ ବନ ମୃଗ ପରି
ସେ କି ରେ ଦେଇଚି ଧରା ?

ପ୍ରତିମା ନାୟକ ଓ ଅନ୍ୟାନ୍ୟ କବିତା | ୬୫

ସଂଧାନୀର ବ୍ୟର୍ଥ ଚକ୍ଷୁ ଭରି...
ଚାହେଁ ବା ନ ଚାହେଁ...
ସେ ଯେ ଯାଇଅଛି ନିଭି
ନିଜ ମନେ ଆପଣାର ଛାଏଁ।
ତାହାର ବିଦାୟ ବାର୍ତ୍ତା
ବହିଆଣେ ଏ ସଂଧ୍ୟାର ବାୟୁ,
ଅନଳସ ଅଳ୍ପ ତାର ଆୟୁ।
ସାଗରର ଢେଉ ସମ
ପଡ଼ିଅଛି ଖଂଡ଼ ଖଂଡ଼ ଭାଜି,
ଅନୁଦାର ସଇକତ ବାଜି।
ସପନ ସାଗର ଉର୍ମି !
ଥିଲା ଭଲ, ଯେତେ କ୍ଷଣ
ଥିଲା ସେ ସପନ,
ବାସ୍ତବର ବେଳା ଭୂଇଁ
ଲାଗି ହେଲ ଖଂଡ଼ଖଂଡ଼
ଯେବେ ଅକାରଣ –
ତାହା ନୁହେ ଅପରାଧ ମୋର,
ସେ ଯେ ଜୀବନର ଗତି,
ଦୟାହୀନ, ନିର୍ଜୀବ, କଠୋର !
ତେଣୁ ଆଜି ବିନୟରେ ଗାଏ
ତୁମକୁ ଯଦି ମୁଁ ପ୍ରିୟ
କେବେହେଲେ ଭୁଲିଯାଇଥାଏ,
ସେଥିଲାଗି ନୁହେଁ ମୁହିଁ ଦାୟୀ।
ତୁମେ ଯେ ଜାଣନା ବଂଚି-
ତୁମ ତ୍ରୁଟି; ଦିଏ ମୁଁ ଚେତାଇ।
ତେଣୁ ଆଜି ତୁମରି ମରଣେ
ଦୁଃଖ ମୁଁ ଲଭିଛି ସତ
ଆଚଂବିତ କଦାପି ନ ମଣେ

ଅନୁତାପ ଜମା ନାହିଁ ଆସେ
ଯାହା ବା ହୁଅଂତା ଦିନେ;
ଆସେ ଆଜି ଗୋପନ ଆଭାସେ।

ମୋ ଭିତରେ ଗଲ ଯେବେ ମରି -
ମୋ ହାତରେ ଚିତା ତମ ସଜା ହୋଇ
ଉଠିବ ପ୍ରଜ୍ୱଳି।
ତା' ଉପରେ ନିରମିବି ସଯତନେ
ଶିଳାଲିପି ଏକ
ଅରୂପ ଅଲେଖ।
ମନେ ମୋର ପଳାଇବ ଯେହୁ-
"ଏ ପଥରେ ଏତେ ଦୂର
ଆସିଥିଲା ମୋ ସାଥିରେ ସେହୁ।
ତାହା ପରେ ପାରିଲାନି ଚାଲି,
ଫେରିଗଲା ଅନ୍ୟ ପଥେ
ପଦଲିପି ବୋହିଛି ଏ ବାଲି।"
ଏ ପଥେ ଶୋଇଚି ତାର
ଭୀରୁ ବେନି ପଦର କବିତା
ସ୍ୱରେ ତାର ତଂଦ୍ରାଲାଗେ
ଭୁଲିଯାଏ ମୁହିଁ ଯେ ସବିତା।
ଝରା କୁସୁମର ରାତି
ସେ ଗାନର ବ୍ୟାଖ୍ୟା ଖାଲି ଜାଣେ,
ଛୋଟ ତାର ପଦଚିହ୍ନ
ଆଲିଂପନ ସମ ଜାଗେ ପ୍ରାଣେ।
କେଉଁ ଏକ ପୁରାତନ
ଦେଉଳର ଜୀର୍ଣ୍ଣ ଦେହ ଦେଖି
ଅତୀତର ଇତିହାସ ପାଂଥମନେ
ହୁଏ ଯଥା ଲେଖବ -

ଅନାହତ ଶତ ରୂପ ଛବି,
ସ୍ମୃତିର କରବୀ -
ସେହିପରି କହିବ ସେ କାନେ ମୋର
ଅତି ଧୀରେ ଧୀରେ
ଏକଦା ଯା ଥିଲା ସତ୍ୟ, ଆଜି କାହିଁ ?
ଆଜି କେଉଁ ତୀରେ -
ବାଂଧିଅଛି ତରୀ କହ ତାର
କି କରିବି ପ୍ରତିବାଦ ? କିବା ଦେବି
ଜାଣେ ନା ଉତ୍ତର ?
ଦିନେ ଯେହୁ ଥିଲା ପାଶେ
ଆଜି ନାଇଁ ଯେହୁ ଏଇଠାରେ
ରହିବ ତାହାର ସ୍ମୃତି ?
ସୁରା ପରି ପାନ କରି ଆରେ ?

ରାତିର ସେ ଖାଲି କଳା ଛାଇ
ସ୍ମୃତିର କଂକାଳ ଖାଲି,
ଏତେ ମାୟା ତେବେ କାହିଁ ପାଇଁ ?
ଝରା କୁସୁମର କବି
ତଥାପି ମୁଁ କରିବି ସ୍ମରଣ
ଏକଦା କୁସୁମ ଏକ
ଭରିଥିଲା ଗଂଧେ ମୋର ବନ
ଝରା ବକୁଳର ସଭା
ଗୋଧୂଳିର ବିଷର୍ଣ୍ଣ ପ୍ରହରେ
ବସିବ ଯେବେ ମୁଁ କିଂତୁ
ଏଇ କଥା କହିବି ସକଳେ।
ସେଇ ଫୁଲ ଫୁଟିବାର ଜୟ
ଝରା କୁସୁମର କବି
ଯାତ୍ରା-ପଥେ ଗାଇବି ନିଶ୍ଚୟ ॥

କୋଣାର୍କ

ତୁମେ ଦେଖିଅଛ ଶିଳାରେ ତାର ତ
ରମ୍ୟ କଳାର ରୂପ,
ମୁଁ ଦେଖିଚି ତହିଁ କୋଟି କଂକାଳ
ଭଗ୍ନ ବୁକୁର ସ୍ତୂପ।
ତୁମେ ଦେଖିଅଛ ଫୁଟିଚି କିପରି
କଳାର କାଉଁରୀ ଲାଗି,
ରାତ୍ରିର କଳା ଯବନିକା ପରେ
ସ୍ୱର୍ଣ୍ଣ ଉଷାର ଛବି।
ଦେଖିଚ କିପରି କବିତା ଫୁଟିଚି
ପାଷାଣର ମୂକ ଦେହେ,
ତଂନ୍ଦ୍ରାମଗନ ଅଳସ ସପନେ
ବୁଡ଼ିଚ ନିବିଡ଼ ସ୍ନେହେ।
ତୁମେ ଚାଖିଅଛ ରସର ଝର୍ଣ୍ଣା
ଚାରୁ ମଂଦିର ତଳେ,
ଗଂଡୁଷ ଭରି ପିଇଚ ପୀୟୂଷ
ନିଭାଇ ତୃଷ୍ଣାନଳେ।
ମୁଁ ଫେରିଚି ହାୟ ଦୀନ ବେରସିକ
ତାହାରି ସିଂହଦ୍ୱାରୁ,
ପୁଂଜିତ ବ୍ୟଥା ଅବସାଦ ଗୁରୁ
ବଳିଅଛି ହୃଦଦ୍ୱାରୁ।
ମୂଲିଆର ଆଖି ନେଇ-
ମୁଁ ଦେଖିଚି ସେଇ ମଂଦିର ରୂପ ବ୍ୟଥାର ଆରତି ଦେଇ।

ମୁଁ ଦେଖିଚି ସେଇ ଶିଳାର କବରେ
କେତେ କାରିଗର ଛାତି,
ତିଳେ ତିଳେ ହାୟ ଲଭିଲା ସମାଧି,
ସହିଲା କଷଣ ତାତି।

କେତେ ମଜଦୁର ଗର୍ଦ୍ଦଭ ପରି
ବହି ବହି ଶିଳାଭାର,
ବଂକା କଲେଟି ନିଜ ମେରୁହାଡ଼
ହିସାବ କି ଅଛି ତାର ?
କେତେ ଯେ ବଟାଳି, ନିହାଣ ମୁଗୁର
ରଜାର ହୁକୁମ ମାନି,
କଳାମୁଗୁନିର ଦିହରୁ ରକତ
ପୋଷ ପୋଷ କଲା ପାଣି।
କେତେ ଯେ ବଢ଼େଇ, ମିସ୍ତ୍ରି, କମାର
ଶୋଣିତ ଗଳାରେ ମିଳି,
ସାଗରର ଲୁଣି ପାଣି ସେ କଥାକୁ
ଲୁଣ ପରି ଦେଲା ଗିଳି।
ଦେଖିଲା ଜଗତ ବିରାଟ ଦେଉଳ !
ଘୋଷିଲା ରାଜାର ଜୟ,
ପଂଡ଼ିତ କହେ ଦେଶର କୁଆଡ଼େ
ଲେଖା ଏଥି ପରିଚୟ।
ସେ ରସିକ-କହେ ସୁଂଦରୀ ନଟୀ
ଲୀଳାୟିତ ନୀବୀବଂଧ,
ସ୍ୱତଃ ଶ୍ଳଥ ତାର କାଂଚୁଲି ତଳେ
ପଦ୍ମ କୋରକ ଛଂଦ !
କିଏ ଦେଖେ ନାଗକନ୍ୟାର ଗଳେ
ରତି-ଚ୍ୟୁତ ବନମାଳା,
ଯକ୍ଷ ବଧୂର କବରୀରେ କିଏ
ଶତ ରାତ୍ରିର ଜ୍ୱାଳା-
ଅନୁଭବେ ନିରଂତର,
ଜାଣିବାକୁ କିଏ ଲୋଡ଼ିଚି କି କେବେ
ଇତିହାସ ମଣିଷର ?

ପଚ୍ଚରିନି କିଏ କେତେ ବା ଜୀବନ
ସେ ଲାଗି ହୋଇଚି କ୍ଷୟ,
କେତେ ବା ବାରିଶି, କରତ, କୁଠାର
ଲଭିଅଛି ପରାଜୟ।
କେତେ କ୍ଷୁଧାତୁର ମଣିଷ ଖାଇଚି
କ୍ଷୁଧାରେ ସେ-ଦିନ ମାଟି,
ରମ୍ୟ କଳାର ଦରବାରେ ତାର
କିଛି ନାଇ ପରିପାଟୀ !
ନାଇ ତା ଚରଣ-ଲିପି,
ଶିଳ୍ପ ରହିଚି, ନାଇ ନାଇ ସେଠି କଳାକାର ବା ଶିଳ୍ପୀ।

ଧନ୍ୟ ଆମର ଶିଳ୍ପ ଚାତୁରୀ !
ଧନ୍ୟ ଲଳିତ କଳା !
ରଜାର ସୁନାମ ପ୍ରଚାରର ଲାଗି
କୋଟି ବୁକେ ବାଜେ ଶଳା।
ଅମର ହୋଇବ କାଳର କବଳେ
ଯେଣୁ, ଜଣକର ନାମ,
ଲକ୍ଷ ବେନାମି ଜୀବନରେ ତେଣୁ
ଗଢ଼ା ହେଲା ଶମଶାନ।
ଏ ଭାବପ୍ରବଣ ଜାତି
ଏବେ ବି ଗରବେ ଚାହିଁ ତା କବରେ
ଫୁଲାଏ ଆପଣା ଛାତି।

କୋଟି କୋଟି ବିଶୁ ମହାରଣା,
ପୁଣି ଶିବେଇ ସାମଂତ କେତେ,
ଏଇ ମଂଦିର ତଳେ ଶୋଇଛଂତି
କଳାର ଫସଲ ଖେତେ।

ଗଢ଼ିବାକୁ ଏଇ ମଂଦିର କଳା
ଶ୍ରମିକ ରକ୍ତ ଦାନ,
କୃଷକ ଦେଲା ତା' କନକ ଶସ୍ୟ
ରାଜକୋଷେ ଅକଳନ।
ଅଥଚ କଳାର ଦରବାରେ ନାଇ
ତାଂକ ବ୍ୟଥାର ସ୍ଥାନ,
ହାସ୍ୟ ବା ଲୁହ, ଅଥବା କେଉଁଠି
ଫସଲ-କଟାର ଗାନ।
ତୋରଣେ ତୋରଣେ ନଂଦନ ଶିରୀ
ଯକ୍ଷ-ପୁରୀର ଲତା,
କେଉଁଠି କି ଅଛି ମାଟିର ଶସ୍ୟ
ଧାନର ବିଜୁଳିଛଟା ?
ଆଭିଜାତ୍ୟର ବରାଦରେ ସେଠି
ସାଆଁତିଆ ରୁଚି ଛାଂଚେ,
ନଗ୍ନ ନଟୀର ନଧର ଚରଣ
ଚପଳ ଛଂଦେ ନାଚେ।
ସେଠି ଅଛି ଖାଲି ଫୁଲର ଫସଲ
ସପନର ନୀଳ ଢେଉ,
ହୀରାର ସୂର୍ଯ୍ୟ ପାହାଂତି ପହରେ
ପ୍ରଣାମ ତା' ନେଉଦେଉ
କହିଯାଏ ଧରା କାନେ-
ଜୀବନର ଯେତେ କ୍ଷତ, ଅପମାନ,
ଗାଇ ନାଇ କିଏ ଗାନେ।
ରମ୍ୟ କଳାର ଲୀଳା !
କିଛି ତ କହିନି ମଣିଷର କଥା,
କହିବାର ଯାହା ଥିଲା ॥

ସହରତଳିର ଉଷା

ଆକାଶର କ୍ଳାଂତି-ପାଂଡୁ ଦେହୁ
ଘର୍ମ ସମ ବିଂଦୁ ବିଂଦୁ ଝରିପଡ଼ି
ପାହାଂତା କାକର
ନିଷିକ୍ତ କରିଛି ରାଜପଥ।
ରକ୍ତହୀନ ଫିକା ତାରାଟିଏ
ସ୍ତବ୍ଧ ହୋଇ ହୋଇଅଛି ଠିଆ
ଦିଗଂତର ଏକ ପ୍ରାଂତେ;
ସ୍ଥଗିତ ଯାତ୍ରା ପଦାତିକ ଯେହ୍ନେ
ହଠାତ୍ ଛିଡ଼ା ହେବାକୁ ହୁଏ ବାଧ
ରଣ ଅବସାନେ
ପ୍ରାଂତରର ଶେଷ ଭାଗେ...
ହୁଏତ କେଉଁ ପୁଷ୍ପ-ପାଦକ ମୂଳେ ॥

ବହୁ ଦୂରେ...
ବିସର୍ପିଳ ଧୂମ୍ର-ପୁଚ୍ଛ
କର୍ମଶାଳା ଗଂବୁଜ-ନିର୍ଗତ
ଆକାଶ କରିଛି ସ୍ପର୍ଶ
ଧୂଆଁ ଆଉ ମେଘେ ଆଜି ସମାବୃତ ସମଗ୍ର ଅବନି।
ପଂକର ତିଳକ କିଏ ବୋଳିଅଛି
ଉଷାର କପୋଳେ ?
ପଚା ଗଂଧେ ନର୍ଦ୍ଦମାର କଟୁ ଘ୍ରାଣ ମିଶି
ସମସ୍ତ କୁସୁମଗଂଧ ଦେଉଛି ବୁଡ଼ାଇ,
ନିଦ୍ରିତ କୁଟୀର ଶ୍ରେଣୀ ଶୀର୍ଷ ଶୀର୍ଣ ଭେଦି
ଉଲୁକର ଶୁଭୁଛି ଗର୍ଜନ।
ଶବ୍ଦରୂପୀ ଅମଂଗଳ ଅବା !!

ପ୍ରତିମା ନାୟକ ଓ ଅନ୍ୟାନ୍ୟ କବିତା | ୭୩

ନିର୍ଜୀବ ଜଗତ...
ଦିବସର କର୍ମଧାରା ଅବଲୁପ୍ତ
ଗତିଚ୍ୟୁତ ଆଜି
ମୃତା ତଟିନୀର ଆତ୍ମା ପରି
ଚକ୍ରାକାର ତରୁଗୋଷ୍ଠୀ ପ୍ରହରୀ ସଦୃଶ ଉଭା ।
ଅପବିତ୍ର ଯାମିନୀର ଅସ୍ୱଚ୍ଛ କାଳିମା ସଂଗେ
ଦିବସର ପ୍ରେତ ଆତ୍ମା ମାତିଛି ନର୍ତନେ ।
ମନେହୁଏ ପ୍ରଭାତର ସର୍ବାଂଗରେ ଘାଆ-
ଛେଲା ଛେଲା ଝରିପଡ଼େ ପୂଯ
ତ୍ୱକ୍ ଆଉ ଶୋଣିତ ମିଶ୍ରିତ ।
ଶୂକରର ଘୋଣାଦୀର୍ଣ୍ଣ କର୍ଦମପଟଳ ସମ
ସମତଳ ଆକାଶର ନୀଳ ଦେହ ହୋଇଛି ବିକ୍ଷତ ॥

\ \ \

ଆଜିର ଏ ଉଷା ନୁହେଁ ସେହି ଉଷା
ଆଣେ ଯାହା ଜୀବନର ସ୍ୱାଦ,
ନବ ନବ ପ୍ରଲୋଭନ ସଂଗେ ନବ ଆଶା
ରଜନୀର ତମ-ସିଂଧୁ ତମିସ୍ରା ନିଗାଡ଼ି ।
ଏ ଉଷାରେ ବିଡ଼ଂବିତ ସୃଷ୍ଟିର ଆନଂଦ
ଅପହୃତ ପ୍ରାଣର ବିଳାସ ।
ନୁହେଁ ଏହା ଦେବତାର ଶୁଭ ଶୁଭ୍ର ଦାନ !
ଧ୍ୱାଂତ ଦାନବର ଏହା ନିଷ୍ଠୁର ଛଳନା !
ଏ ଉଷା ନକଲି ଉଷା !!
ନୁହେ ସତ୍ୟ !

\ \ \

ତେଣୁ ଉଷା ଆଗମନେ
ମାନବର ବାକ୍ୟ, ଆଶା ନହୁଏ ପୁଷ୍ପିତ ।
ପ୍ରଭାତ କିରଣେ ଆଜି ନ ଉଠେ ବିକଶି
ମଣିଷର ଲଘୁ ଚିତ୍ତ, ମାନସିକ ସ୍ୱାସ୍ଥ୍ୟ
ପ୍ରଜାପତି ସମ...॥

ଯଂତ୍ରଶାଳା ବଂଶୀ ବାଜେ, ଇଂଜିନ୍‌ର କ୍ରୁର ଆମଂତ୍ରଣେ,
ମାନବର ଶ୍ରମ ହୁଏ ପଣ୍ୟ ପରି ହେଳାରେ ବିକ୍ରୟ।
ହାୟରେ ପ୍ରଭାତ !!
ଚୂର୍ଣ୍ଣ ଆଜି କୋଇଲାର ଜ୍ୱଳଂତ ଆକ୍ରୋଶେ।
ପୁଣ୍ୟ ନୀରବତା ତାର ଦଗ୍‌ଧୀଭୂତ ହାତୁଡ଼ି ପ୍ରହାରେ।
ହାୟରେ ଜୀବନ !!
ସର୍ବ ଉଚ୍ଚ, ସର୍ବୋତ୍ତମ, ସର୍ବଶୁଭ, ମାନବ ଜୀବନ !
ସ୍ୱତ୍ତ୍ୱ ତା'ର ପରଭୁକ୍ତ, ଦାବି ତା'ର ଦସ୍ୟୁରେ ଲୁଂଠିତ।
ଶକ୍ତି ନାଇ ମାନବର ରଖିବାକୁ ତିଳେ ତାହା ଧରି।
ସହରତଳିର ଉଷା !
କ୍ଷତପୂର୍ଣ୍ଣ ତିମିରବିକାର
ମାନବର ନୁହେ ତାହା !!

\ \ \

ମାନବର ନାହିଁ ଅଧିକାର
କହିବାକୁ ଉଚ୍ଚ କଂଠେ ନିଃସଂଶୟେ ଗଗନ ବିଦାରି-
ଏ ପ୍ରଭାତ ନିଜସ୍ୱ ମୋ
ମୋ' ଲାଗି ସୃଜନ ଏହାର
ପବିତ୍ର କିରଣେ ତାର କରି ସ୍ନାନ ହରିବାକୁ କ୍ଳାଂତି
ପବିତ୍ର ଉତ୍ତାପେ ତାର ସେକିବାକୁ ଥଂଡା ହସ୍ତ ପଦ
ଅଧିକାର ନାଇ ମାନବର।

ଉପଭୋଗ କରିବାକୁ
ଏ ଉଷାର ମଂଗଳ ଆଭାସ
ମନୁଷ୍ୟର ଦାବି ଆଜି ବିଡ଼ଂବିତ
ସ୍ୱତ୍ତ୍ୱ ତାର ଶସ୍ତାରେ ବିକ୍ରିତ ॥

\ \ \

ହାୟରେ ମାନବ !
ଉଷା ତୋର ଅପହୃତା, ପରକୀୟା !
ତୁ ଏଥି ବଂଚିତ ! ମୂକ ହତଭାଗ୍ୟ...!!

ପ୍ରିୟା

ବାତାୟନେ ତୋର ପ୍ରଦୀପ ଜାଳିଲୁ କିଆଁ ?
ପତଂଗ ସମ ଧାଏଁ ମୋ ଆତୁର ହିୟା।
ସେ ହୋମ-ଶିଖାରେ ମରଣ ଥିଲି ମୁଁ ବରି
ମହୁମାଛି ମୁଁ ତ ଆସିଥିଲି ଅନୁସରି ॥

ମରଣ ମୁକୁଳୁ ଅମରଣ-ମଧୁ ଆଶେ
ପରାଣ ମୋର ଯେ ଶୁଖିଯାଏ ଉପବାସେ।
ସେ ମରୁ-ଉଷାରେ ଥାପ ତୋ ଚରଣ ପ୍ରିୟା।
ବାତାୟନେ ତୋର ପ୍ରଦୀପ ଜାଳିଲୁ କିଆଁ... ?

ଥିଲି ତ ସୁଦୂରେ, ଏକାକୀ ବିଜନେ ବସି
ବାଉଥିଲି ସଖି ଉଦାସେ ଅଳସ ବଂଶୀ...
ଦେଖା ଅଦେଖାର ପରପାରେ ସେହି ସ୍ୱନ
ଖୋଜୁଥିଲା ମୋର ଚିର କାମନାର ଧନ।

କଳପନା-ପୁରେ ଲେଖୁଥିଲି ତାର ଛବି
ଗଢୁଥିଲି ମନେ ମାନସୀ ମୂରତି ରବି।
ସହସା ସେ ରୂପେ କିଆଁ ହେଲୁ ଆସି ଠିଆ
ନୟନ-ପଥରେ ଅଚକିତେ ମୋର ପ୍ରିୟା !!

ଭାବିଲି ଛବି ବା ସହସା ପାଇଲା ପ୍ରାଣ...
ସେ ଦିନୁ ସଖି ମୋ ଭାଜିଲା ରୂପର ଧ୍ୟାନ।
ସେହି ଦିନୁ ତୋର ପରଶ-ସୁରଭି ପାଇଁ
ଅଭିସାରୀ ହେଲି ପଥେପଥେ ଗୀତ ଗାଇ।
ସେ ଦିନୁ ପରାଣେ ଜଳିଲା ବିରହ-ନିଆଁ
ବାତାୟନେ ତୋର ପ୍ରଦୀପ ଜାଳିଲୁ କିଆଁ ?

୭୬ | ସଚ୍ଚି ରାଉତରାୟ

ପଦ୍ମଭୁକ୍

ଆକାଶେ ଭୀଷଣ ଝଡ଼, ଇଂଦ୍ର-ମେଘ ଛାଡୁଚି ହୁଂକାର,
ହାତୀଦାଂତେ ଗଢ଼ା ତୋର ସପନର ସୌଖୀନ ମିନାର
ଭାଂଗିପଡ଼େ କବି !
ଫୁଲର ଫସଲେ ଆଜି ପଂଗପାଳ ତୋଳୁଚି ଭୈରବୀ ॥

କମଳଭୋଜୀର ଦେଶେ, ପ୍ରବାଳର ମସୃଣ ତୋରଣେ,
ଲାଗିଚି ଲବଣ ଢେଉ, ପଦ୍ମଭୁକ୍ ! ତୋ କବିତାବନେ
ଲଭେ ନାଇ ଆଜି ତ ପ୍ରକାଶ
ନୀଳନଦ ବାଲୁଚରେ ମିଶରର ମୃତ ଇତହାସ ।

ଶ୍ରୀବଂତୀର ନୀଳ ଭୂରୁ, ଦ୍ରାବିଡ଼ର ନିରୁକ୍ତ ନୀଳିମା
ଗଢ଼େନା ତନିମା ଢାଳି ସୁମସୃଣ ଆକାଶୀ ପ୍ରତିମା ॥
ସବୁଯାଏ ଭାଜି
ସରୀସୃପ ସ୍ୱପନର ହର୍ମ୍ମକୁଂଭ, ଭୂମିକଂପ ବାଜି !!

ନିଭେ ଦିନ..ଅଂଧକାର...ନିଦ୍ରାହୀନ ଟାକ୍‌ସିବାଲା ମନେ
ଏ ବସ୍ତିର ଗଣିକାର ଅନୁର୍ବର ନିଷ୍ଫଳ ସ୍ୱପନେ
ରାତ୍ରିର ନିର୍ଜନ ଆତ୍ମା ଅବତରେ ଏକାଂତ ନିର୍ଜନେ
ପଥ କାହିଁ, ପଥ ଆଜି କାହିଁ ?
ବହୁଦୂରେ ଇସ୍ପାତର ଯଂତ୍ରଶାଳା ଖାଲି ମାରେ ହାଇ !

ବତାସ କାଶୁଚି ଦୂରେ ରହି ରହି କ୍ଷୟରୋଗୀ ପରି
ଡାକେ ଲକ୍ଷ ଶୀର୍ଣ୍ଣକଣ୍ଠ 'ଉଠ ଉଠ ରାତ୍ରି ଗଲା ସରି' ।
ତୋଳ ତୋଳ ବାଣୀ

ହେ ରୁଦ୍ର ଆହ୍ୱାନୀ !
ସହରତଳିର ଉଷା ରୁଗ୍‌ଣ ମ୍ଳାନ କଂଠେ ଛାଡ଼େ ଡାକ...
"ଜାଗ ପଳାୟନପଂଥୀ ନଷ୍ଟପକ୍ଷ ହେ ମୂକ ମୈନାକ !
ଜାଗ ଆତ୍ମଭୋଳା
ଘୃଣ୍ୟ ଏ ନୃତ୍ୟର ବେଶ ଫିଂଗି ଦୂରେ ଜାଗ ବୃହନ୍ନଳା ॥

ଆପଣାର ପରିଚୟ ତୋଳିଧର ଯେପରି ନିଶାଣ,
ଅଜ୍ଞାତବାସର ପର୍ବ ଶେଷ ହେଲା, ହେଲା ଅବସାନ,
ଲୁହାର ସଂଗୀତ ଶୁଣ, ଧାନ-ସିଡ଼ି ପଲ୍ଲି-ନଦୀ ପାରେ
କୋଇଲାର ଗଂଧ ଆସେ, ଏ ଇସ୍ପାତ ନଗରୀର ଦ୍ୱାରେ -

ମାଟିର ଗେରୁଆ ପଥ ନିଭିଯାଏ, ସୂର୍ଯ୍ୟର ଔରସେ
ନୂତନ ଜୀବନ ଫୁଟେ ଲହୁ, ଲୁହ, ଝାଳ ଓ ନିଃଶ୍ୱାସେ।
ଜାଗ ମହାକବି
ଏ ମହାଜାତିର ଶିରେ, ଶ୍ରାବଣର ହେ ରକ୍ତ କରବୀ !!

ହେ ବଂଧୁ ବିଦାୟ !

(ସାଥୀ ଭଗବତୀଚରଣ ପାଣିଗ୍ରାହୀଂକ ମୃତ୍ୟୁରେ ଲିଖିତ ।)

ହେ ବଂଧୁ ବିଦାୟ !
ଶରତ୍‌ର ସିକ୍ତ ମାଟି ଯାରେ ତୁମେ ଏତେ ଭଲପାଅ
ପଛୁ ତୁମ ଡାକେ,
"ଯାଅ ନାଇଁ, ଯାଅ ନାଇଁ, ଅଛି ରାତି, ଛିନ୍ନମେଘ ଫାଂକେ-
ଉଇଁ ନାଇଁ ତରୁଣ ସବିତା,
ମୃତ ପୃଥିବୀର କାନେ ବାଜିନି ତ ମୁକ୍ତିର କବିତା ।
ଅଛି ରାତି, ଅଛି କଳା ରାତି,
ଯିବାର ବେଳ ଏ ନୁହେଁ, ଶୁଣ ସାଥୀ
କଥା କାନ ପାତି ॥

ଏବେ ବି ଜନତା ଏଥି ଝରିପଡ଼େ
ଦୁର୍ବାସାର ଶାପେ
ଏବେ ବି ମଣିଷ ଏଥି ମରେ ଭୋକେ,
ମରେ ଶୋକତାପେ ॥

ଶୋଷଣର ତୀକ୍ଷ୍‌ଣ ଜିଭ ତାର
ହରିନିଏ ବଳ ବପୁ, କାଢ଼ିନିଏ ହାତୁ ହତିଆର ।
ଏତେବେଳେ ନିଏକି କେ ଛୁଟି
ରହ, ରହ, ଦଂଡ଼େ ଆଉ
ପ୍ରାଚୀ ନଭେ ଉଷା ଆସେ ଫୁଟି ।
ଦେଖିଯିବ ଉଦୟ ଉଚ୍ଛବ,
ଯା ଲାଗି ପୋହିବ ରାତି,
ଉଜାଗରେ ଗାଇଚ ଯା' ସ୍ତବ ।

ତେଣେ ଦେଖ ଜଳୁଚି ପଶ୍ଚିମ
ରକ୍ତ-ସେନା ଗଢ଼େ ତହିଁ ଶୋଷଣର କବର ଅଂତିମ।
ଜାରଜ ସଭ୍ୟତା ମରେ
ଲଂପଟ ସମାଜ ପଡ଼େ ଭାଜି
ମୁକ୍ତିର ମଂଦିରା ଆଜି ଦିଗଭାଗେ ଧୀରେ ଉଠେ ବାଜି।

ହସେ ଏଣେ ପ୍ରାଚୀନ ଏସିଆ
ଆଉ ଦଂଡ଼େ ହୁଅ ଠିଆ,
ରାଣ ଅଛି, ତରତର କିଆଁ ?

ଏହାଠୁ କି ବଳି ଅଛି କାମ ?
ଯଦି ଯେବେ ଯାଅ ତେବେ
ଘେନି ଯାଅ ମୋ' ରକ୍ତ - ପ୍ରଣାମ।

ଉଷାର ଭୂମିକା ଯାଅ ଦେଖି,
ନୂତନ ପ୍ରଭାତ ଆସି ତୁମ ପାଦେ
ଆଗ ଯିବ ଲେଖି,
ଆପଣା ସ୍ୱାକ୍ଷର
ବିଦାୟ, ବିଦାୟ ସାଥୀ, ଅଗ୍ରଦୂତ ନବ ପ୍ରଭାତର ॥

କେଶ

ରାତ୍ରି ହେଲା ଶେଷ
ଛାୟା ପରି ଆସେ ଘୋଟି ଘନକୃଷ୍ଣ ଦୀର୍ଘ ନୀଳ କେଶ।
କୋମଳ, କୁଟିଳ, କାଂତ, ଗ୍ରଂଥହୀନ, ନିଷ୍ଠୁର ଚିକୁର
ଭୟଙ୍କର ନିର୍ଲଜ୍ଜ ମୃତ୍ୟୁର
ଶାଣିତ ନିଶାଣ,
ଏ କେଶର ପାଂଡୁଲିପି ତଳେ ବାଜେ ପ୍ରେତର ବିଷାଣ ॥

ତରୁଣ, କୁଂଚିତ, ଚୂର୍ଣ, ଏଇ ଚାରୁ କେଶର ଶ୍ରାବଣ
ଧରଣୀରେ ଆଣେ ତଂଦ୍ରା, ଗଢ଼େ ମନେ ସ୍ୱୟଂଭୁ-ସପନ।
ମୃତ୍ତିକାର ଲୋମକୂପେ ଭରିଦିଏ ଅଂକୁର-ହିଲ୍ଲୋଳ,
ଏଇ ଶୁଭ୍ର, ସଫଳ କୁଂତଳ...
ଦୂର କରି ଅରାଜକ ରଜନୀର ଅଂକ...
ମୃତ୍ୟୁ ପରି ଆସେ ଘୋଟି ମୋହମୟ ଆଶ୍ଚର୍ଯ୍ୟ ଅଳକ ॥

ଶ୍ୟାମଳ ସର୍ପିଳ ଶ୍ଲଥ ଏଇ କ୍ଷିପ୍ର କେଶର ବନ୍ୟାରେ
ହସ୍ତିନାର ସ୍ୱର୍ଣ୍ଣଚୂଡ଼ା ଇଂଦ୍ରନୀଳ ମହମ ମିନାରେ
ଭସାଇ କେ ନିଏ କାହିଁ ? ମରଣର ତୀକ୍ଷ୍ଣ ଉପହାସ
ଭଂଗା ଗଡ଼ା ମଧ୍ୟେ ରଚେ ଆଜି ଏକ ବିଚିତ୍ର ସମାସ।
ଦୁଃଶାସନ !
ସାବଧାନ !
ରାତ୍ରି ହେଲା ଶେଷ।
ସର୍ପ ସମ ଆସେ ଘୋଟି ବେଣୀମୁକ୍ତ
ଘନ କୃଷ୍ଣା କେଶ ॥

ଜ୍ୟାମିତି

ସବୁଜ ତାଳର ସମାଂତରାଳ ରେଖା
କେନାଲର ଦୁଇ ଧାରେ,
ନୀଳ ନୀଳ ଖେତେ ଧାନର ଏ ମାନଚିତ୍ର
ତ୍ରିକୋଣ ମେଘର କୋମଳ ହାତରେ ଲେଖା ॥
ବନର ତ୍ରିଭୁଜେ ମେଘର ପତାକା ଉଡ଼େ
(ହରିତ, ଧୂସର, କୋମଳ ବନର ଚୂଡ଼େ)
ଘାସର ଗାଲିଚା ଧରଣୀରେ ଆଜି ପଡ଼େ।
ହବ ହବ ଆମ ଦେଖା ॥

କୃଷ୍ଣା ନଦୀରେ ଉଠିଚି କି ଆଜି ଢେଉ
ବର୍ଷା-ବିହ୍ୱଳ ଗଂଗାର ଉପତ୍ୟକା,
ତିସ୍ତା, ମେଘନା କୂଳେ ତରୀ ନେଉ ନେଉ
ଦକ୍ଷିଣ ପଥେ ଘୂରି ଯେ ମୁଁ ଗଲି ସଖା ॥

ହୀରାର ମାଛର ତୀର୍ଯ୍ୟକ ଗତି-ଗୋଣ
ହଠାତ୍ ଫେରିଲା; କିପରି ଫେରିଲା ଜାଣ ?
ସୁନାର ମାଛର ଆଖିର ପ୍ରସ୍ରବଣ
ହଠାତ୍ ଯେ ତାର ତରୀ ପଥେ ଦେଲା ଧକ୍କା।
ଦିଗ ଓ ଆକାଶ ମୁହାଣ ସେପାରେ ଏକା
ଦିନ ରାତି ଥିଲା ବିତି,
ଆକାଶରେ ମୋର ହଠାତ୍ ତୁମର ଡେଣା
ଉଡ଼ିବାର କଳ-ଗୀତି
ରଚିଲା, ବାଜିଲା, ନିର୍ଜନ ରାତି କାନେ,
ସେଥିରେ ଯେ ଥିଲା ଜୀବନର ସବୁ ମାନେ।

ରହିଲା ଯା ବାକି, ଅବୁଝା, ଅର୍ଥହୀନେ
ସକଳର ହେଲା ଇତି ॥

ସୁନାର ମାଛର କରୁଣ, ଅବୁଝା ଆଖି
ଶଂଖଚିଲରେ ଆକାଶୁ ଆଣିଲା ଡାକି ।
ମେଘ ଆଉ ଧାନ, ବର୍ଷା ଓ ମାଟି ମିଳି
ଗଢ଼ିଲେ କି ଆଉ ଜୀବନର ଜ୍ୟାମିତି ?

ପ୍ରତିମା ନାୟକ ଓ ଅନ୍ୟାନ୍ୟ କବିତା | ୮୩

ପ୍ରତିମା ନାୟକ

ଆକାଶରେ ଫିକା ଜହ୍ନ-ସାବୁନର ଫେଣ ପରି ସଫା,
ଆଲୁଅ ଓ ଅଂଧାରର ମଧ୍ୟେ ସେ ଯେ କରିଅଛି ରଫା ॥
ବହୁଦୂରେ ଯଂତ୍ରଶାଳେ ଚିମ୍‌ନିଟା କାଶେ ନିଜ ଛାଏଁ,
ଧାନ-ସିଡ଼ି ନଦୀ ଧପି ଆଠଟାର ଡାକଗାଡ଼ି ଧାଏଁ।
ପଢ଼ିଅଛି କବିତାରେ ଏତେବେଳେ କାଁଦେ ଚକ୍ରବାକ
ହଠାତ୍ ଯେ ଦେଖା ହେଲା ବହୁଦିନେ ପ୍ରତିମା ନାୟକ।
ମୁଖ ତାର ବ୍ରଣଦୃଷ୍ଟ ହାତରେ ତା ଚମଡ଼ାର ବ୍ୟାଗ୍
ଶୀର୍ଣ ସାଦା ଗାଲେ ଫୁଟେ ବ୍ୟର୍ଥତାର ଅକପଟ ଦାଗ।
ତନୁ ତାର ରୋଗ ଜୀର୍ଣ, ବ୍ରଣେ ତାର ମ୍ଲାନ ମୁହଁଯାକ,
ଶ୍ଳଥ, ରଜ୍ଜୁ ଦେହ-ଶିଖା ଢାଂକିଅଛି ଖାକୀର ପୋଷାକ।
ଜାପାନୀ କାଗଜ ଫୁଲ ପରି ଦେହେ ବୟସର ଧୂଳି,
ପଚାରିଲି - "ଭଲଅଛ ?" କଂଠେ ମୋର ବିଷଣ୍ଣ ଗୋଧୂଳି ॥

ହସିଲା ପ୍ରତିମା -
ଆକାଶର ନୀଳରେଖା ଗେରୁଆ ମାଟିର ନାଲ୍ ସୀମା
ଛୁଏଁ ଯେଉଁଠାରେ -
ସେଇଠାରେ - ସ୍ୱପ୍ନ ଆଉ ବାସ୍ତବର ମୁହାଣ ସେପାରେ
ଦୁହେଁ ଆମେ ହୋଇଥିଲୁ ଠିଆ,
ଆମ ପଛେ ଶୋଇଥିଲା ଦୀର୍ଘ ଦୁଇ ବର୍ଷର ଦୁନିଆ-
ଦୀର୍ଘ ଦୁଇ ବର୍ଷର ଜଗତ -
ଧୂସର ଧୂମଳ, ଧ୍ୱାଂତ ଭୟଂକର ପୁଣି ଯୁଦ୍ଧରତ ॥

ବହୁଦୂରେ ଲାସ୍ କଟା ଘରେ ଏକ ହାରିକେନ୍ ବତି
ଜଳୁଥିଲା ଦୁକୁ ଦୁକୁ, ଭୟାନକ, ଭୟାନକ ଅତି।
ଭାଜିଗଲା ବାହାଘର ଦର୍ଶନରେ ପଢୁଥିଲା ଏମ୍.ଏ.
କେଜାଣି ବା ପଡ଼ିଥିବ ଜୀବନରେ ଥରେ ଅଧେ ପ୍ରେମେ।
ତାହା ପରେ ପିତୃହାନୀ ଋଣ ଭାର ପୁଣି ଗୃହ-ଭେଦ
ଦର୍ଶନର ଗ୍ରଂଥେ ତାର ପକାଇଲା ଚିର ପୂର୍ଣ୍ଣଚ୍ଛେଦ ॥

ଊଣିଶ୍ଶ' ତେୟାଳିଶ ପୁଣି
ଚାଟି ନେଲା ଯାହା କିଛି ଥିଲା ବାକି; ସବୁ ଦେଖି ଶୁଣି-
ସପ୍ଲାଇରେ ନେଇଚି ଆଶ୍ରୟ
ଦରମାଟା ମଂଦ ନୁହେଁ ଏଇ ତାର ଦୀର୍ଘ ପରିଚୟ।
ଏଇ ଇତିହାସ
ପ୍ରତିମା ନାୟକ ହସେ ଓଠେ ତାର ସ୍ୱପ୍ନର ଆଭାସ।
ମୁହଁରେ ଖାକୀର ହସ ଆଖିରେ ତା' ରାତିର ଇସାରା
ଦୁଇ ପାଖେ ଦ୍ରୁତ ବନ ଗତିବାନ୍ ନକ୍ଷତ୍ରର ଧାରା।

ଆହା! ହସୁ ହସୁ ପ୍ରତିମା ନାୟକ,
ଅଂଚଳ ତା ନାଇଁ ଦେହେ ଦେଖୁଅଛି ଖାକୀର ପୋଷାକ।

ମୃତ ବଂଦର

ପାହାଡ଼ର ପିଲିସଜ ଉପରେ ପଥରର ଏକ ଦୀପ
କେଉଁ ମାନଧାତା ଅମଳର ବତି-ଘର
ଆଉ ଦୂରରେ ଓଟର ବଂକା କୁଜ ପରି ପଥରର
ବିବର୍ଣ୍ଣ ସ୍ତୂପ ॥

ଇଆରି ତଳେ ଧ୍ୟାନମଗ୍ନ ଜୀର୍ଣ୍ଣ ଲୁହାର ଲଂଗର
ଅତଳ ସମାଧିର ତଂଦ୍ରାରେ ॥

ଅଧୁନା-ବିସ୍ତୀର୍ଣ୍ଣ ଏଇ ବାଲୁଚରେ - ଖଂଡ ଖଂଡ ଶସ୍ୟ ଦ୍ୱୀପେ
ଖେଳୁଥିଲା ଦିନେ ସାଗରର ଅସଂଖ୍ୟ ଅସଂଖ୍ୟ ସାଧା ଢେଉ,
ହାଲୁକା ପାଲ ତୋଳି ଭାସିଯାଉଥିଲା ଲକ୍ଷ ଲକ୍ଷ ବଳାକା-ପୋତ
ଏଇ ବାଲୁକାକୀର୍ଣ୍ଣ ଜଂଗଲର ଧାରେ ଧାରେ
ଅନେକ ଅନେକ ଧୂସର ଶତାବ୍ଦୀର ଯବନିକା ଭେଦି।
ଆଜି ଦେଖାଯାଏ ତାଂକର ମାସ୍ତୁଲ୍।
ଜାଭା, ବୋର୍ଣ୍ଣିଓ, ସୁମାତ୍ରା ଏବଂ ଲଂବଗ ଦ୍ୱୀପ
କିଂବା ଡାଲଚିନିର ଶ୍ୟାମଳ ଅଂତରୀପ
ଛୁଇଁ,
ମସଲା ବୋଝେଇ ଅସଂଖ୍ୟ ଜାହାଜର ଯାଆ-ଆସ
ଏଇ ଟ୍ରେନ୍‌ର ଲାଇନ୍ ଧରି, ଲୁହାର ସେତୁ ପହଁରି ॥

ଛୋଟ ପାଦର ମୁଖର ନୂପୁର ମୃତ ବଂଦରର ଘାଟେ ଘାଟେ,
କଂଚା କଦଳୀପତ୍ର ଶାଢ଼ିରେ କଂଚା ଦେହର ତନିମା

ଅବଗୁଂଠିତ,
ଚାଉଳ ଡାଲା, ଅର୍ଘ୍ୟଥାଳା ପଡ଼ିଯାଉଥିଲା ଭୂଇଁରେ
ଫେରିଯାଇଥିବା ପ୍ରେମର ସ୍ମୃତିରେ ଅନ୍ୟମନସ୍କା ॥

କୁମାରୀ ନଣଂଦର ବକ୍ର ହସ ହଜମ କରୁଥିଲା କିଏ।
ବ୍ୟର୍ଥ ଅର୍ଘ୍ୟ
କିଏ ଆସେ ?
ସାଧବ ଝିଅ ତ୍ରସ୍ତଚକିତା ॥

ପୋକ ଆଶାରେ ବ୍ୟସ୍ତ ଚିଲ, ନୀଳ ହ୍ରଦର ତୀରେ।
ଦୂରରେ ପାହାଡ଼ର ଗୈରିକ ପଥ ଡେଇଁ ଗୋରୁଗାଡ଼ିର ମଂଥର
ଯିବା-ଆସିବା,
ଧାନଖେତରେ ତାଳପତ୍ର ଟୋପି ମଥାରେ ନଗ୍ନ, ନିର୍ଜଳ ଚାଷୀ।
ମାଛବୋଝେଇ ମାଲଗାଡ଼ି ଚାଲିଯାଏ ନିଃଶବ୍ଦ ଗତିର ଚମକେ
ଚିଲିକା ବୁକୁରେ ମଇଳା ଛାଇ ପକାଇ ॥

ସେ କିଂତୁ ଆଉ ଫେରି ଆସେନା
ମୃତ ବଂଦର ॥

ଭଂଗା ମଂଦିର

ଭଂଗା ମଂଦିରର ମୁଖଶାଳା ଦେଖିଚ
କୋଣାରକର ସଚିତ୍ର ଶ୍ମଶାନେ ?
ଅଶ୍ୱତ୍‌ଥର କରୁଣ ଛାୟାରେ
ଭଂଗା ବିଷ୍ଣୁର ମାଂସପେଶୀରେ,
ହଜାର ହଜାର ନାଗକନ୍ୟା ଆଉ ଯକ୍ଷବଧୂଂକ
ଲଳିତ ହସର ଢେଉରେ
ଏକ ନୈର୍ବ୍ୟକ୍ତିକ ସ୍ୱପ୍ନର ଇଂଦ୍ରଜାଲ
ଚୂଡ଼ା ମେଲିଥିଲା ॥
ଏଇ ପଥୁରୀ ପାର୍ବତୀ ଦିନେ ଜୀବଂତ ଥିଲା।
ଆଉ ଏଇ ନାଗକନ୍ୟାଗଣ
ଦିନେ ଜୀବନର ଲୋମଶ ଉଚ୍ଛ୍ୱାସରେ
ଖେଳିବୁଲୁଥିଲେ,
କେଉଁ ନିରୋଳା ପୋଖରୀ ତୁଠରେ,
କେଉଁ ନିର୍ଜନ ନଈକୂଳର ବକୁଳ ତଳେ
ଶିଳ୍ପୀର ତରୁଣ ମନରେ ଡେଣା ମେଲାଇ ॥

ସେମାନଂକର ତ୍ରସ୍ତ ପଦର ଚପଳ ନୂପୁର
ବାଜିଉଠୁଥିଲା ନିର୍ଜନ ପଦର ମୂର୍ଚ୍ଛନାରେ।
ମାଟିର କଳସୀ ପଡ଼ିରହୁଥିଲା ତଳେ
ପଲ୍ଲିସଂଜର ବୋହୂ-ମୁହଁ-ଦେଖା
ନିରୋଳା ପ୍ରହରେ।
କିଏ ଜାଣେ କେବେ ତାହା -
କାହିଁ ?

ତା'ପରେ ଶିଳ୍ପୀ ଆସିଲା ଚଂଦ୍ରଭାଗାକୁ
ରାଜାର ହୁକୁମ ମାନି,

ସାତତାଳ ପାଣି ଭିତରେ
ତୋଳିବାକୁ ଏଇ ଦେଉଳ ॥
ନିରୋଳା ସଂଜର ସେଇ
ନର୍ମ-ବିଲୋଳ ଆଖି,
ପଲ୍ଲୀ ତୁଠର ସେଇ ଅଳସ ପଦର ଉର୍ମି
ଫୁଟିଉଠିଲା ପାର୍ବତୀ ହୋଇ
ଯକ୍ଷପୁରୀର ମାନସୀ ହୋଇ
ପଥର ଆଉ ନିହାଣ ମୁନରେ
ପଥରର କବିତା ଭିତରେ
ଏଇ ବାଲୁକାମୟ ପ୍ରାଂତରେ ॥

ମୌସୁମୀର ଚଂଚଳ ଆଭିଜାତ୍ୟ,
ବଣତୁଳସୀର ଆଦିମ ବନ୍ୟ ନୃତ୍ୟ
ବହିଆଣେ ସେ ସଂବାଦ
ଝରାଫୁଲର ସାମ୍ରାଜ୍ୟରୁ ।
ଝାଉଁ ବନର ସ୍ନିଗ୍ଧ ଶ୍ୟାମଳ ଛତା ତଳେ
ଫୁଟେ କରୁଣ ସେଇ କଥା
କେତେ ଯୁଗର ?

ପ୍ରତିମା ନାୟକ ଓ ଅନ୍ୟାନ୍ୟ କବିତା | ୮୯

ଚଂଦ୍ରାବତୀ

ତୁମେ ପରା ଭଲପାଇଥିଲ
ଆକାଶର ନୀଳ, ନୀଳ
ସାମିଆନା ତଳେ,
ଏଇ ଆକାଶ ପରି ସ୍ୱଚ୍ଛ
ଅଥଚ
ବିବସନ ପ୍ରେମର ହିଲ୍ଲୋଳେ !!

ସେଇ ଆକାଶ ଆଜି ଦେଖାଯାଏ
ଠାଏ ଠାଏ,
ବାତାୟନ ଫାଂକେ
ଖଂଡିତ, ବିବର୍ଣ୍ଣ।
ସୂର୍ଯ୍ୟାସ୍ତର କ୍ୱଚିତ୍ ସୁବର୍ଣ୍ଣ
ଜଡ଼ିଅଛି ତରୁଲତା ଶାଖେ।
ଅଛି ସେଇ ପାହାଡ଼, ପ୍ରାଂତର, ବନ, ନଦୀ।
ଶତ ଶତ ସଫଳ ଓଷଧି।
ତଥାପି ମୋ ମନେହୁଏ ସବୁ କିଛି ପରିଚୟହୀନ,
ସଂପୂର୍ଣ୍ଣ ଅଜଣା।
ପ୍ରଥମ ପ୍ରେମର ସେଇ ସାର୍ଥକ ଆକାଶ
ଆଉ ଆଜିର ଏ ଅସଂପୂର୍ଣ୍ଣ, ଖଂଡ଼ିତ ଅଗଣା !!

ଫେରିଆସେ ଗୃହର କପୋତୀ
ସଂଧ୍ୟାଗମେ
ଗୃହର ଚତ୍ୱରେ,

ତୁମେ କିଂତୁ ଚଂଦ୍ରାବତୀ
ଛାଡ଼ି ଘର ଛୁଟିଚ ଗଗନେ
ଅତି ବେଗେ, ଅତ୍ୟଂତ ସତ୍ଵରେ ॥

ଜାଣେ, ଜାଣେ ତୁମେ ଯାହା ହୋଇଥିଲ
ତାହା ମୋର, ନିତାଂତ ନିଜର,
ଯାହା ତୁମେ ହୋଇଥାଂତ
ହେଉପଛେ ମୋ ପରବର୍ତ୍ତୀର –
ତଥାପି ମୁଁ ପାଇଅଛି ଭଲ।

ଅନୁପୂର୍ବା ! ତୁମର ଓ ମୋର ପ୍ରଣୟର
ଏହା ହିଁ ତ ଶେଷ-ପ୍ରଶ୍ନ
ଏଇ ପୁଣି ଆଦିମ ଉତ୍ତର ॥

ଉପରେ ସଫେଦ୍ ଜହ୍ନ
ଅତି ପରିଚ୍ଛନ୍ନ
ବବୁର୍ଚିର ପଗଡ଼ି ପରି ସାଦା ॥

ମନେପଡ଼େ ଆଜି ପ୍ରିୟଂବଦା
ତୁମେ ଦିନେ କହିଥିଲ
ହରିତ ଜୋଛନାର
ଏଇ ରାତି
ହେବ ବୋଲି ତୁମର ଓ ମୋର

ମନେପଡ଼େ ମନେପଡ଼େ ସାଥୀ ?
ଥରାଇ ଏ ପୁରାତନ ସହରର ନାଡ଼ୀ
ଚୀନାଂକର ଶବବାହୀ ଗାଡ଼ି
ଧାଇଁଚି ଆଗକୁ ॥

ଅଦୂରେ ଭୋଜନାଳୟେ
ଦେଖାଯାଏ
ଏଇ ରାସ୍ତା ଛକୁ -
ନିର୍ଜନ ସୈନିକ ଏକ ପିଏ ବସି ଚା'
ନିରୋଳା ରେସ୍ତୋରାଁ ॥

ବିବର୍ଣ୍ଣ ଚା'ରେ ଭାସେ ସୈନିକର ମୁହଁ
ନିଭିଆସେ ବସ୍ତିର ଆଲୁଅ ॥

ତୁମେ କେଉଁଠାରେ ?

ଗୃହରୁ ଆକାଶ ପଥେ
ନା ଆକାଶରୁ ଗୃହର କାରାରେ ?

ନିମଗଛରେ ଫୁଲ ଫୁଟିଚି

ନିମଗଛରେ ଫୁଲ ଫୁଟିଚି
ଅସଂଖ୍ୟ ଭ୍ରମର ଓ ମହୁମାଛି
ଛୁଟିଚାଲିଛଂତି ମହୁ ଆହରଣ ନିଶାରେ ।

ଏଇ କେନାଲର ଧାରେ ଧାରେ
କିଆବଣର ଝର୍କା ବାଟେ
ସରଳ ପଲ୍ଲି ଘାଟେ
ଦେଖିଲି ମୁଁ ବହୁଦିନୁ ଯାହାକି ଦେଖିନି
କେଉଁ ନିରୋଳା ପଲ୍ଲିଗାଁର ଏକେଲା ସ୍ନାନାର୍ଥିନୀ ।

ଛୁଟିର ଅଳସ ମଦ,
ଘାସର ବିପୁଳ ହ୍ରଦ,
ଏଇ ପଲ୍ଲି ନଦୀ
ମୁଗ ଆଉ ବିସ୍ତୃତ ହଳଦୀ
ଖେତର ସପନ,
ଚାଲ, ଚାଲ ରଖିବା ଏଇ ଗ୍ରାମର ନିମଂତ୍ରଣ ।।

ଏଇ ଭଲ
ଏଇ ବାଦାମୀ ରଂଗର ନିର୍ଜଳ ଡାକବଂଲୋ ।
ଏଇ ନିମ ଗଛ ନୀଳ ଅଥଚ

ଅଗଭୀର ଆକାଶ
ପୁଣି ମହୁମାଛିର ଭିଡ଼ ।
ଆସ, ଆସ
ଛାଡ଼ି ପୁରୁଣା ନୀଡ଼
ଏଇଠାରେ ରଚିବା ପ୍ରବାସ ॥

ଏଇ ଡାକବଂଗଳା -
ତାର ରୁକ୍ଷ, ଲଂଗଳା
ବାରଂଡ଼ାରେ ତୁମକୁ ମୁଁ ପ୍ରଥମ ଚିହ୍ନିଲି ।
ଏହା ଆଗରୁ ତୁମକୁ ମୁଁ ଯାହା ଜାଣିଥିଲି
ସବୁ ଭୁଲ୍ ।
ଇରାନ୍‌ର ନାସ୍‌ପାତି ବନର ବୁଲ୍‌ବୁଲ୍
କ'ଣ ନିଜକୁ ଚିହ୍ନିପାରେ
ସାହାରାରେ ?

୯୪ | ସଚ୍ଚି ରାଉତରାୟ

ମାଟିଆବୁରୁଜର ଜହ୍ନ

ମାଟିଆବୁରୁଜର ମଇଳା ଆକାଶରେ
ଜହ୍ନ ଉଠିଚି।
ଛୋଟ ଛୋଟ ଆଲୁଅର ବୀଚି
ଚାରିଆଡ଼େ ଖେଳେ।

ଜହ୍ନ ଉଠିଚି, ଆହୁ ଉଠୁ, ଉଠୁ।
ପଦ୍ମ ଫୁଟୁ,
ଏଇ ଅଂଧାରେ ॥

ମୋ ମନରେ ବି ବେଳେବେଳେ
ଜହ୍ନ ଉଠେ,
ସୂର୍ଯ୍ୟ ଛୁଟେ।
ମୁଁ ବି କବିତା ଲେଖେ
ସ୍ୱପ୍ନ ଦେଖେ,
ଛଂଦ-ଶିଖୀ ପୁଚ୍ଛ ତୋଳେ,
ନାଚେ।
ମୋ ମନର ପାହାଚେ ପାହାଚେ
ଉଦୟର ପାଦଚିହ୍ନ ଫୁଟେ।
କିଂତୁ ତା'ପରେ ଯେତେବେଳେ ଅତିବେଗେ ଛୁଟେ
ଝଡ଼ର ଈଗଲ -
ପ୍ରାଂତିକ ପାତାଳ
ଆଉ ଆକାଶର ମର୍ମସ୍ଥଳୁ ଉଠେ ହାହାକାର।

ଶୁକତାରା ନିଭିଯାଏ,
ରାତି ପାଏ – କିଂତୁ ସକାଳ ହୁଏନା ॥
ସ୍ୱପ୍ନର ଯୋଜନା·
ହୁଏ ନାଇଁ ବାସ୍ତବରେ ମୋଟେଇ ତର୍ଜମା।
କଳ୍ପନାର ଫିନ୍ ଫିନ୍ ରଂଗିନ୍ ଦଲିଲ
ହୋଇଯାଏ ବେଶି ଝିଲ୍‌ମିଲ୍।
ଇଦ୍‌ର ଜହ୍ନ
ସଂକୀର୍ଣ୍ଣ ଏବଂ ଅପରିଚ୍ଛନ୍ନ
ମେଘର ଉହାଡ଼େ ଉଂକିମାରେ।
ଆମ ମଣିଷଙ୍କୁ ମୁଁ ଆଦିମ ତୁଷାର ବନର
ଜାନୋୟାର ସାଂଗରେ
ତୁଳନା କରେ ॥

ଭାବେ, ଆମେ କଣ ସଭ୍ୟତର
ଶ୍ୱାପଦଂକଠାରୁ ?
ଆମ ଠାରୁ ସେ ଅଧିକ ବର୍ବର
ହୋଇପାରେ ବି ଅତ୍ୟନ୍ତ ନଖର,
ଆହୁରି କର୍କଶ, କୃଷ୍ଣ, ଅତିଇ ଲୋମଶ,
କିଂତୁ ଢେର ଢେର ପରିଚ୍ଛନ୍ନ ସେମାନେ ଆମଠୁ,
ଯେହେତୁ ସେମାନଂକ କଂଠୁ
ଝରେ ନାଇ ଅମୁକ ସମୁକ 'ବାଦ' ॥

ଜୀବନର ସ୍ୱାଧୀନ ଆନଂଦର ସ୍ୱାଦ
ସେମାନଂକର ରକ୍ତଗତ।
ସେମାନେ ନୁହଂତି ହିଂଦୁ କିଂବା ମୁସଲମାନ;
ଧର୍ମ ସେମାନଂକର ଏକାଠି ରହିବା,
କିଂବା ଲଢ଼େଇ କରିବା –
ପ୍ରେମ ପାଇଁ – ଖାଦ୍ୟ ପାଇଁ
କିଂବା ଏଇ କଳ୍ପିକ ଧର୍ମ ଛଡ଼ା ବାକି ସବୁ କିଛି ପାଇଁ ॥

ଜୀବନର ଉନ୍‌ମୁକ୍ତ ଇସ୍ତାହାରରେ

ସେମାନଂକର ଦସ୍ତଖତ
କେବଳ ଜୀବନ ପାଇଁ ॥
ଏଇ ମାଟିଆବୁରୁଜ -
ଅସଂଖ୍ୟ କାରଖାନାର ଚିମଣି ଧୂଆଁରେ
ମଣିଷ ଯେଉଁଠି ଯାଏନା ଚିହ୍ନା,
ଲକ୍ଷ ଚଂନ୍ଦ୍ରର ହୀରାର ମୁରୁଜ
ଭୁଲେ ଯେଉଁ ଗଳିରେ
ନିଜର ପ୍ରକାଶ ହବାର ସୀମା,
ଏଇ ରାସ୍ତାର ଧାଡ଼ି ଧାଡ଼ି ଟିଣ
ଆଉ ଖପରୁଲି ଘରେ
ମିଂଜିମିଂଜି ହାରିକେନ ଆଲୁଅରେ
ଅସଂଭବ ଦୋକାନିଂକ ଭିଡ଼ ॥

କଂସେଇଖାନାର ଡାହାଣରେ ଏଇ ଶାଣଦାର
ଦୋକାନରେ
ଶହ ଶହ ଗରହାକ ଗହଳ ।
କିଏ ପଜାଏ ଛୁରୀ, କିଏ ବର୍ଶା,
କିଏ ତରୱାଲ ।
ପଥର ଚକିର ଅବିରାମ ଘର୍ଘର ଚିତ୍କାର
କାନେ ଆସି ଲାଗେ ॥

ବିରକ୍ତ ଲାଗେ ।
ଅସଂଭବ ଅସଂଭବ ଭିଡ଼ ।
ହଠାତ୍ କିଂତୁ ସବୁ ନିର୍ଜନ ହୋଇଗଲା ।
ହଠାତ୍ ହୋଇଗଲା ॥

ଜନଶୂନ୍ୟ ଲାଗେଜନପଦ,
ଅସଂଖ୍ୟ ଜୀବନର ଭଂଗା ନୀଡ଼
ଏଇଠାରେ ଝଡ଼ରେ ଗଲା ପଡ଼ି ।
କେହି ପାରିଲେନି ରକ୍ଷା କରି-
କେହି ଜଣେ ହେଲେ ନୁହେ ॥

ପ୍ରତିମା ନାୟକ ଓ ଅନ୍ୟାନ୍ୟ କବିତା | ୯୭

ସେଇ ଝାଳ ଲହୁ ଲୁହେ
କିଏ କାଟିଲା ନାରୀର ସ୍ତନ,
କିଏ ତା'ର ଯୌନଦ୍ୱାରେ ବିଦ୍ଧ କଲା ଛୁରୀ,
ରାସ୍ତାର ସିମେଂଟ୍ ଗଲା ଲୁହ ଆଉ ଲହୁରେ ବତୁରି।
ବିଧର୍ମୀ ନାରୀର ଶବ,
ଶିଶୁ, ବୃଦ୍ଧ, ରୁଦ୍ଧ ଆର୍ତ୍ତରବ
ଗଲା ନାଇଁ ଶୁଣା।

ଏଇ ଅତ୍ୟଂତ ପୁରୁଣା -
କଥା ପୁଣି ଗଲା ଶୁଣା
ଏ ଯୁଗରେ !!

ଦୁଇ ପୃଥକ୍ କାଏମୀ ସ୍ୱାର୍ଥର
ଲଢ଼େଇ ଝଗଡ଼ା -
ଦୁଇ ଧର୍ମର ଛତି ଚାମର ତଳେ,
ତା'ରି ତୋଫାନୀ ହାଓ୍ୱାରେ ସାରା ଦେଶଟା ଜଳେ।
ଏ ଦେଶରେ ସାରା ମଣିଷର ଉଜ୍ଜ୍ୱଳ ଖସଡ଼ା
ସବୁ ଗଲା ହଜି, ଗଲା ଉଡ଼ି
ଦକ୍ଷିଣ ହାଓ୍ୱାରେ ମିଳାଇ ଗଲା ପରି
ବାଳକର ହାଲୁକା ଘୁଡ଼ି ॥

କହ, କହ, ହେଲାଣି ପାହାଂତି ?
ନାଁ ଅଛି ରାତି, ଆଗର ସେ
କଳା ଘୁମ ଅଜଗର ରାତି ?

ଜାଣେ, ଜାଣେ
ହୁଏତ ଉଦୟର ଏହା ହିଁ ଲକ୍ଷଣ।
କାରଣ
ରାତିଇ ସକାଳର ପରିଚୟ
ମେଘଇ ବର୍ଷାର ସଂବୋଧନ ॥

ଅଦିନ ବର୍ଷା

ଅକାଳ ମେଘର ଶ୍ୟାମଳ ଅତ୍ୟାଚାର
ମନ ଉପରେ ରଖିଗଲା ମୋର ନରମ ଚିହ୍ନ ତାର ॥
ଗାଁ ପାରିର ହଳଦି ଖେତେ ଢେଉ ଉପରେ ଢେଉ,
ବଂଇଶିଆଳ କୁଆଡ଼େ ଗଲା ?
ନାଇଁକି ଆଜି ସେହୁ ?
ଚାରିଆଡ଼େ ମେଘର ଘନଘଟା
ଖେତେ ଖେତେ ଧାନର ବିଜୁଳି ଛଟା,
ଧାନର ବିଜୁଳି, ମେଘର ବିଜୁଳିଜଟା
ଡେରି ଅଛି ବୋଧେ ଏ -ସାଲେ ଫସଲ କଟା ।
ଆସିଛି ଛାଡ଼ି ଦୂରେ ମୁଁ ସହରଟା,
ଇଟା, କଂକ୍ରିଟ୍ ମାଟିର ସଂସାରଟା ।
ତା'ର ସିମେଂଟ ପଲସ୍ତରା -
ମାଟିର ରସେ ମତ୍ତ ଆଜି
ମୁଁ ସଚ୍ଚି ରାଉତରା ॥

ଟେଲିଗ୍ରାଫ୍‌ର ତାରରେ ତାରରେ ଜମିଚି ବର୍ଷା ଛିଟା,
ପଡ଼ିଚି ଭାଜି କେଉଟ ସାହି ପହିଲି ପାଚିରିଟା ।
ଅଳ୍ପ ଦୂରେ ଆଂବର ବଗିଚା,
ତଳେ ତଳେ ତାର ନେଳିଆ ଘାସର
ଗାଲିଚା ହୋଇଚି ବିଛା ।
ହଠାତ୍ କିଆଁ ଧାଇଁଲା ମନ ସପନ ପିଛା ପିଛା ॥
ମନେ ପଡ଼ିଲା ବହୁ ଦିନ ତଳେ କଟକ ସହରର

ପୁରୁଣା କିଲଟରିର ସେଇ ଗଳିରେ ଏକ ଘର,
ଭଂଗା କାଂଥ, ଶିଉଳି-ଲିପା, ପୁରୁଣା ଚଟାଣ,
ଭିତରେ ତାର ଅନେକ ଅନେକ ଆସବାବମାନ
ପୁଣି ମେହେଗାନି କାଠର ଖିଲାଣ।
ତା'ରି ଭିତରେ ଏକ ଭୀରୁ ପରୀର
ନରମ ପଦପାତ
ସଂକେତ ! ସଂକେତ !!

ବହୁଦିନର ବୁନିଆଦିର ସ୍ଥାନ।
ଅଧୁନା ଶ୍ମଶାନ !!
ସଂଜ ପହରେ ଛୁଟି ଚାଲିଚି ଟ୍ରେନ୍।
ଇଟା ମାଟିର ବିଟ୍ ଘରେ ମୁହ୍ୟମୁର୍ଷୁ ହାରିକେନ୍।
କରୁଣ ଏଇ ଗ୍ରାମର ଇସ୍‌ଟେସନ।
ମଝିରେ ମଝିରେ ମେଘ ଉହାଡ଼େ
ଜଂଗଲ ଦାଢ଼େ, ଜହ୍ନର ମୃଦୁ ଦୁଷ୍ଟାମି,
ଅମାନିଆ ପୂର୍ବ-ହାୱାର ସ୍ନିଗ୍ଧ, ମଧୁର ଫାଜିଲାମି !!

ଆଜି ସକାଳେ ଦେଖାହୋଇଗଲା ଗ୍ରାମର ପଥପ୍ରାଂତେ
ଉ:ପ୍ରା: ସ୍କୁଲର ଛାତ୍ରୀ ବିନୋଦିନୀ ଷଡ଼ଂଗୀର ସାଥେ।
ଗତସାଲେ ଦେଖିଥିଲି ସେ ଥିଲା ନିହାତ୍ ସାନ
ହସି କହିଲା ପଢୁଛି ସେ ତ 'ସାହିତ୍ୟ ସୋପାନ'।
ତାର ଲଘୁ ହାତର ସରଳ ହସ୍ତାକ୍ଷର
ଆଣିଲା ଡାକି ବର୍ଷା ଅବା ଅଦିନ ମେଘର !!

ଦିନଯାଏ ଚଳି...
ମନେହେଲା ଛୁଟିଟା ବେଶ୍ କାଟିଲି ଏଥର।
ଗ୍ରାମର ଏଇ ନାଲି ସଡ଼କ ଲାଗେ ଭଲ ॥
ଆଉ ଉସ୍ତାଦୀ ସହର ?

ଲାବଣ୍ୟବତୀକୁ ଚଂଦ୍ରଭାନୁର ଚିଟାଉ

(ଡକ୍ଟର ମାୟାଧର ମାନସିଂହଂକୁ)

ଲାବଣ୍ୟବତୀ !
ତୁମେ ପରା କହିଥିଲ ସହସ୍ର ତାରାର ଏଇ ରାତି
ହବ ବୋଲି ଆମ ଦୁହିଂକର।
ଘଡ଼ିରେ ମୋର ବାରଟା ଅଠର ॥

ବାହାରେ କଳହରତ ଭିଖାରି ଦି'ଜଣ,
ଉପରେ ଟିଣର ଜହ୍ନ,
ଯାଏ ବୁଡ଼ି,
ଈଷତ୍ କୁହୁଡ଼ି।
କଂଦଂବଫୁଲିଆ ଜହ୍ନ ହେଲା ଆସି ଲାଲ।
ମନେହୁଏ ଏକ ମୃତ ହରିଣର ଛାଲ
ଢାଂକେ ପୃଥିବୀ,
ପାହାଡ଼ ନଦୀ ବି ॥

ରାସ୍ତାରେ ପଳାଶ ଫୁଲ, ପଳାଶଇ ଖାଲି
'ତରଭୁଜ ମଦ' ପରି ନାଲି।
ଛକେଛକେ ପଳାଶର ସମକୋଣ ରେଶମର ପାଲି।
ଲଜ୍ଜାବତୀ ! ଏଥର ତ ଥିଲା ତୁମ ପାଳି ॥

ଅଦୂରେ ସିନେମାଘରେ ଚାଲିଚି କି ବହି
ହୁଏତ କେଉଁ ବାଦଶାହୀ ପ୍ରଣୟର ନଈ।
ଆକାଶେ ସଫେଦ୍ ମେଘ, ବରଫ ପରି ସାଦା

ପୁଣି ପାଇ ଫୁଟ୍‌ପାଥରେ ଥଂଡ଼ା ହାୱାର ବାଧା
ଭିକ୍ଷୁକଂକ ଭିତରେ କୋଳାହଳ,
ଚେତାଇଦିଏ ଦେଶରେ ପଡ଼ିଚି ମନ୍ୱଂତର ॥

ମନ୍ୱଂତର। ନାଇଁ ଭାତ, ନାଇଁ ରୁଟି
୪୫,୦୦୦,୦୦୦୦
କଂଠରେ ଗୋଟିଏ ଶବ୍ଦ - ଦିଅ ଅନ୍ନ,
ଆଉ ଅନ୍ନ,
ଉପରେ ଟିଣର ଜହ୍ନ
ଲାବଣ୍ୟବତୀ ! ତୁମେ କଣ ଭୁଲିଗଲ ?
ଊଂକିମାରେ ଝଡ଼ର ଈଗଲ ॥

ଭେଳା ଭେଳା କଳା ମେଘ
ବାଂତିକରେ ଗରଳର ଫେନ।
ରହି ରହି ବାଜେ ସାଇରେନ୍ ॥

ଲାବଣ୍ୟବତୀ! ତୁମେ କଣ ଭୁଲିଗଲ ?
ରାଜଧାନୀର ମନେନାଇଁ
ସେ ତଂଦ୍ରାପାଗଲ ॥

କଂପି ଉଠେ ଦୂରେ ଗିରି ସାନୁ
ଲୋତକରେ ଅଭିଷେକ କରାଇ ମୁଁ
ମନେ ମନେ ତୁମ ସ୍ତନ-ଶଂଭୂ
ଶେଷ କଲି ଲିପି ଚଂଦ୍ରଭାନୁ ॥ (୧୯୪୩)

ଅଳକା ସାନ୍ୟାଲ

ପ୍ରଥମେ ତୁମକୁ ଯେବେ ଦେଖିଲି ଅଳକା ସାନ୍ୟାଲ
ବିଦେହର ରାଜପୁରେ, ଲକ୍ଷ ସ୍ୱର୍ଣ୍ଣ ହରିଣର ଛାଲ -
ଛାଇଥିଲା ପୃଥିବୀରେ ଫଗୁଣର ଆଶ୍ଚର୍ଯ ଗୋଧୂଳି,
ଦେଖିଚି କି ଦେଖି ନାଇଁ ମନେ ମନେ ଯେବେ ଭାବୁଥିଲି,
ହଠାତ୍ ଯେ ହଜିଗଲ, ତୁମକୁ କେତେଇ ଖୋଜିଲି,
ବହୁ ଦିନ ବହୁ ଯୁଗ ଅଂତେ ଯେବେ ଶେଷେ ଠାବ କଲି,
ଚାହୁଁ ଚାହୁଁ ଗଲି ନିଭି, ତାହାପରେ ମନେପଡ଼େ ମୋର
ହୁଏତ ବା ଦେଖା ଆମ ହୋଇଥିଲା ବାରୁଣାବଂତର
ନିର୍ଜନ ପ୍ରାସାଦେ ଏକ, ଝଲମଲ ଜଡ଼ଉ ସ୍ତଂଭରେ
ତୁମରି ଧର୍ଷିତ ଛାଇ ଫାଂକି ଦେଇ ଦୃଷ୍ଟି - ପ୍ରଦୀପରେ
କ୍ଷଣକେ ଉଭେଇ ଗଲା, କାହିଁ ଗଲ କାହିଁ ଗଲ ପୁଣି,
ତୁମ ବିନେ ଶୂନ୍ୟ ଦିଶେ ଧରଣୀର ବିଚିତ୍ର ଛାଉଣୀ ॥

ସଂଧାନ ତୁମର କେତେ କଲି ମୁଁ ସେହି ଦିନଠାରୁ
ମନେପଡ଼େ ତୁମକୁ ମୁଁ ଚିତ୍ରରଥ ଗଂଧର୍ବ ହାତରୁ,
ଆଉ ଦିନେ ଉଦ୍ଧରିଲି, ପୁରସ୍କାର ଦେଇଥିଲ ମତେ
ଦୁଇଟି କନକ ଶଂଖ ନଚାଇ ମୋ ବକ୍ଷ ପାଶେ ସତେ,
ଘୋଷିଲ ଜୟର ବାର୍ତା, କ୍ଷଣେ ମାତ୍ର, କ୍ଷଣକର ପାଇଁ
ତାହାପରେ କାହିଁଗଲ ? କାହିଁଗଲ ସେ ଦିନ ମିଳାଇ ?

ଏହାପରେ ମନେପଡ଼େ ଯେତେ ଦୂର ଆଜି ବାରେ ବାରେ
ମୋ ସହପାଠିନୀ ହେଇ ନାଳଂଦାର ନିର୍ଜନ ବିହାରେ,
ଦେଖାଦେଲ ତୁମେ ଦିନେ ପଚାରିଲି ଏକାଂତେ କୁଶଳ,
ତୁମ କୃଷ୍ଣ କବରୀର କାରୁକାର୍ଯ୍ୟ ଲାଗିଥିଲା ଭଲ ।

ତାହା ପରେ ନିଜ ପଥେ ତୁମେ ଗଲ, ମୁହିଁ ମୋର ପଥେ,
ସେଦିନୁ ତୁମକୁ ଖୋଜେ ସମୟର ନିରୋଳା ସୈକତେ ।
କଳିଂଗ କଟକୁ ଦୂରେ ଅଳେଇଚ ଦ୍ୱୀପର ବଂଦରେ
ତୁମକୁ ମୁଁ ଖୋଜିବୁଲେ ତୁମ କୃଷ୍ଣ କେଶର ଗଂଧରେ ।

ସୁଦୂର ଡାଳିଂବ ଦ୍ୱୀପେ ଡେଇଁ କାଚ କରତର ବାଡ଼
ବଂଦିନୀ ତୁମକୁ ଲୋଡ଼େ ଦେବା ପାଇଁ ମୁକ୍ତି ଉପହାର ।

ଖୋଜଇ ପ୍ରାଂତରେ, ବନେ, ଖୋଲି ଦେଖେ ସବୁ କାରାଗାର
ବଂଦିନୀ ମୋ କାହିଁ ଅଛି ? ଖୋଜେ କଳା ଘୋଡ଼ାର ସବାର ॥

ଆଜି କିଂତୁ ଦେଖାହେଲା ସମୟର ଡେଇଁ ଚୋରାବାଲି,
ତୁମକୁ ଲୁଚାଇଥିଲା ଶ୍ମଶାନିତ, ଭଂଗା ନୂଆଖାଲି ॥

ରାଜଜେମା

(ଭୂଦେବୀକୁ)

ରାଜଜେମାଂକ ମନ ଖରାପ,
ସେ ବସି ଏସରାଜ ବଜାଉଛଂତି ।
ବିମର୍ଷ ନାରୀର ବ୍ୟଥା
ବୋହିଆଣେ କେଉଁ ଅନାଦି କାଳର
ଯୌବନର ଶାପ,
ସୁଦୂର ଶ୍ରାବସ୍ତୀ
ଅବା ପାଟଳିପୁତ୍ରର କଥା ॥

ଆଖିର ଲୁହରେ
କଜଳ ଯାଇଛି ମିଳି,
ତାଂକର ଦୀର୍ଘ ରାତିର କବରୀରେ
ପାନପିକ ରଂଗର ଶିମୁଳି ।
ଚଇତ୍ରର ଚିତ୍ର-ନଭେ ସୂର୍ଯ୍ୟାସ୍ତର ତୂଳୀ
ତେଣେ କୁକୁଡ଼ାର ଚୂଳ ପରି ଜଳିଉଠେ
ଲୋହିତ ଗୋଧୂଳି ॥

ବାହାରେ 'କମଳା ରଂଗର ଖରା',
ଏପ୍ରିଲ ଅପରାହ୍ଣର ନେଳିଆ ଘାସର ଚଉତରା
ଉପରେ ସ୍ୱଚ୍ଛ ହିମ,
ଅଶ୍ରୁରେ ଭିଜା ଧରଣୀ ବଧୂର
ଦୁଧ ଅଳତାର ଚାରୁ କୁଟ୍‌ଟିମ୍...

ମୁଁ କହିଲି - ଶୁଣ, ଶୁଣ ରାଜକୁମାରୀ !
ମୁଁ ଆସିଚି ବିଂଶଶତକର କିନାରା ହୋଇ ପାରି।
ମୋ କଂଠରେ ଜ୍ୱଳଂତ ବିପ୍ଳବ,
କାଂଧରେ ମୋର ପୁରାତନର ଶବ।
ନକରି କିଛି ଭୂମିକା
ଅଥବା ଅଳଂକାରର ଟୀକା -
କହିବି, ମୁଁ ଅଟେ ଏକ
କବି - ପ୍ରଚାରକ,
ପୁଂଜିବାଦୀ ସମାଜର ଧ୍ୱଂସର ଗାୟକ ॥

ଚମକି ପଡ଼ିଲେ ଜେମା,
'ପୁଂଜିବାଦ' ? ଏ ମା !
ଶବ୍ଦଟା ନୁହଁ ଶ୍ରୁତିମଧୁ
ତା'ଠାରୁ ବହୁ ଗୁଣ ମୃଦୁ
ଶନିବାରୀ ଆସରର ଗଳ୍ପ,
କାରୁକାର୍ଯ୍ୟ ଅଛି ବେଶି ଅଳ୍ପ ॥

ବୈଠକଖାନାରେ ଶିଶୁକାଠର
ଅଳସ ଘ୍ରାଣ,
ନୂତନ ଭାର୍ଣିସର ଗନ୍ଧ,
ଈଷତ୍ ସଂଧ୍ୟାର କ୍ରମ-ମ୍ଳାନ
ଅଂଧକାରର ଛଂଦ
ଲାଗୁଥିଲା ଭଲ ॥

ଗଳା ଝାଡ଼ି କହିଲି ମୁଁ ନ କରି ଆଡ଼ଂବର -
ଦେଖ, ଦେଖ ରାଜାର ଦୁଲାଳୀ
ତମରି ନଅର ତଳେ ଯେତେ ନର ନାରୀ
ଦେଲେ ବୁକୁର ଲହୁ

ତାଂକ କଥା ଏ ଦେଶରେ ଜଣେ ହେଲେ କହୁ।
ରାଜକୁମାରୀ ହସିଲେ,
ଚାରିପାଖରେ ଯେତେ ସଖୀ ଥିଲେ
ସମସ୍ତେ ହସିଲେ।
ହସି ହସି ଭୂଇଁରେ ଲୋଟିପଡ଼ିଲେ
ମଖମଲ ଚଟାଣ ଉପରେ
କଂଚା ଦିହର ଢେଉ,
ଭେଲଭେଟ୍‌ର ଆଖିରେ ପୁଣି
ପ୍ରଶ୍ନ ହାଣେ କେହୁ।
ନୀରବ କଳରୋଳ...
ସବୁରି ମନେ ନୂଆ ପ୍ରଶ୍ନର ରହସ୍ୟ ହିଂଦୋଳ ॥
"ଅଭିଶପ୍ତ ମଣିଷର ବ୍ୟଥା ?
ବେଶ୍, ବେଶ୍, ସେ ଏକ ନୂଆ କଥା।
କହ, କହ କବି,
ଗୋଲାପର ସଂଗେ ଫୁଟୁ ଆରକ୍ତ କରବୀ।"

କହିଲି ମୁଁ, ନୁହଁ ତାହା କଥାର କଥା ଖାଲି,
ନୁହଁ ତାହା ସୌଖୀନ ସପନ,
ନୁହଁ ତାହା କରବୀ ଜେମା ହରିତ ଅବା ନାଲି
ସେଥିରେ ଅଛି ଝଡ଼ର ଡାକ, ଧ୍ୱଂସର କୂଜନ ॥

ରାଜକୁମାରୀ କହିଲେ - ମୁଁ ପଚାରିବି ରାଣୀଂକୁ
ଜାଣିଥିଲେ ଜାଣିଥିବେ ମାଆ,
ନୋହିଲେ ପଚାରି ଆଇଂକୁ
ସଂବାଦ ସେ ପାରିବେ କରି ସଂଗ୍ରହ।

କିଂତୁ ମୋର ଯେତେଦୂର ମନେହୁଏ ତୁମେ ଏକ ଦୁଷ୍ଟ ଗ୍ରହ,
ବିଦ୍ରୋହ,
ଏଇ ସୌରମଣ୍ଡଳ

ନୁହଁ ତମରି ବସବାସର ସ୍ଥଳ ॥
କାଳିଦାସ ବା ଜୟଦେବ,
ଭାରତୀ, ତ୍ୟାଗରାଜ,
ଟାଗୋର ବା ଶେଲୀ, ବାୟରଣ
ପ୍ରମୁଖ ପୂର୍ବାଚାର୍ଯ୍ୟଗଣ
ତମକୁ ଦେବେ ବିସ୍ତର ଅଭିଶାପ ॥

ସମାଲୋଚକ ଡାକି ପଂଚାୟତ
ତମ ନାଆଁରେ କରିବେ ନିଶାପ।
ଆଗାମୀ ବଂଶଧର
ତୁମକୁ କହିବେ କବିତାର ଗଢ଼ିଚ କବର ॥

ମୁଁ କହିଲି - ଧୈର୍ଯ୍ୟ ମୋର ନାଇଁ
ଅପେକ୍ଷା କରିବା ପାଇଁ
କିଏ କ'ଣ କହିବେ ବା କେବେ।
ମୁଁ କହିବାକୁ ଚାହେଁ ଏହି ମୁହୂର୍ତ୍ତରେ, ଏବେ
ମୁଁ କ'ଣ ?
ଉତ୍ତର ପୁରୁଷଂକୁ କରି ସଂବୋଧନ
ମାୟାକୋଭସ୍କି ପରି
କହିବାର ଯାହା ଅଛି ମୋର ॥
ଶୁଣ, ଶୁଣ ଆଗାମୀ ପୁରୁଷ !
ସୂର୍ଯ୍ୟର ଔରସୁ ଜାତ
ତୁମରି ଏ ଆଗ୍ନେୟ ପୌରୁଷ।
ଶୁଣ, ଶୁଣ କଥା ଜଣଂକର
ଶିଳା-ଲିପି ମୋର -
ମୁଁ **'ସଚ୍ଚି ରାଉତରା'**
(ନୁହେଁ ଟାଗୋର ବା ଶେଲୀ)
ମୁଁ ଏଇ ମାଟିର ଧରା,
ଆଉ ଆକାଶର କବି
କାମ ନୁହଁ ମୋ ଖାଲି ଆଂକିବା କାଗଜରେ ଛବି ॥

ପେସାଦାର ଗାୟକ ମୁଁ ନୁହଁ,
ତୁମେ ମୋର ଛପା ବହି ଯେତେବେଳେ ଛୁଅଁ
ଛୁଅଁ ନୂଆ ମଣିଷର ଛାତି,
ଏଇ ପୃଥିବୀର ସବୁ ମଣିଷ ଜାତି,
ତାର ପ୍ରତିଟି ଖବର
ରୂପ ପାଏ କବିତାରେ ମୋର ॥

ଖାଲି ମୋ ସମାଜ ବା ଦେଶର ନୁହେଁ,
ଆଗାମୀ ସମାଜର ହାସ୍ୟ-ଉଜ୍ଜ୍ୱଳ ମୁହଁ,
ତାର ନୂତନ ଖସଡ଼ା
ମଣିଷର ପ୍ରେମ, ଅଶ୍ରୁ, ସୁଖଦୁଃଖ
ଖାପଛଡ଼ା
ରୂପ ପାଏ ଇସ୍ତାହାର ମୋର
ଷୋଳଅଣା,
ସେ ଏକ ସଂବୋଧନ,
ନୁହଁ ତା ତ ତଂତ୍ର, ମଂତ୍ର,
ଦ୍ୱାର କିଳି ଯୋଗର ସାଧନ ॥

ମଣିଷର ଲହୁ ଲୁହେ କବିତା ମୋ ନୀଳ।
ଜୀବନର ସୁବର୍ଣ୍ଣ ଦଲିଲ ॥
    ରାଜକୁମାରୀ - ରଖ, ରଖ, ବକ୍ତୃତା।
        ଯୁକ୍ତି ତର୍କର ସବୁ ଅଡୁଆ ସୂତା।
        ଯାହା ସୁଂଦର ତା' କବିତା
        ତାହା ସ୍ୱୟଂପ୍ରକାଶ
        ଯେପରି ଏଇ ସବିତା ॥
    ସଚ୍ଚି ରାଉତରା - ଯାହା ସତ୍ୟ ତାହା କବିତା
        ମଣିଷର ଜୀବନବୋଧର ଛବି ତା'।
        ତାହା ସ୍ୱୟଂପ୍ରକାଶ
        ତଥାପି ପ୍ରକାଶର ଅପେକ୍ଷା ରଖେ ତା'
        ଯେପରି ଏଇ ସବିତା ॥

ସାମୁଦ୍ରିକ

(ଡିଲାନ୍ ଟମାସ୍‌ଙ୍କୁ)

ଏଠି ଏଇ ସମୁଦ୍ରବାଲିରେ
ରୁହିତନ ସୂର୍ଯ୍ୟ ଯେବେ ବୁଡ଼ିଯାଏ,
ଆଖପାଖ ନଦୀମୁହାଣରେ
କି ସ୍ୱପ୍ନ ଫେଣେଇଉଠେ ? ଅବଲୁପ୍ତ ନାନା ନଦୀ
ନାନା ଉଦ୍‌ଭିଦର ଗୀତିମୟ ନାମ
ଲିଭିଯାଏ ଏକାକାରେ, ଏକ ମହାଜଳୀୟ ସଂଗମ
ବାଷ୍ପାୟିତ ହୁଏ, ନିଭିଯାଏ ଜଳ-ଯୋନି, ଜଳ-ମୁହଁମାନ, ଜଳର ସମାସ।

ସିନି ସଂଜେ ନିଃଶବ୍ଦର କୋଷ
ମୋ କାନେ ଫିଟାଏ ବହୁ ନିମଜ୍ଜିତ କଂଠର କୋରସ୍ ॥

ମୁଁ ବି ଏଇ ସମୁଦ୍ରର, ମୁଁ ଏଇ ସମୁଦ୍ରର ମହାଯୌନତାର ଅପଭ୍ରଂଶ।
ଏଠାରେ ମୋ ସ୍ୱପ୍ନର ରଂଗିନ ଚେହେରା
ପଡ଼େ ନାଇଁ ଫିକା ଯଥା ଭୋ'ରର ଅପେରା।
ଏଠି ମୁଁ ସତେଜ ରହେ ଏଇ ସବୁ ଶାମୁକା ଓ ମାଛକାତି,
ସାଂକୁଚର ଖୋଳେ।
ଏଠି ମୁଁ ନିଃଶବ୍ଦ ସ୍ରୋତେ ଭାସିଯାଏ କେଉଁ ଏକ ନିମଗ୍ନ ସହରେ।
ଏଠି ମୁଁ ଯେ ଢାଂକି ହୋଇପଡ଼େ ସମୁଦ୍ରର କୁଂଚିତପଟରେ।
ଭିନ୍ନ ଭିନ୍ନ ନଦୀପଥେ ଯେମାନେ ଆସଂତି ସେମାନଂକୁ ଥଟ୍ଟା କରେ ॥
ଏଠି ମୋର ଷଷ୍ଠ ବୋଧ ପକ୍ଷୀମାତା ସୁଗ୍ରୀବୀର ବରେ ପକ୍ଷ ଲାଭ କରେ।
ମୁଁ ପଚାରେ ମୋ ଚୂନକୁ, ମୋ ମଣିଷ-ଶଂଖେ, ମୋର ଲିଂଗଦେହେ-

ଏ ବାଳିକି (ପରୀକ୍ଷା ନଦେଇ କ୍ଲାସରୁ ଉଠିଯିବା ପାଇଁ)
ହରତାଳ କରିଥିବା ସ୍କୁଲର ପିଲାଏ
ବଢ଼ାଂତି ଯେପରି; ସେପରି ମୁଁ ଏଇଠାରେ ଗଢ଼ି ଯଦି ପାରଂତି ସୂତାଏ
ଦେଉଳ, ପିଂଜରାପୋଲ ଅବା ଏକ ବତିଘର,
(ଆଶା ଓ ବିଶ୍ୱାସେ)
ତେବେ ବା ହୁଅଂତି ମୁଁ ଇ ସମୁଦ୍ରର,
ସମୁଦ୍ର ହୁଅଂତା ମୋର ଏକାଂତ ନିଜର ॥
ଏଠି ମୋତେ ଭଲ ଲାଗେ ଜାତିସ୍ମର ସଂଜ ଆଉ ଦିନ
ଯାହା ସବୁ ଗଣ୍ୟମାନ୍ୟ ଭଦ୍ରଲୋକ ମେଳେ
ନ ବିତାଇ ମୁଠା ମୁଠା ବାଲି ପରି ମୁହିଁ
ବିଂଚିଦିଏ ଏଣେତେଣେ ଯା ତା ସାଂଗରେ।

ସୈଂଧବ ବାଳିକାମାନେ ଦଳେ ଦଳେ ଆସି
ପଛୁ ଯେବେ ବୁଜଂତି ମୋ ଆଖି -
ସୁଷୁମ୍‌ନାରେ ସଂଚିତ ମୋ ପଦ୍ମନାଭିଶ୍ୱାସ, ମୋ ସମାସ
ପିଂଗଳାରେ ଛାଡ଼ିଦିଏ ନିକି ?
ମୋ ଶଂଖରେ ମୁଁ ପଚାରେ, ମୋର ଚୂନେ।
ମୋ ଦିହର ସମସ୍ତ ନିକେଲେ କରେଁ ମୁଁ ନାକଚ।

ସ୍ମୃତି ଆଉ ଉପକଥା ରାଜ୍ୟର କେଉଁ ଏକ ବିସ୍ମୃତ ମହଲେ
ମୋତେ ଭଲ ଲାଗେ। ଭଲ ଲାଗେ ନଂଡା ବାଲୁବଂତ, ଆଉ
ଏଇ ସବୁ ଧାଡ଼ି ଧାଡ଼ି ଲଂକାଆଂବଗଛ ॥
(ଏଠାର ସଂଗୀତ)

ଯେଉଁଠି ମିଳାଇଯାଏ ମନର ଲବଣ,
(ମୋର ଜବଖାର)
କଥା ଓ ସ୍ୱରର ଉତ୍ସ ଯା'ର ଅଟେ ପ୍ରାଣର ପ୍ରାକୃତ ॥
ଏ ସମୁଦ୍ରେ ଭାସି ଆସେ ବହୁ ଛିନ୍ନ ପାଲ,

ବହୁ ଝଡ଼, ପୋତର ସୁକାନ
(ଆଦିମ କାଳରୁ)
ଏ ସମୁଦ୍ରେ ପୋତି ହୋଇ ପଡ଼େ କେତେ ଯେ ସହର,
ଉପକଥା, ନଂଗର ମାସ୍ତୁଲ।
(ଆଦିଯୁଗୁଁ ପୁଣି ଆଜିଠାରୁ)
କେତେ କେତେ ବିପ୍ରକର୍ଷ ମନର ତୋଫାନ !!

ମୋର ଶବ୍ଦଭେଦୀ ଯଂତ୍ରେ ତୋଳି ମୁଁ କି ପାରେ
ସେଇ ସ୍ତବ୍ଧ ଝଂଜାମୟ ଗାନ ?
ମୋର କ୍ଷୁଦ୍ର କାମେରା କି ସିଂଧୁ ନିସର୍ଗର
କରିପାରେ କେବେ ରୂପାୟନ ?
ତଥାପି ତ ଛବି ତୋଲୁଁ, କରୁଁ ଶବ୍ଦାୟନ
ସେଲୁଲେ'ଡ୍ ଫିତାରେ, ରେକର୍ଡେ,
ଆମ କ୍ଷୁଦ୍ର କାହାଣୀର ନାୟକ ନାୟିକା -
ମାନଂକର ଛୋଟ ଛୋଟ ଘଟନାର ମୋଡ଼େ -
ସେ ସବୁକୁ ଖାପ ଖୋଉଁ, କରୁଁ ମାପଚୁପ,
ନିସର୍ଗକୁ କରୁଁ ପ୍ରାତ୍ୟହିକ।
ନିଜର ଲୌକିକ ଆଉ ଖଂଡ଼ିତ ପ୍ରତିମା
ଖୋଜୁଁ ମହାସାଗରରେ, ଆମେ ସାମୁଦ୍ରିକ !!

ସମୁଦ୍ରର ଭଉଁରିର ନାହିରେ ଚଳାଇ ଶଂଖ ମୋର, କ୍ରୁର ପେଂଚକସ
ଶୁଣିବାକୁ ଚାହେଁ ମୁଁ ତା ନିର୍ଜନ କଂଠରୁ
କୋଟି କୋଟି ନିମଜ୍ଜିତ କଂଠର କୋରସ୍ !!

ବସଂତର ନିଛକ ଜିଲାରେ

ବସଂତ ଆସେ ଯେ ଠେଲି,
ଧକ୍‌କା ଖାଇ କୁକୁଡ଼ାର ଦିହେ,
ଭାଂଗି ବହୁ ମହୁର ସୋରାଇ
ମାଟିରେ ଗଡ଼ାଇ ଅବା, ଫୁଲବଣ ସଂଜେ।
ବସଂତ ଆସେ ଯେ ଠେଲି ମଲା ଚେର ଗଂଜେ,
ଶୁଖିଲା ହାଡ଼ର ରଂଧ୍ରେ ବଜାଇ ସାନାଇ।
ମୋ ଦ୍ୱିତୀୟ ରାଜଧାନୀ ଉପଶିରା ଦେଇ
ଅତଳ ଟନେଲ୍ ଆଉ ନଳର ବିବରେ,
ନାନା ସ୍ଥାଣୁ ବ୍ୟବସ୍ଥାରେ ବ୍ୟତିକ୍ରମ କରି ବତାସର ମୋଡ଼େ
ବସଂତ ଆସେ ଯେ ମାଡ଼ି ଛାୟାର ସହରେ
ମୋ ଚିତ୍ରପ୍ରତିମାଗଣେ ଏଣେତେଣେ ତଡ଼ି
ଅଶାଂତ ହାଓୟାରେ।

ମୋର ନିଜ ଦୁଇ ରୂପେ, ଦୁଇ ଚିତ୍ରକଳ୍ପେ
ମନର ଖଣିଜଗଣେ, ଜାଂଗମିକ ଚୈତନ୍ୟର ମାପେ,
ଅସଂଖ୍ୟ ଉଡ଼ଂନ୍ତା ସ୍ତଂଭ, ମିନାର ଓ ଉପକଥା ଏବଂ
ଘୂର୍ମଂନ୍ତ କ୍ଷତରେ।

ଅସ୍ତବ୍ୟସ୍ତ କରେ।
ନାନା ପଳାତକ ରୂପମାନଂକୁ ସେ (ଆହୁରି ଅରୂପେ)
ଧରି ଆଣି ଥାପେ କାମ୍ୟକ ବନରେ।
ବସଂତ ବତାସି ଆସେ, ଥରେ ମାତ୍ର ଆସେ।
(କାରଣ ସବୁ ଭଲ ଜିନିଷରେ ବଂସତ ଥରେ ମାତ୍ର ଆସେ !)

ନାନା ନଗ୍ରେ, ଚିତ୍ର ବନେ ଅଲକ୍ଷ୍ୟେ ପ୍ରକାଶ୍ୟେ ॥
ସବୁଜ ଶିଢ଼ିର ଧାପେ ଅବା କେଉଁ ମଧ୍ୟାହ୍ନିକ ସ୍ତୂପର ପାହାଚେ
ମୋ ଧାତବ ଛାୟାଗଣ ଏଣେତେଣେ ଲୁଚେ ।
ଦକ୍ଷିଣମୂରତି ମୋର ପାଦଚିହ୍ନ ସବୁ ଗତକାଲି
    କିଂବା ଅନ୍ୟ କେଉଁ ଦିନେ ଅବା
    ସମୟର ବାଲି ତଳେ ଛପି
ପୋତି ହୋଇ ପଡ଼ଂତି ଯଦ୍ୟପି,
ସମୟର ଗୁପ୍ତଚର ଆଉ କର୍ମଚାରୀଗଣ
ସେ - ସବୁ ଉଝାଳି ପୁଣି ରଖଂତି ଦକ୍ଷିଣା
        ପବନର ଚୈତ୍ରିକ ଉଦ୍ୟାନେ ॥

ବସଂତ ଚଂଚଳ କରେ କୁକୁଡ଼ାର ତଂତୁ,
ହଂସର ଆକାଶଧାତୁ, ପାହାଡ଼ର ନୀଳ ଶିଳାଜତୁ ।
ବହୁ ମପାଚୁପା ପାଦେ ଏଣେତେଣେ କରେ ବାଟବଣା,
ଚୂରିଦିଏ ଜୀବନର ଧରାବଂଧା ଅନେକ ପ୍ରଗଣା ।
ମୋର ନିଭଂତା ସ୍ୱପ୍ନେ ମୋ ତୀର୍ଯକ ଛାୟାମୂର୍ତିଗଣେ
        ଆଉ ମୋର ଜଂତୁକୁ
        ସେ ଯୂଥଭ୍ରଷ୍ଟ କରେ,
ସାମଗ୍ରିକ (ଅବା ଜାତିଆଣ) ପାର୍ବଣ ନୃତ୍ୟରେ ।
କୋଇଲିର ପଂଚମ ସ୍ୱରର ଇଲାକାରେ,
ଲୌହପ୍ରସ୍ଥ ନଗରୀରେ ଅବା ଫୁଲମାନଂକରେ
        ଚିତ୍ର ତାଲୁକାରେ ।
ମୋ ଅଗ୍ନିର ଚତୁର୍ଥ ଶିଖାରେ
        ବସଂତର ଉନ୍ମାର୍ଗତା ଝରେ...॥
ଏଇ ମଧୁମାସ
ଶେଷ ଋତୁ ହେଉ । ହେଉ ତାହା ଶେଷ
        ଜିଲା ସବୁ ସୌନ୍ଦର୍ଯ୍ୟର ।
କାରଣ ସବୁ ଭଲ ଜିନିଷରେ ବଂସତ ଥରେ ମାତ୍ର ଆସେ ।
ତାର ପ୍ରତିଭାସେ ନୂତନ ନଗରୀର ସ୍ୱର୍ଣ ମେଖଳା ଖସେ

୧୧୪ | ସଚ୍ଚି ରାଉତରାୟ

ତେଣୁ ହେଉ ତାହା ଶେଷଅସ୍ତ୍ର ପୁଷ୍ପିତ ତୂଣୀର।
ହେଉ ଅବା ନୂତନ ଓ ଚୂଡ଼ାଂତ ଜନ୍ମର ପୁଂସବନ।
ଆଉ ମୋର ଚରମ ପ୍ରତୀକର ଅମୋକ୍ଷ ଦୀପକ-
ଅତିକ୍ରମି ମୋ କାର୍ବନ -
ପ୍ରତି, ଆଉ ମୋର ସୂଚିତ୍ରିତ ପଂକ।
ଝଂକୃତ ସେଥିରେ ହେଉ ମୋର ନୂଆ ଦକ୍ଷିଣ ରୂପକ ॥

ଆଶ୍ୱିନ - ୧୯୫୮

ଅଶିଣ ତା ନିଜ ଋତୁ। ଅଶିଣ ତା ନିଜର ସକାଳ।
ଏ ଅବା ସିଂହର ଠାଣି, ସଂଗେ ସଂଗେ ତୁହିନ ମରାଳ,
ଚଟି ମୂଷା, ବିଚିତ୍ର ମୟୂର ଓ ଗାର୍ହସ୍ଥ୍ୟ ପେଚାର
ପରସ୍ପରେ ଅତିକ୍ରମ କରି ବହୁବର୍ଣ ବହୁସ୍ୱର ମେଳ !
ସମୟର ତୀର୍ଯକ୍ ସୋପାନେ, ନବାନ୍ନର ଆସନ୍ନ ଲଗନେ
ଏ ଆଶ୍ୱିନ ଦେଖାଦିଏ ଅବସ୍ଥାର ଦୁଇ ପର୍ଯାୟର ଠିକ୍ ମଝି ଗ୍ରାମେ।
ମୋ ଶିରାର ପକ୍ଷୀ-ରକ୍ତେ ଇଂଦ୍ରନୀଳ ପ୍ରଭା ବା ଫୁଟାଏ
ଯାଚେ କଣ ଧନ ଧାନ୍ୟ ଗୋପ ଲକ୍ଷ୍ମୀ ବିଦ୍ୟା ଆୟୁ ଆମଳକୀ ପ୍ରାୟେ
ସମୟର ଦାନପତ୍ରେ - ଯାହା ମୋର ଆଂଗୁଠିର ଫାଂକେ
ଥିରି ଥିରି ବାଜିଉଠେ, ଆଉ ଯାହା ଏ ମୁହୂର୍ତର ହିରଣ ପୃଷ୍ଠାଂକେ
ଉନ୍ମାର୍ଗର ଛାପ ରଖେ। ରଖେ ଏକ ବଳର ପ୍ରତିମା
ଭିନ୍ନ ଜଳବାୟୁ ମଧ୍ୟେ, ଘେରି ଏଠି ତ୍ରିସତ୍ତାର ସୀମା !
ତେବେ ଏଠି ମୁଁଇ ଭୁଲେ, ମୁଁ ଭୁଲେ କି ଖାଲି ଏକା ଏକା,
ମୋ ବିଶେଷେ ସାମାନ୍ୟକୁ, ମୋ ଭୂମିର ନିକଟ ଭୂମିକା ?
ଏ କି ଖାଲି ମାର୍ଗ ? ନା ଦେଶୀୟ ? ନା ଯାଁକ ସମନ୍ୱୟ
ମୋ ଶାସ୍ତ୍ରୀୟ ସଂଜ୍ଞା ସଂଗେ ମୋ ଲୌକିକ ସତ୍ତାର ବିସ୍ମୟ !!
ଏଠାରେ ଏ ଫୁଲିଶିଢ଼ି, ଏଠାରେ ମୋ ସୂର୍ଯ୍ୟ ଉତ୍ତରଣ
ଛାୟାପ୍ରସ୍ଥ ଆପଣରା ଅରାଏ ବା 'ଅହମ୍'ର କ୍ରମ -
ଏ ହେଉ ବାଦିତ୍ର ତେବେ, ଲାସ୍ୟ ହେଉ ମୋର ବହିର୍ଭୂତ
ସତ୍ତାର ସିରସ୍ତା ଡେଇଁ ଯେ କେତୋଟି ଉଜ୍ଜ୍ୱଳ ମୁହୂର୍ତ ॥

ଆଶ୍ୱିନ ଆସିବା ହେଉ, ଆଶ୍ୱନ ବସିବାହେଉ ବ୍ୟାରାଂଡ଼ାରେ ସୁଖେ କେଦାରରେ
ନାରଂଗୀ କ୍ରୋଟନ୍ ପତ୍ରେ, ଅବା ଲତାଗୃହେ, ଅବା ନଦୀତୀରେ।
ମୋର ପ୍ରୀତି ମୋର ନଦୀ, ମୋର ଶସ୍ୟ ମୋର ଶକ୍ତି, ମୋର ପକ୍ଷୀମାନେ
ହେ ନୂତନ ଋତୁ ଆସ ନୂତନ ଅୟନେ, ମୋ' ଆତ୍ମାର ଗୈରିକ ବୋଧନେ
ଏଠାର ପ୍ରାଚୀର ଦେହେ, ଏଠାର ଆକାଶେ, ଏଠିକାର ସହର, ପଲ୍ଲୀରେ
ମୁଁ ଦେଖୁଚି ଛଳଛଳ, ଢଳଢଳ ଅଗଣନ ନୀଳ ଶୈଶବରେ।
ଆଉ ନଦୀ ପରି ପ୍ରାଣମୟୀ ଦକ୍ଷିଣାସ୍ୟା ମାତୃମୂର୍ତ୍ତିମାନ,
ଦୀପଶିଖା ପରି ଦେହ, ଅନ୍ନକୂଟ ପରି ଆହା ମାତୃସ୍ତନ।
ଅସ୍ପଷ୍ଟ ଆକାର ସବୁ, ରୂପ ସବୁ କେରି କେରି ପ୍ରଦୀପର ଶିଖା,
ଅନେକ ଘଟଣା ଆଉ ଅବସ୍ଥାର ନାଟ୍ୟରୂପ ଯେଉଁଥିରେ ଲେଖା;-
ଇତିହାସ ହାତୁଁ ଯାହା ଅଳପକେ ଖସିଯାଇ ଫିଟି
ଆଲୋକ କରୁଚି ଆଜି ହୃଦୟର, ଚେତନାର କୋଠି।
ପୁଣି ଏ ତ ନିଭିଯିବ। ଦେଖାଦେବ ଅନ୍ୟ ଦିନ, ଅନ୍ୟାନ୍ୟ ଶର୍ବରୀ
ଭୂଇଁତଳେ କେଉଁ ମୃତା ସାମ୍ରାଜ୍ଞୀର କଂଠଲଗ୍ନ ରତ୍ନଖଂଡ଼ ପରି !!

ଅଶିଣ ପ୍ରବେଶ ହେଉ, ଅଶିଣ ଆସିବା ହେଉ ଆନଂଦର ଚେତନାର ଘରେ
ଅକ୍ଷତ ରଂଗର ମେଘ, ଶାଦା ହଂସପଲ, ଶାଦା ଜାଇଫୁଲ ତାର ପ୍ରତିଧ୍ୱନି କରେ ॥

ଏକ ଉତ୍ତୀର୍ଣ୍ଣ ଶ୍ରାବଣ

ଅବନା କବିତା ପରି ଧାନର କିଆରି।
ହିଡ଼ର ମାତ୍ର ବା ସବୁ ଯାଇଅଛି ଭାଜି, -
ତଥାପି ତ ଲାଗେ ବେଶ୍ ସେଇ ମୁଦ୍ରାଦୋଷ,
ସମତଳ ଶୁଆପର ଭୂ-ମଂଡଳ ଆଜି।
ଏଭଳି ବିସ୍ତୀର୍ଣ୍ଣ ଖେତ ଧାନର ପରସ୍ତ,
ଛୋଟ ଏକ କୁଲୁକୁଲୁ ପାହାଡ଼ିଆ ଝର -
ଏ ସବୁକୁ ଛାଡ଼ି ଟିକେ ବଢ଼ିଗଲେ ଆଗେ
ଦେଖାଯାଏ ନେଳି ନାଲି ଫୁଲର ସହର ॥

ଅଗସ୍ତିଫୁଲିଆ ଜହ୍ନ ପୋଛି ଅପରାହ୍ଣ
ଏଇଲାଗେ ମୁରୁଜାଇ ଦେବ ନଈପଠା,
ପ୍ରଜାପତି ଜଣେ ଜଣେ ଉଡ଼ିଯାଏ ଏଣେତେଣେ
ଛୁଇଁ ଦେଇ, ନୋଇଁ ଦେଇ ଈଶ୍ୱରଂକ ଜଟା !!

ବୃଷ୍ଟି ଆଗୁଁ ତରତର କଳସୀଟି ଛଳଛଳ
ବେଗବତୀ ଦିହଟିଏ ଦିଶେ।
ତକ୍ ତକ୍ ତ୍ରସ୍ତ ଦିହଟିଏ !!
(ଟ୍ରାଫିକ୍‌ର ସବୁଜ ଆଲୁଅ ନିଭିଆସିବା ଆଗରୁ
ଏକ ମଦାଳସୀ ନିର୍ଜନ ତରୁଣୀ ଯେଉଁପରି ବେଗ ବେଗି ରାସ୍ତା ପାରହୁଏ)

ଝରଝର ବୃଷ୍ଟିଗଣ।
ଭେକବାକ୍ୟ ଉଚ୍ଚାରଣ।

ନୀପବନ ଶିହରଣ
ଇଂଦ୍ରମେଘ ପ୍ରହରଣେ ମିଶେ ।

କେକୀପୁଚ୍ଛେ ବର୍ଷାଝଲି
ରଚିଯାଏ ବର୍ଣମେଳି ।
(କେଉଁ ବିରଳ ନିରୋଳା ଟ୍ରକ୍‌ର ଲାଇଟରେ ବର୍ଷାରେଣୁ ଝଲି
ଅଭରକ ଗୁଂଡ ପରି ଦିଶେ !!)
ହାୟ ! ହାୟ ! ଶ୍ରାବଣ ଗୋ ଶ୍ରାବଣ
ଶ୍ରାବଣ ଶ୍ରାବଣ ଏଣେତେଣେ ।
ଶ୍ରବଣାର ଆଖିତଳେ ଲୁହର ଆସରା ।
ଆର୍ଦ୍ରା ଓ ରେବତୀ ଦିହେଁ କିଆଁ ମନମରା,
ମୃଗନେତ୍ରୀ ମୃଗଶିରା ଏଣେ !!

ଝରଝର ଶ୍ରାବଣର ଜଳଭରା ସ୍ୱର
ହଠାତ୍ ବ୍ୟଥିତ କରେ ଶୂନ୍ୟ ଅଂତସ୍ଥଳ ।
ଛଳଛଳ ଚେତନାର ସ୍ତବ୍ଧ ମଫସଲ
ଜାଗି ଉଠେ ସେଠି ॥

ଶ୍ରାବଣିତ ରଜସ୍ୱଳା ପୃଥ୍ୱୀ,
ପୁଷ୍ପିତା କି ନଦୀ ମେଘ ବୀଥି !
ସହର ଜଂଗଲ ପଥ ପ୍ରାଂତର ଜଳଧି !
ମୁଂଜରିତ ମୋ ମନର ସକଳ ଓଷଧି ॥

ମୁଂଜରିତ ମୋ ପ୍ରେମର ଲଳିତ ଆଂଗୁଠି,
ଆଂଗୁଠିର ପାପୁଲିର ହାତ ।
ଶ୍ରାବଣରେ ସ୍ନାନ ମୋର ଆତ୍ମାର ଶରୀର ।
ଢଳଢଳ ବର୍ଷାରେ ଉଜ୍ଜ୍ୱଳ, ପରିମଳ
ମୋ ସ୍ମୃତିର ପୁଲକିତ ହୀରାନୀଳା ଦାଂତ ।
ଶ୍ରାବଣ ସମସ୍ତ ॥

ମତ୍ସ୍ୟଗଂଧା

ଅବିଧବା ରାତି ଭାଲେ ଚଂଦ୍ରବିଂଦୁ ଯେବେ ଜଳିଉଠେ,
ତେବେ ସେ ତା' ନାଆଟିକୁ ମେଲି ଦେଇ ଶୀର୍ଣ ନଈତୁଠେ
ଭାସିଯାଏ ଏଣେତେଣେ, ଢେଉଖେଳି ପୁଣି ଫେରିଆସେ,
ବାଲିଶେଯେ କେବେ ସେ ଯେ ବସିଥାଏ ଗଭୀର ଉଦାସେ !
କେବେ ହସେ କେବେ ବସେ ଗୁମ୍‌ହୋଇ ନଈ ପାହାଚରେ
ନଈକୂଳ ପବନ ତା ବୟସର ଫାଁକେ ଲୁଚକାଳି ଖେଳେ
କେବେ ଧରି ଜାଲେ ମାଛ ହସି ହସି ଫେରେ ସେ ନଈରୁ
ମାଛର ଆଖିରେ ତା ଆଖିଏ ବିଜୁଳି, ବର୍ଷା ଝରେ କେଶ କଳାପରୁ
ସ୍ତନାଗ୍ରରେ ଜଳବିଂଦୁ ଟୋଲ୍‌ପଡ଼େ ଟକ୍‌ଟକ୍ ଗାଲେ,
ହସିଲା ଓଠରେ ତାର ଜହ୍ନଉଠା ରଂଗ,
ଫୁଲଫୁଟା ବେଳ ତା ଦେହରେ ॥

ବେଳେବେଳେ ମାଛବୋଝ ମୁଂଡ଼େ ବହି, ଆସେ ସେଇ ଦ୍ୱରା
କୂଳ ଡାକବଂଗଳାରେ ଆମ ଆଗେ ରଖେ ତା ପସରା
ପଚାରିଲେ କେତେ ଭାଉ ହସେ ଖାଲି, ନଖେ କାଟେ ଗାର,
ମନେହୁଏ ସବୁଥିରେ ହସିବାଟା ତାର ଖାଲି ଗୋଟିଏ ଉତ୍ତର।
'କି ମାଛ ଏ' ପଚାରିଲେ ହସିବ ସେ (ମୁରୁକି ମୁରୁକି)
ଚାହିଁ ନଈଆଡ଼େ -
'ରୋହି ନା ଭାକୁର କିଂବା ମାଗୁର ନା ଭେକ୍‌ଟା ତା'ହେଲେ ?
କି ମାଛ ଏ ?' ହସି ହସି କହେ ଖାଲି ଗୋଟିଏ ସେ କଥା -
'ମାଛ ନବ, ମାଛ ?'
ମାଛର ଆଖିରେ ତାର ଖାଲି ପଚାରିବା;
ହରରଂଗୀ ପ୍ରଶ୍ନର ପାହାଚ ॥

ଏକ ମ୍ୟୁନିସିପାଲିଟି ନିର୍ବାଚନରେ

(ଭୋଟ ଦେଇସାରି)

ଦେବ ଦିବାକର ଅସ୍ତ ଯାଁନ୍ତୁ।
ଢାଂକି ନୀଳ ରହସ୍ୟ ହସ୍ତର ଛାୟା
    ନିଭିଯାଉ ମଣିନାଗ ଗେରୁଆ ଦିଗଂତୁ ॥

ଆଜି ପ୍ରମାଣିତ
ମୋର ପୂର୍ଣ ପରିଚୟ।
ଛିଂଡା କାଗଜର ପରି
ସବୁ ମୋ ପ୍ରତ୍ୟୟ
ଐକ୍ୟଚ୍ୟୁତ।
ମୁଁ ଯେ ମଧ୍ୟବିତ୍ତ,
ଅଧିରଥ - ସୁତ।
ଯେ ରହସ୍ୟଶିଖା
କରିଥିଲା ଛାୟାଛନ୍ନ
ମୋ ଜନ୍ମପତ୍ରିକା,
ଆଜି ତାର ଇତି।
ମୋ ଜନ୍ମର କରୁଣ ଜ୍ୟାମିତି
ଆଜି ଯେ ସରଳୀକୃତ ॥

ମୋ ଦଣ୍ଡକ ରାଜ୍ୟ ଭୂମି
ମୋ ମୁକୁଟଚୂଡ଼ା
ବାୟୁ-ନୀଳ ପ୍ରତ୍ୟୁଷର ଶିଉଳି ପାଖୁଡ଼ା।
ଏ ସୃଷ୍ଟିନିଗମ
ମନେହୁଏ ପରିତ୍ୟକ୍ତ ଏକ ଦଗ୍ଧ ଗ୍ରାମ।

ସେଠି ମୋର ଉଜ୍ଜ୍ୱଳ ପ୍ରମାଣ
କିପରି ଜାହିର୍ କରେଁ ? ମ୍ରିୟମାଣ
ମୋର ସୂର୍ଯ୍ୟସତ୍ତା ।
ସଂବାଦପତ୍ରେ ତା
ହୁଏ ନା ପ୍ରକାଶ ॥

ବାଟେ ଘାଟେ ଟ୍ରକ୍ ଓ ଗାଡ଼ିରେ
ନାନାନ୍ ପୋଷ୍ଟର ଆଉ ପ୍ରଚାରଲିପିରେ
ଏ ଯେଉଁ ବାଳକଗଣ,
ଶଂଖଚିଲ - ପିଲେ,
କରଂତି ଚିତ୍କାର;
ସେମାନେ ନାହାଂତି ଜାଣି
ଭୀଷଣ ଖବରମାନ ॥

ସେମାନେ ନାହାଂତି ଶୁଣି
ପ୍ରଚ୍ଛନ୍ନ ସତ୍ତାର
ନୀରବ ବିକାର
ଏ ଭୋଟ କାଗଜ ତଳେ ॥

କିଂତୁ ଏ ପଳାଶ ପଥେ
ପ୍ରଥମ ଦିନର
ମୁଁ ଜାଣିଛି ପଦଚିହ୍ନ ।
ମୁଁ ଗଣିଛି ଅସ୍ତ ଭାସ୍କରର
ଖିନ୍‌ଭିନ୍ ବାଇଗିଣି
ଅଂତିମ ପ୍ରହର
ଆଉ ଉଦୟପଥର
ଲାଲ୍ ଟକଟକ
ଛିନ୍ନଭିନ୍ନ ମୁହୂର୍ତ୍ତଗୁଡ଼ିକ,

ପୋହଳା ସମାନ।
ସମୟର ସେ ସବୁ ଭଗ୍ନାଂଶ
ଦେଇ, ମୁଁ ଗଢ଼ିଛି ଗୋଟିଏ ଜୀବନ -
ଏକକ, ନିର୍ଜନ
ମୋର ରୂପକଳ୍ପ।
ଅଥବା ବିଦଗ୍ଧ ମୋର ଚୈତନ୍ୟର
ଅମର ବିକଳ୍ପ !
ମୁଁ ଗଢ଼େ କି ମୋର ପ୍ରତିଛବି ?
ମୁଁ କି କାବ୍ୟ ମୁଇଁ ପୁଣି କବି !!

ଛାୟାନଟ

ଛିପିଛିପି ସପନର ଡାହାଣିଆ ଖରାରେ ଆଲୋଳ
ପୃଥିବୀକୁ ଚିହ୍ନିହୁଏ ସେ ପାଖର ରାତିର ବିଲୋଳ
ସମତଳେ। କଦଂବଫୁଲିଆ ଜହ୍ନ
ଯେଉଁଠି ବେଲୁନ୍;
ଆଉ ସଂଜ ଆଗୁଁ ହରରଂଗୀ ପ୍ରଜାପତିଗଣ
କୌଣସି ସହରୀ ନିଶର ସଂଗେ ହେବାକୁ ତୁଳନ
ଯେଉଁଠାରେ ପୃଷ୍ଠଭଂଗ କଲେ ଟିକେ ଆଗୁଁ ଉପମାର ଡରେ -
ସେଇଭଳି ବାଇଗିଣି ନେଂଥି ନେଂଥି ଜାମୁଫଳ-ବେଳେ;
କିଂବା ଝିଲିମିଲି ନେଳି ରାତି ଦୂର ଚକ୍ରବାଳ,
ବୁଡଂତା ସୂର୍ଯର ଛାଇ ପଛେ ପଛେ ଅନ୍ୟ ଏକ ଦିନର ସକାଳ
ମୋ ମନକୁ ଛାୟାଛନ୍ନ କରେ।
ଅଶିଣର କାକଜ୍ୟୋସ୍ନା ଦେହେ ଯେଉଁପରି ଭାସିଯାଏ ଧବ୍‌ଧବ୍
ଏକପଂତି ମରାଳର ଗାର ॥

ମୁଁ ଧାଇଁଛି ଯାହା ପଛେ ସେ ଯେପରି କଠିନ କାମର
ଗୋଟିଏ ପାହାଚଉଠା। ଏକ ଜୀବନର
ଗୋଟିଏ ଉତ୍ତୀର୍ଣ୍ଣ ଚାଲି, ଏକକ ମାଇଲ।
ଅମଡ଼ା ଅଖୋଜ ବାଟେ ହଠାତ୍ ବା ମୋଡ଼ ଫେରି
(ଯେପରି ଓଡ଼ିଶୀ ନର୍ତ୍ତକୀ ରଚେ ଏକପାଦଭ୍ରମରୀ)
ଯୁଗ-ଯୁଗାଂତର
ଅମାନିଆ ସ୍ୱପ୍ନଦେଖା।
ସକାଳର ଅରୁଣିମା ରେଖା -

ଯା' ବସ୍ତ୍ର ହରଣ କରେ, ଯା'କୁ କରେ ଦାଂଡରେ ପ୍ରକାଶ,
- ନିର୍ଜଳ ଯମୁନାକୂଳେ ଯାହା ଶୋଭା ପାଂତା, ହୁଅଂତା ଯା
ଶରତ୍‌ର ରାସ ।

ଏଠି ତା ବେଖାପ ॥
ତଥାପି ଏ ଖର ଚାହିଁ; - ଚାହିଁ ପୁଣି ଥମଥମ ରାତି ।
ଦୁକୁଦୁକୁ ବୁକୁତଳେ ଦ୍ରୁତତାଳ ଛାୟାନଟ ମାତି
ପାରଦ ଶିରାରେ ଯଦି ସୃଷ୍ଟି କରେ ସହସା ରୋମାଂଚ
ସେମିତି ସମୟ ଓ ଭୟ ଯେ ନିଭେଇ ଦିଏ
ମୋ ମନର ହଂସତୀ[1]ର ଜଳିଉଠା ଆଂଚ ।
ଉଠାପଡ଼ା, ଦ୍ରୁତ ଓ ମଂଥର -
(ରୁଦ୍ର ଓ କରୁଣ)
ତାଳେ ତାଳେ ଛାୟା-ନଟ ସୃଷ୍ଟିକରେ ନୂଆ ନୂଆ ସ୍ୱର ॥

୧- ହଂସତୀ = ଉଦ୍ବେଗ

ଭଗ୍ନନାୟକ

ଅନେକ ସବୁଜ ଆଂଗୁଠିରେ ଛାଇ
ମୋ ମନର ନିଆଁଝାସ - ପରଦାରେ ଦୋଳେ।
କେତୋଟି ଭୁଲନ୍ତା କଂଠର ସ୍ୱର
ନାନା ଧ୍ୱନି, ନାନା ଚିତ୍ର,
କେତେ ରଂଗ, କେତେ ସ୍ମୃତି ଶବ୍ଦର ବଜାର ॥

ଔଷଧ ଦୋକାନେ ବହୁରଂଗୀ ଶିଶି'ର କୋରମ -
ଯେଉଁଠି ଗ୍ରାହ ଏକ କିଂଭୂତ ନାୟକ।
ତାର ସବୁ କ୍ଷତ ଆଉ ଆଶାଯାକ
କିଂବା ଅସଂତୋଷ,
ସବୁକୁ ମାନିନେବାକୁ ହେବ, ସେମିତି ଏକ ଅଲଂଘ୍ୟ ଫର୍ମ୍।
ସବୁରି ପଛରେ ରହିଚି ଜୀବନର କେତେ ନା ଭଗ୍ନାଂଶ।
ଆଉ ଗାଢ଼ -ନୀଳ ଅନୁଭୂତିର ନୀଳ ଏମ୍ପୋରିୟମ୍ ॥

ଅଦୂରେ ସିନେମା ଘରେ
ଆଇସ୍କ୍ରିମ୍ ଚଟାଣ କାଂଥରେ
କେତେ ଚିଣ୍ଛିନ୍ନ ସଂପର୍କ ଏବଂ କେତେ ବିବର୍ଣ୍ଣ ଘଟନାର ଜୁଆଖେଳ।
ତା'ପରେ ହଠାତ୍ ନୀରବତାର ଭୂତକୋଠିରେ
କେଉଁ ବିଲୁପ୍ତ ପରିବାରର ଛାଡ଼ିଯାଇଥିବା କେତୁଟା
ଭଂଗାତୁଟା ଖେଳନା ଆଉ ଆସବାବମାନ ॥

ରାସ୍ତା ପଛଆଡ଼େ
ଝାଉଁ ଆଉ ଦେବଦାରୁ ଛାୟାର ଗହଳେ
ମୌନ ହାସପାତାଳ, -
ତାର ପାଚିରିର ଲଂବ ଲଂବ ଛାଇରେ ଚହଲେ
ଏକ ପଟ ଭଂଗା ନାଲି କାଚ।
ଅଂଧାରରେ ॥

ଆଲୁଅ ଓ ଗହଳିରେ ଚୌମଥା ଉଜାଲା ।
ଅସହ୍ୟ ଗରମ ମଧ୍ୟେ ବରଫଶୀତଳା
ନାଲି-ଧଳା ହରଫ୍‌ରେ ଦିଶେ କୋକା-କୋଲା ॥

ଆମ ସଂଗେ ଭେଟ ହୁଏ କେତେ ରୂପ, କେତେ ଚିହ୍ନ
କେତେ ହସ୍ତାକ୍ଷର ।
ଆମକୁ ପଛକୁ ଠେଲି ଛୁଟିଯାଏ ଟ୍ରେନ୍ ।
ହଂସ ଆଉ ଗେଂଡ଼ାଳିଆ ଗାର ଗାର ।
କେଉଁଠି ଚୋରାବାଲି, କେଉଁଠି ପଡ଼ିଆ
କେଉଁଠାରେ ଘର ଘର ନିପାଣିଆ ଖରା ।
କେଉଁଠି ଆକାଶ ଠିଆ, କାହିଁ ଦୈନଂଦିନ ।
              ବାସ୍ତବର ଚିତ୍ରେ ଚିତ୍ରେ ଗୁଂଫିତ ବଖରା ॥

ସେଠି ଭଂଗା ତାଳଗଛ,
ଏଠି ନାଗଫେଣି, ପାହାଚ ପାହାଚ
              କେତେ ତାରା ଭରା ।
କାହିଁ ଜଣେ ବୃଦ୍ଧ ଭଦ୍ରଲୋକ
ଏଇମାତ୍ର ଶେଷ କରିଛଂତି ଯେ ମରିବା ।
ଆଉ କାହିଁ ଉଦ୍ୟତ ତରୁଣ ଏକ
              ଆଜିଠାରୁ ଆରଂଭିଲେ ଯିଏ ମରିଯିବା ।
ଦୁହେଁ ଏକ, କାରଣରେ । ଦୁହେଁ ବି ମିଳିବେ,
              ଗାଏ ମୋଟ ଅଂକ ହେଉ ଭିନ୍ନ ।
ଆମେ ବି ତ ବଂଚି ବଂଚି ମରିଯିବା
ମୌଳିକ ମାଟିରେ । କିଂବା ପଂଚଭୂତେ ହେବା ଲୀନ ॥
ନିରସ୍ତ ମନର କିଂତୁ ଗୋଟିଏ ଚମକ
              ଏକ ମୂକ ଚିତ୍ରିତ ମୁହୂର୍ତ୍ତ...
ଜୀବନର ମଝିଘରେ ରହିବ ସାଇତା ।
              ଅମୃତ ନା କେବଳ ଅମୂର୍ତ୍ତ ॥

ପ୍ରେମ ଓ ଭୟ

ଭଲ ଲାଗେ ତା'ର
ନୀଳ ଭେଲ୍‌ଭେଟି ଦ୍ରାବିଡ଼ ଆଖିର କଂଠସ୍ୱର
ସୁଂଦର ତାର ସ୍ଫଟିକ ଗ୍ରୀବାରେ
(ଦେଖାଯାଏ ଅବା)
ରେଶମୀ ଶ୍ୱାସର ଚଳପ୍ରଚଳ !
ଭଲ ଲାଗେ ତାର ଗ୍ରୀକ୍-ନାସିକା
ଭ୍ରୂରୁତଳୁ ଉଂଚା ଖଂଡ଼ାଧାର।
ଭୟ ଲାଗେ ଯେଣୁ ସତରେ ମିଛରେ
ଶୁଂଘେ ମୋ ମୁହେଁ ଆଲ୍‌କୋହଲ।
(ମିଛ ବୋଲି ଯାହା ହୁଏ ପ୍ରମାଣିତ)
ଶତକଡ଼ା ପଂଚାନବେ ଥର।)

ଭଲ ଲାଗେ ତାର ବୈଦେଶିକତା,
ଭଲ ଲାଗେ ତାର ନରମ-ରକ୍ଷ
ନାନା ଶବ୍ଦର ପତଂଗ - ଯା' ଘେରି
ଗୁଂଜନ କରେ ଦେହର ବୃକ୍ଷ।
କେବେ ତା ମୁହଁର ପ୍ରୋସଲିନ୍‌ରେ
ଖୁସିର ଇଂଦ୍ରଧନୁ ଖେଳେ ॥

କ୍ଲାଂତ ଆଖିର ପକ୍ଷୀର ଡେଣାରେ
ମେଘର ମେଦୁର ସୁପ୍ତ ଝରେ।
ବାଳକସୁଲଭ ଦୁଷ୍ଟରହସ୍ୟ
କୋମଳ-କଠୋର ମୁହଁର ଭାବ।

କେବେ ମନେ ହୁଏ ସ୍ୱଚ୍ଛ ଯୁବତୀ
ପ୍ରଥମ ନାରୀର ସୋଜା ବିଭାବ।
ତରୁଦେବତାର ଉଦ୍ଦେଶ୍ୟ ଟେକି
ଦୁଇ ହାତେ ତାର ଯୁଗ୍ମ ସ୍ତନ
ପୂଜାର ଅର୍ଘ୍ୟ ବାଢ଼ି ମାଗେ ଅବା
ସୃଷ୍ଟି-ନିଗମ ସରଳ ଜ୍ଞାନ ॥

ଭଲ ଲାଗେ ତାର ଛୋଟ ଓଠ ତଳେ
ରେଶମୀ ହିଂଦୀର ସେଇ "ଆପଣ",
ଅବା ପ୍ରମୂର୍ତ୍ତ ପ୍ରେମ ଇଂଗିତେ
ମୃଦୁ ଇଂରାଜୀ ସଂଭାଷଣ।
ବେଳେବେଳେ ତାକୁ ଭୟ ଲାଗେ, ଅବା
ସୁନାଜଡ଼ଉର ସେ ଦୀପ - ଖଂବ।
ନିଝୁମ ରାତିର ନିଭଂତା ଦୀପର
କଳା ଧୂଆଁ-ଛାଇ ନେତ୍ରବିଂବ।
(ରାତିର ବିଷରେ ମିଶେ ଅଣୁ ଅଣୁ
ମୁକ୍ତ କେଶ'ର ନୀଳ ଆଲଂବ !!)

ସ୍ମୃତିଲେଖା

ଗୋଧୂଳି ଆକାଶର ପୋଷ୍ଟକାର୍ଡ୍ ଗାଲେ
"ଭଲ ଅଛି, ଆଶା କରେ ଭଲ ଥିବ" ବାଣୀ।
ହଠାତ୍ ମନେ ପଡ଼ିଲା ସେଇ ବିସ୍ମୃତି ନଗରୀ
(କାଳିଦାସଂକ ନାୟିକା ପରି ସେ...)
ସେ ବିକଚ୍ଚ ନାରୀ
ଉପଳ ବ୍ୟଥିତଗତି ଗିରିନଦୀ କୂଳେ
ଅସଂଖ୍ୟ ପ୍ରାସାଦ ମେଳେ
ଏକାଂତେ ଓ କୋଳାହଳେ, ଦିନ ଗଣେ।
ତା ସାଦା ବିଷଣ୍ଣ ଗାଲେ
ବିଦାୟ ବେଳର ଛାପ ॥

ତାର ସ୍ପର୍ଶ
ତା ଦେହର ଗଂଧ ଆଉ ତରଳିତ ହର୍ଷ,
ଲୀଳାୟିତ ସ୍ତ୍ରୀୟୋଚିତ ଲଳିତ ଇସ୍ପାତ,
ଆଖିର ଶିଖୀର ଭଂଗୀ
ଅଗଣିତ କାମନାର ଅନିଦ୍ରିତ ନୀଳାଭ ଚୌରଂଘି ॥

ମନେ ପଡ଼େ, ମନେ ପଡ଼େ, ମନେ ପଡ଼େ
ଅତି ଦୂରେ
ଫଳଭରା ଜାମୁବନ ଛାୟା ଗହଳରେ
ସେ ମୋର ଦଶାର୍ଣ୍ଣ
ଗ୍ରାମ।
ମେଲ୍‌ବୋର୍ଣ୍ଣ
ମୋ ପ୍ରିୟ ନଗରୀ ॥

ଦଶାର୍ଣ୍ଣ – କାଳିଦାସଂକ 'ମେଘଦୂତ'ରେ ବର୍ଣ୍ଣିତ ଏକ ଗ୍ରାମବିଶେଷ। ଲେଖକ ଅଷ୍ଟ୍ରେଲିଆର ମେଲବୋର୍ଣ୍ଣ ନଗରୀରେ ବହୁ ମାସ ଥିଲେ।

ଆକାଶ

ତୁମ ମୁହଁକୁ ଫିଂଗିଥିଲି ମୁଁ ମୁଠାଏ ଆକାଶ।
ଭାବିଥିଲି ସ୍ୱପ୍ନ ଦେଖିବ, ଅନ୍ୟମନସ୍କ ହେବ,
ଅଂଧାରରେ ବସି ଅବା ନଖରେ କାଟିବ ଗାର।
ଯେଉଁପରି କ୍ଷୀଣ ପ୍ରତିପଦ...।
ତୁମ ଦିହର ଲଳିତଗିରିରେ ଫୁଟି ଉଠିବ ସୀତା-ତାର
ମୂର୍ତ୍ତି...
କିଂବା ଧ୍ୟାନୀ ଅକ୍ଷୋଭ୍ୟଂକ ଶୁଭ୍ର ପରିମିତି।
କିଂବା ହୋଇପାରେ, ଦେହେ ଦେହେ ଗୁଂଜରିବ
ବଜ୍ରଯାନର ନବଗୁଂଜର ଛଂଦ।
ଦଳିତ କାମନାର ଧୂମବହ୍ନିରେ ନୂତନ ଚର୍ଯ୍ୟାଗୀତି।
ଦେହ ଅବା ଚୈତନ୍ୟର ହେବ ଜାଗରଣ।
(ଦେବତ୍ୱ ହେଉ ବା ପଶୁତ୍ୱ ହେଉ)
ହେଉ ତାହା ନଭଶିଖା
ଅବା କେଉଁ ପ୍ରାଂତିକର ଅତଳ ପରିଖା,
ଯାହା ହିଁ ହେଉ,
ଭାବିଥିଲି ଜାଗି ଉଠି ତୁମେ
କରିବ ଚଂକ୍ରମଣ।
ଲାଭ କରି ନୂଆ ଉଦ୍‌ବୋଧନ ॥

କିଂତୁ ହାୟ ! ହାୟ ! ଏ କଣ ହେଲା ?
ତୁମ ହୃଦୟର ସାଦା କାଗଜରେ ପଡ଼ିଲାନି ତ ଗାର।
ତୁମର ଜଡ଼ତା କିଂତୁ ରହିଲା ପୂର୍ବପରି।
ମଉଳିଗଲା ଆକାଶ,
ଆହା, ନିଭିଲା ଚୈତ୍ରମାସ।
ମଂଦୀଭୂତ ଜୀବନର କ୍ଷୟିଷ୍ଣୁ ଦ୍ୱାପର...॥

ଦଶହରା, ୧୯୬୨

ସୁନାର ଚଂପାରେ ହୀରାର ଶଂପା
　　　　ସେଇ ତ ଏଇ ସଭ୍ୟତା।
ସୁନା ମାରୀଚର ପଛେ ଧାଇଁ ଧାଇଁ
　　　　ବୀରତ୍ୱ ଏଠି ପୋତେ ମଥା।
　　　　କରେ 'ହାଇ ହାଇ'।
ସିକଂଦର ଏକ ଟଂକାର ଥଳୀ।
ଗାଂଡ଼ିବୀ ତହିଁରୁ ବଳି
　　　　ବ୍ୟାଂକ୍‌ର ଏକ ଜମା ଖାତା ॥

ତେଣୁ ଶକ୍ତି ରୂପେ ଅଛଂତି ଯଦି
ସେ କେଉଁ ଦେବୀ ସଂସ୍ଥିତା,
ଶେଆର-ବଜାର ନୀରୋଳା କୋଣେ
ସିଏ କି ଆଜି ଅର୍ଚ୍ଚିତା ?
ଦଶ ଭୁଜର ଦଶ ପ୍ରହରଣ
ଉଦ୍ୟତପଂଝା ସିଂହ ବାହନ
କେଉଁ ଅଟକଳ ଫାଇଲ ଭିତରେ
　　　　ଉହ୍ୟ ଭାବେ ଅଛଂତି ତା !
ଶକ୍ତି ରୂପେ ଅଛଂତି ଦେବୀ
　　　　ସର୍ବଭୂତେ ସଂସ୍ଥିତା ॥

ହେ ଦେବୀ, ତୁମେ ନୁହ ତ ଆଉ
ଖର-ଦୀପ୍ତି ଚଂଚଳା।

ମୁକ୍ତବାୟୁ - ଅଂଚଳା ।
ବୃଦ୍ଧା ଶାଶୁର ସଂକେତ ତୁମେ,
ଗୃହକର୍ମ ମଂତ୍ରଣା ।
ଜମା ଖରଚ ଯଂତ୍ରଣା ।
ତୁମେ (ହୋଇଚ) ଥଂଡା ଯୁଦ୍ଧର କେଂଦ୍ରବିଂଦୁ,
ଶୁକ୍ଳପକ୍ଷ ଶରତଇଂଦୁ
ପରି କର ମୂଲ୍ୟ-ସିଂଧୁ
ସବୁ ଚିଜର ବର୍ଧିତ,
ଆହୁରି କଳ-କଲ୍ଲୋଳ ।
ଜାତ ଯହିଁରୁ ଚପଳା ॥

ଦେଶେ ଦେଶେ ମୃତ୍ୟୁ ଛାୟା
ଘୋଟୁଚି ଯେତେ ସେତିକି ମାୟା
ଜୀବନ ପ୍ରତି ବଢ଼େ ।
ବଜାର ଭାଉ ଯେତିକି ବଢ଼େ
କିଣିବା ଶକ୍ତି ଯେତିକି ବଢ଼େ ।

ଆହେ ମହାମାୟା !
(ଇଏ କି ତୁମ ମାୟା !)
ଅଥବା ବ୍ୟବସାୟ ?

ମହିଷାସୁରେ ଭୁଲି ହୋଇଚ
ଶୀତଳ ରଣେ ଠିଆ ।
ଦେବୀ, ହାୟ ! ହାୟ !!

ଦର୍ପଣ

(ଏକ)

(୧)

ଦର୍ପଣେ ଅନେକ ମୁହଁ
          କିଛି ଫିକା କେତୋଟି ବା ସାପ୍
ହଠାତ୍ ଆଭାସି ଆସେ
ମୋ ସ୍ମୃତିର ନାନା ଫଟୋଗ୍ରାଫ୍ ॥

ସେଥିରୁ ଏକ ମଧ୍ୟାହ୍ନର;
          ଖର ଦୀପ୍ତ ରୌଦ୍ର ଝଲମଲ।
କାଂଦ କାଂଦ ଥରଥର
          ନିଛାଟିଆ ନୀଳଦୀଘି ଜଳ -
ପରି ତାହା ଥମଥମ।
ସେଇପରି ଏକାକୀ ନିର୍ଜନ।
ସେ ଯେପରି ଜୀବନ୍ -
ର ସବୁଠାରୁ ନିର୍ଜନତମ
ମୁହୂର୍ତ୍ତର ପ୍ରତିଛବି।
ମଧ୍ୟାହ୍ନ, ମଧ୍ୟାହ୍ନ :
ସେଇ ତା'ର ପ୍ରତିପାଦ୍ୟ।
ସେଇ ତାର ସ୍ୱର ବି ॥

(୨)

ସେଦିନ ଦେଖା। ହଠାତ୍ ଦେଖା।
କେତେ ଅଦେଖା ରେଖା-
ର ଭିଡ଼େ।
ତୁମ ଜୁଡ଼ାରେ
ପ୍ଲାସ୍‌ଟିକ୍ ଫୁଲର ହରଫ୍ ଲେଖା -
ଠିକ୍ ସେଇ ଫୁଲର ଇ ବାସ୍ନା ମଖା।
ଆଉ
କାଂଚୁଲିର ଜରିର କାରୁକାର୍ଯ୍ୟ
ଦେଖି ମୁଁ ଆଶ୍ଚର୍ଯ୍ୟ
ହୋଇ ଭାବୁଥିଲି -
ଏ ସୁନେଲି
ବେଶଟି ତ ବେସ୍ !

(ମଉଳିବ ନାହିଁ ଏଇ ଫୁଲ।)
(ବାସ୍ନା ବି ମନଇଚ୍ଛା ହୋଇପାରେ ଠୁଳ)
କିଂତୁ ତୁମେ ଚାହୁଁଥିଲ ମୋର ସୁପାରିସ୍,
ପ୍ରଶଂସା ନୁହେଁ।
ଆଉ ପ୍ରପଂଚ ଅଫିସ୍,
ଚାହୁଁଥିଲା -
ତୁମର
    ବିଜୁଳି
    ଅଂଗୁଳି
                ଶ୍ଲି
            ଅ ନ ତି କ୍ର ମ
                ଲି
                ଖ
                ନ
ଦକ୍ଷତା।
ତା ହେଲେ ତ ହେଲା।

(ଦୁଇ)

(୧)

କେଉଁ ନିର୍ଜନ ଘରର ହତାରେ
ରାତି ଜଗୁଆର
ମିଂଜି ମିଂଜି ଲଣ୍ଠଣଟି ପରି
ମନଟା ବେଳେବେଳେ
ଖାଁ ଖାଁ କରେ ॥
ଏଇ ମନ।
ସେ ଏକ ଜନମାନବହୀନ
ଘରର ଚଟାଣ।
କିମ୍ବା ଯତ୍ନ ନିଆଯାଉ ନ ଥିବା
ଏକ କ୍ରୋଟନ୍ ଗଛ
ଅପଂତରା ପିଂଡାରେ ॥

ଶୂନ୍ୟ ଘରଭିତରେ
ଅନତିସ୍ୱଚ୍ଛ ଦର୍ପଣରେ
ବେଳେବେଳେ ଆତ୍ମରତ
ଘରଚଟିଆ
ଆସି ମୁହଁ ଦେଖେ।
ଥଂଟ ମାରେ।
ଆଉ ଝିଟିପିଟି
କରେ ସତ୍ - ସତ୍ - ସତ୍
କାଂଥ ଉପରେ।
କେଉଁ ପୁରୁଣା ମାନଧାତା ଅମଳର
କାଂଥଘଡ଼ିର ଟିକ୍ ଟିକ୍ ଟିକ୍ -

ଶବ୍ଦ ପରି ॥
ମାର୍ଚ୍ଚ ଏକତିରିଶ ତାରିଖ।
(ବିଦାୟ ଅର୍ଥ-ବର୍ଷ !)
ପୁରୁଣା ତହବିଲ୍‌ର
ସରି ଆସୁଥିବା
ବ୍ୟାଂକ୍ ବାଲାନ୍‌ସ।

ମାତ୍ର ଟ ୨୦୦୦
ବାଦ ପାଲ
ଶଂକା
୧,୫୦୦
ଏକ
ଆଂବୁଲାନ୍‌ସ

ଛୁଟି ଆସେ
ଦୁର୍ଘଟଣା ?
ଆତ୍ମହତ୍ୟା ?
କିଂବା କେଉଁ ଦୁରଂତ
ନିଆଁ-ନିଭାଳିର
ଆତ୍ମ-ଉତ୍ସର୍ଗ ?

ଏଇ ପୃଥିବୀ।
ଏଇ କି ସ୍ୱର୍ଗ
ଯେଉଁଠି ଅଷ୍ଟବର୍ଗ ?

ସୀମାଂତ ଟ୍ରେନ୍

ପାପୁଲିର ଗାର ପରି ବିଚିତ୍ର ଲାଇନ୍‌ମାନ ଦେଇ
ସୀମାଂତର ଟ୍ରେନ୍ ଯାଏ ତରଂଗିତ ରାତିରେ ଗାଧୋଇ।
ନକ୍ଷତ୍ର ନହଡ଼ି ଭାଂଗି ଏ ନିୟନ୍ ରାତ୍ରିର ପ୍ରହରେ
ଏକକ ମୁହୂର୍ତ୍ତ ପରି, ଅବା ଏକ ମାଇଲଟି ପରି,
ମୋ ଜୀବନ, କେତେ କେତେ ଜୀବନର କେଂଦ୍ର ଭେଦ କରି
ଏଇ ଟେନ୍ ଛୁଟି ଚାଲେ।
ମନେହୁଏ ଶୈଶବର କାଲୁଁ
ଏକ ନୀଳ ଫାଲ୍‌ଗୁନରୁ ଅନ୍ୟ ଏକ ଫାଲ୍‌ଗୁନ୍ ଯାଏଁ।
ପୃଥିବୀ ଯେଉଁଠି ଦିନେ, ଅଥବା ନିମିଷେ, ଅବା ମାଇଲିଏ।
ଅଥବା ସମୁଦ୍ର-ଛୁଆଁ ଚେନାଏ ବା ଘାସ,
ସୁନିର୍ଜନ ସୀମାରୁ ଟିକିଏ।
ମୋତେ ନେଇ, ମୋତେ ଛାଡ଼ି ସୀମାଂତର ମେଲ୍ ଚାଲିଯାଏ।
ମୋତେ ଯିଏ ଖୋଜି ବୁଲେ ପୃଥିବୀରେ, ଖୋଜି ଖୋଜି ପାଏ
ପ୍ରତି କକ୍ଷେ ଯାଇ ଦେଖେ ସେଇଲାଗେ
ସେଠାରୁ ମୁଁ ଚାଲି ଯାଇ ଥାଏଁ, -
ସେମାନେ କାହିଁରେ ନାଇ, ସେମାନଙ୍କ ପାଇଁ ହୁଏ, ନୁହେଁ ॥

ସବୁଜ ଶୈଶବ ଦିନୁଁ ବିଚିତ୍ରିତ ନାନା ଘଟନାରେ
ରହସ୍ୟ ଦ୍ୱୀପରେ କାହିଁ, ମୋ ସତ୍ତାର ନିର୍ଜନ ପ୍ରାଂତରେ
ମୁଁ କରିଚି, ଅବା ମୋର କାରଣକୁ ନେଇ
କରାଇଚି କେହି।
ମୁଁ ଛୁଟିଚି ଅବା ମୋତେ ସତେ କିଛି
ନେଇଚି ଛୁଟାଇ,

ମୁଁ କିଂତୁ ସେଠାରେ ନାଇ, ଯେଉଁଠାରେ କିଛିକ୍ଷଣ ଆଗେ
ଛିଡ଼ା ହୋଇ ରହିଥିଲି ଦେଶକାଳପାତ୍ର ମଧ୍ୟଭାଗେ।
ତଥାପି ସୁଂଦରତମ ଦୂରତ୍ୱ ଯେ ବାକି -
ହେ ନକ୍ଷତ୍ର ! ହେ ସମୟ ! ରହ, ରହ, ତୁମ ସଂଗେ ଯିବି ମୁହିଁ
ଏଠି ନ ଅଟକି ॥

ଯାହାକୁ 'ଏଠାରେ' କହୁଁ, ଯାହାକୁ ବା ମଣୁଁ ଏହିକ୍ଷଣ,
ସେ ସବୁକୁ କେତେ ଆହା ନ କରିଚି ମୁଁ ଇ ପ୍ରଦକ୍ଷିଣ,
ଯା ଗର୍ଭରୁ ଗଢ଼ିଚି ଭୟକୁ, ସମୟକୁ,
କାଳର ଶାଶ୍ୱତ ଗତି ଭାଂଗିରୁଜି, ରୋକି
ରହ, ରହ, ହେ ନକ୍ଷତ୍ର ଆଉ ଭୟ ! ହେ ସମୟ !
ଆଉ ହେ ଅବର୍ତମାନ !
ମୋତେ ଡାକେ ସୀମାଂତର, କାଳାଂତର
ଅଭୟ ଆହ୍ୱାନ ॥

ଅଦୂରେ ବିମାନଘାଟି। ସେଠିକାର ମୃଛକଟ ଧୂଳି
ପଶେ ମୁହେଁ, ଆକାଶରୁ ଘନଘନ ଶୁଭୁଚି କାହାଳୀ -
ଯେଉଁ ଉଚ୍ଚୁଁ ମଣିଷର ଅସହ୍ୟ କ୍ଷୁଦ୍ରତା ଜଣାଯାଏ -
ଅତି ତୁଚ୍ଛ, ଜୀର୍ଣ ଓ ଭଂଗୁର
ମଶାଣିର ଏକ ନରମୁଂଡ଼ ପ୍ରାୟେ।[୧]
ଯାହାକୁ ଭାଂଗି ଲାଭ ନାଇ, କାରଣ
ଆଉ ଏକ ଶତ୍ରୁର ଆଖିରେ କଣ
ତାହା ପୁଣି ଉଠେନା ଉକୁଟି
କିଛି କ୍ଷଣ ଗଲେ କଟି ?
ନିକଟେ ବଂଦର ॥
ଏ ଟ୍ରେନ୍ ଯୁକ୍ତ କରେ ବିମାନଘାଟିରେ ଅଥବା ବଂଦରରେ,
ଅବା କେଉଁ ମୃତ୍ୟୁର ଛାଉଣୀ ମଧ୍ୟେ ଆବର୍ତିତ ଆରେକ ମୃତ୍ୟୁରେ,
ସହରତଳିରେ।[୨]

ଏ ଟ୍ରେନ୍ ଛୁଟି ଯେ ଚାଲେ ସୀମାଂତର ପାରେ
ପାର ହୋଇ
ଆମରି ନିର୍ଣୀତ ସ୍ଥିର ଭୂଗୋଳର ଘର ।

ଏ ଟ୍ରେନ୍ ଯେ ଛୁଟି ଚାଲେ ପ୍ରହର ପ୍ରହର
ପ୍ରତି ପଳେ ପଳେ, କାଳ ଆଉ ନକ୍ଷତ୍ର ସ୍ରୋତରେ ।
ମୋ ପ୍ରାଣର ସ୍ୱରବର୍ଣେ ଲିଭିଥିବା ବହୁ ମୌନ ସ୍ୱରେ
ମୋ ଜୀବନେ ହଜିଥିବା ଅଗଣନ ଜୀବନର
                                    ପ୍ରତ୍ୟେକ ଶବ୍ଦରେ
ଏ ଟ୍ରେନ୍ ଯେ ହଜିଯାଏ, ଲିଭିଯାଏ ।
ଏ ଟ୍ରେନ୍ ଛୁଟାଇ ନିଏ ମୋତେ କୌତୂହଳେ
ଉଲଂଗ ମୁଁ ନକ୍ଷତ୍ରର ତଳେ ॥

୧ – ଜୁଡ଼ିଥ୍ ରାଇଟଂକର 'ମୁଭିଂଗ୍ ଇମେଜ୍' ଦ୍ରଷ୍ଟବ୍ୟ ।
୨ – କାର୍ଲ ସାପିରୋଂକ କବିତା ଦ୍ରଷ୍ଟବ୍ୟ ।

ସ୍ୱଗତ -୧

(ଡିଲାନ୍ ଥମାସଂକୁ)

ମୋ ଊଂଡ଼ତା ଛାଇକୁ ଓଟାରି ମୋତେ ଯିଏ
ଭିଡ଼ି ନିଏ ତଳେ,
ସମୁଦ୍ର ଉପରେ
କଂବର ଆକାଶପଥୁଁ ସାଗରଗର୍ଭରେ,
ମୋ ମୃତ୍ୟୁର ସହଚରୀ ସେଇ ନାୟିକାରେ, (ଛାୟାଗ୍ରାହିଣୀରେ)
ଦେଖିଚି ମୁଁ ଜୀବାଣୁର କୁହୁଡ଼ି ଗଳିରେ, ମୋର ଛାୟା ତଳେ
ନିମଗ୍ନ ସହରେ ॥

ଜଠର ଦ୍ରୋଣିରେ, ଦୀର୍ଘ ଜରାୟୁ ଥଳିରେ
ପିତୃକୀଟ ବଂଶ ଗଢ଼ିବାରେ,
ମୋ ଲବଣ, ମୋ ପିତାର ଲବଣ ସ୍ୱାକ୍ଷରେ
ଅସଂଖ୍ୟ ସନ୍ତାନ-ସେତୁ, ବଂଶଜ-ଧାରାରେ
ମୋ ଧାତୁରେ ଧାତବ ନଗରେ,
ସେ ମୃତ୍ୟୁର ବୀଜ ପୋତା ଅଛି -
ମୋ ଛାଇରେ, ଛାୟା ପ୍ରତିମାରେ,
ଯେ ବୀଜରେ ମୋରଇ ଜୟଂତୀ।
ଜୀବନର ସୁଂଦର ଶ୍ରାବଂତୀ
ସେ ବାଟେ ମିଳେ କି ନାଇଁ
ଜାଣେ ନାଇ,
ତଥାପି କର୍କଶ ମୃତ୍ୟୁ
ଜୀବନକୁ ଡାକି ଆଣେ ସେ ବାଟ କଢ଼ାଇ ॥

ଗ୍ରୀଷ୍ମର ସଂତାନେ
ସେଠାରେ ଜାହିର କରେ
ଚିତ୍ରବନେ ଅବା ପୋତା ଗ୍ରାମେ
ଯେଉଁଠି ମୃତ୍ୟୁର ପୋକ କରେ ମୁକାବିଲା
ପଂକର ବାଜ୍ୟାପ୍ତି ପଂକେ, ଜୀର୍ଣ୍ଣ ଶୁକ୍‌ତାଲା ॥

ତୃତୀୟ ପଲ୍ଲିରେ, ଆଉ ଏକ ଗଳିର ସୂର୍ଯ୍ୟରେ
କିଂବା ଆଉ ବଖରାରେ ନୂଆଜାତ ଶିଶୁର ଝଂକାରେ,
ଅବା ଗୂଢ଼ ଅନାଗତ କେଉଁ ଗୋପ୍ୟ ପିଲାର ଗାଲରେ
ନୂତନ ବୀଜର ଜୟ, (ଆଉ ଲୟ)
ପୁଣି ସୂର୍ଯ୍ୟୋଦୟ
ନୂଆ ନୂଆ ଦିନର ଚାଲରେ।
ମୋର ପାରଦ ରକ୍ତେ, ଲୁହା ଆଉ ରସାୟନ ଛାଲେ
ଆଉ ମୋର ଅଭିନ୍ନ ଛାୟାରେ
ଆଗିଲା ପିଛିଲା ଦୁଇ ମୃତ୍ୟୁଇ ସେଠାରେ
ଗୋପୁର ହତାରେ ॥

୧୪୨ | ସଚ୍ଚି ରାଉତରାୟ

ସ୍ୱଗତ - ୨

ସାଁଚି ବା ଅଜଂତା ନୁହେଁ...
ଖାଲି ଏକ ଚିତ୍ରିତ କଳସୀ,
ତାର ଜଳେ ନାନା ତାରା (ବିଚିତ୍ର ଆକାଶ)
ଚାରୁ ଚଂଦ୍ରମସୀ।
ତା ଆଖିରେ ନିଜକୁ ମୁଁ ଯେବେ ବା ଦେଖିଚି
ନିଜର ଦ୍ୱିତୀୟ ଅର୍ଦ୍ଧେ ଖୋଜି ପାଇଅଛି ॥

ମୋର ପଂକେ, ମୋର ହୋଇ-ପାରିନି-ଯାହାରେ
ତାର ଅଂଗୀକାର ଜଳେ ସୂର୍ଯ୍ୟଅଂଗୀକାରେ।
ମୋ ସ୍ମୃତିର ଆଂଗୁଠିରେ ଅଂଗୁରୀଟି ପରି
ସେ ନ-ହୋଇ-ପାରିବା ରାତି ରହିଅଛି ଜଡ଼ି ॥

ଯଦି ସେ ଦେଇଚି ଧରା,
କିଂବା ଯଦି ବାଜିଚି ବେସୁରା,
ତାକୁ ନେଇ କ୍ରୀଡ଼ା କରେ
ମୋ ମନର ଏକାଂତ ଏଲୋରା ॥

ଯଦି କେବେ ଜାଲ୍ ଦିନେ
ସୂର୍ଯ୍ୟବିରତିରେ
ନୂଆ ଛାୟା ପଡ଼େ ଆସି
ଅମେଘ ବିକାଳେ
ପରିଚିତ ପ୍ରାଂଗଣରେ -
ତେବେ ସେଇ ଦ୍ୱିତୀୟ ସତ୍ତାରେ
ସଂଦେହ ନ କରି
ତୁମର ଅର୍ଦ୍ଧେକ ସତ୍ତା ଯାହା ଚଂଦ୍ର ପରି
ଚିର ଅଂଧକାରେ ରହେ ମୋଠାରୁ ସର୍ବଦା,[୧]
ସେଇ ଚଂଦ୍ରାବଳୀ ଲାଗି ଅଭିସାରୀ ବୋଲି
ଜାଣିବ ସୁଂଦରୀ ॥

୧-ନୋଟ୍ : ଚଂଦ୍ରର ଏକାର୍ଦ୍ଧ ପୃଥିବୀକୁ ଜମା ଦେଖାଯାଏ ନାଇ ବୋଲି ବୈଜ୍ଞାନିକମାନଂକ ମତ।

ପ୍ରତିମା ନାୟକ ଓ ଅନ୍ୟାନ୍ୟ କବିତା | ୧୪୩

ଉତ୍ତରସୂରି

ଆମର ପ୍ରତିମାମାନ ଭାଜିଯାଏ, ହଜିଯାଏ ଏଣେତେଣେ
ଦେଖ ଦେଖ ଦିଗ୍‌ବାରେଣି ଚୂଳେ।
ହଂସକୋଣ ମେଘ-ମୁଖ, ଚଳୋର୍ମିମୟୂଖ
ମିଶିଯାଏ ସୂର୍ଯ୍ୟ ସୌରଭରେ।
ପୁଣି ଯେବେ ରାତ୍ରି ଶେଷ ହୁଏ, ମନେହୁଏ ସବୁକିଛି ଯାଇଚି ବଦଳି।
ଘୃତାଚୀର ଶତେକ ସୁଂଦରୀ
କନ୍ୟାଗଣ ବାୟୁଦ୍ୱାରା ଭଂଗ ହେଲା ପରି।
ତଥାପି ସେ ବିଛଡ଼ା ଫୁଲରେ ଯୋଡ଼ି ହେବ କାହିଁ ?
ମୋର କ୍ଷିପ୍ତ ଅଶ୍ୱଗଣ, ଶୁଷ୍କ ଆର୍ଦ୍ର ଦୁଇ ଅଶନିଇ
ମୋତେ ପ୍ରଦକ୍ଷିଣ କରି
ଆଶ୍ରା ଲୋଡ଼େ ମୋ ମନରେ ପୁଣି।
ମୋର ତୂଣୀ ଶମିଶାଖେ ଲିପିବଦ୍ଧ ହୁଏ ॥

ଆମର ପ୍ରତିମାମାନ ବଦଳି ଯେ ଯାଏ
ହଂସବିଂଦୁ ଆକାଶରେ।
ନାନା ତୁଂଗ କାମନାର କୋଣାରକ ଭୁଶୁଡ଼ି ଯିବାରେ,
ଅଥବା ଷାଠିଏ ସସ୍ର ବାଲଖିଲ୍ୟ ଇଚ୍ଛାର ଚଟାଣେ,
ନାନା ଚିତ୍ର-ଗୁରୁବାରେ ମୁରୁଜ ଚିତାରେ,
ଅବା ବୈଶାନଖ ଚିତ୍ତେ ପ୍ରତୀକ୍ଷାର ପରେ
ସୂର୍ଯାସ୍ତ ତୋରଣେ ॥

ନୂତନ ଲେଖନୀ ଅବା ଅସଂଖ୍ୟ ନିହାଣେ
ଅଗଣିତ କଂଠେ,
ନୂତନ ପ୍ରତିମା ଫୁଟେ, ନୂତନ ସମ୍ଭାଟେ,
(ପଛେ ରଖି କୋଇଲି ବୈକୁଂଠେ।)
ଭଂଗା ହାଡ଼େ ରଂଗା କଢ଼େ
ଚେତନାର ଦାଢ଼େ
ଝରଝର ହୃଦୟର ଝଡ଼େ
ନୂଆ ରୂପ ଖୋସା ବାଂଧେ
ନାନାଦି ସଂବଂଧେ
ଆଜି ପୁଣି ଏ ଯୋଡ଼ା ଆଷାଢ଼େ ॥

ବୋରିସ୍ ପାଷ୍ଟରନାକ୍‌ଙ୍କୁ

ଆଜି ଏଠି ଶରତ୍‌ର ମୋଡ଼େ
ଗ୍ରୀଷ୍ମର ପ୍ରଚଂଡ ଝାଂଜି କିଂବା କେଉଁ ମୌସୁମୀର ଝଡ଼େ
ଅତିକ୍ରମି ଚାଲିଥିଲି ମୁଁ କେଉଁ କୁହୁଡ଼ିଘେରା
                    କୁହୁକ ପାହାଡ଼େ,
ଅନେକଟା ଇଂଦ୍ରଜାଲମୟ -
ତୁମେ ତେଣୁ ଫେରୁଥିଲ, ଦେଖା ଅଧା ପଥେ,
ଶ୍ୟାମଳ ଗାଂଗେୟ ମାଟି, ଜଳାଂଗୀ ସୈକତେ
ହେଲା ପରିଚୟ।
ତୁମେ କି ସେ ଋଣ ଯାହା ଦେୟ
ଅତୀତକୁ ମୋର,
ତୁମେ କି ସେ ଦାବି ଯାହା ପ୍ରାପ୍ୟ
ଭବିଷ୍ୟୁ ଆମର,
ତୁମେ କି ବିଦେଶୀ ସେଇ ଲୌହନଗରର ?
ଆଉ ମୁଁ ଯେପରି ପରଦେଶୀ ଯାଯାବର ନକ୍ଷତ୍ରପିଚ୍ଛିଳ
ଆକାଶର ଶ୍ୱେତ ମେଘ ଅଶ୍ୱର ଖୁରାରେ ବିତ୍ରସ୍ତ ସକାଳ
ବିଡ଼ଂବିତ କେଉଁ ଏକ ଉପାଂତ ଦେଶର କ୍ଷେତ୍ରପାଳ !!

ଅସରଂତି ବାଟୋଇଂକ ଭିଡ଼
ହତାଶ ପ୍ରେମିକଗଣ ଆଉ ଆଶାୟୀ ଭିକ୍ଷୁକ ଜନ
ଅନେକ କିଂକର ଆଉ ଶରଣାର୍ଥୀମାନ,
ଏ-ସବୁ ଓ ତୁମେ ମୁଁ ମଝିରେ ଯା ରହିଥିଲା ବାଡ଼
ଲିଭିଯାଏ, ଲିଭିଯାଏ ଯଦି
ଆମକୁ ମିଳାଇଦିଏ ପରସ୍ପର ସଂଗେ ଏକ ନଦୀ
ହଂସଜଳେ ପଡ଼େ ଯାର ଧରା

ଆମର ମନର ସେହି ନିଭୃତ ଚେହେରା !
ଆଉ ଏ ସମୟ
ଘନବାଦୀ ଚିତ୍ର ପରି ଦେଖାଏ ଯା ଅନ୍ୟ ସମନ୍ୱୟ-
ସ୍ଥିତି ସଂଗେ ଚୈତନ୍ୟର, ମନ ସଂଗେ ସମୟର
ଅପୂର୍ବ ଅନ୍ୱୟ,
ସେ ବି ଆଜି ଧରାଦିଏ, ସେ ବି ଆଜି ମୁହୂର୍ତ୍ତର ଛାଁଚେ,
ପ୍ରୟୋଗର ଗାର ଭୁଲି ଉଭା ହୁଏ ପ୍ରକାଶରେ ମଂଚେ -
ମନେ ହୁଏ ଏ ବାସ୍ତବ, ଏଇ ଭୟ,
ଚେତନାର ସୀମିତ ପଟାଳି
ହଜିଯାଏ ସମୟରେ, ଗଡ଼ିଯାଏ ତା' ଖଡ଼ିଗୋଟାଳି ॥

ସେ ଆବର୍ତ୍ତେ ନାହିଁ ଶେଷ, ନାହିଁ ମୃତ୍ୟୁ
ଅଛି ଜନ୍ମାଂତର।
ଲାରା ବି ଜିଭାଗୋ କିଂବା ତୁମେ ମୁଁ
ଦୃଶ୍ୟରୁ ଯେ ଖାଲି ଦୃଶ୍ୟାଂତର।
ସେ ଭୂମିରେ ହେଉ ପରିଚୟ।
କ୍ଳାଂତ କ୍ଷତ ମନ ଯେବେ ଲୋଡ଼େ ଶୈଶବରେ,
ପ୍ରାଣ ଉର୍ମି ମାଗେ ଯେବେ ଆବୃତ୍ତିର କ୍ଷୟ।
ଚିତ୍ତ ଚାହେଁ ଯହିଁ ଚିର ଶାଂତି,
ଚେତନାର ଚିଦାଲୋକେ
ଢଳଢଳ ପ୍ରାଣର ପ୍ରମୂର୍ତ୍ତି ॥

ପ୍ରତିମା ନାୟକ ଓ ଅନ୍ୟାନ୍ୟ କବିତା | ୧୪୭

ଏକ ସନଂଦ

କୁଂଡଳ ବାହୁଟି ମୁଦି ଶିରପା ସମେତ
ଅର୍ଧରାଜ୍ୟ ରାଜକନ୍ୟା ସହ
ଯିଏ ଦେବ ସେ କହିବ ଗାଅ କବି ମନଲାଖି ଗୀତ।
ସାବାସ୍ ! ସାବାସ୍ !
ବାଛି ନିଅ ସାତଖିଅ ସ୍ୱର୍ଣ୍ଣ ଉପବୀତ
ଅଥବା ଆଉ ଯାହା ଚାହଁ ॥

ଅଂଗ ଅଂଗା ଆଭରଣ କାଂଚୁଲି ମେଖଳା
ସେ ହିସାବ ଦେବାପାଇଁ ରହିଚି ମେକାପ୍।
ଆଉ ବାଟଘାଟ ରେଷ୍ଟୋରାଁ, ଚା'ପିଆ, ନାଚଗାନ ମେଳା
ସେ ସବୁ ବାସ୍ତବକୁ ଫୁଟାଏ ତ ନାନା ଫଟୋଗ୍ରାଫ୍ ॥
କିଂତୁ ଏଇ ବାସ୍ତବର ଆତ୍ମା ଅଛି, ମାଗେ ସେ ତ କଥା
ନାନାନ୍ ରୂପକେ ଆଉ ସଂକେତେ, ଆଭାସେ।
ପ୍ରେମ କର୍ମ ଯୁଦ୍ଧ ଆଉ ଶାଂତିର ପ୍ରମୂର୍ତ୍ତି
(ଦୈନିକ ଜୀବନର ଚିତ୍ର ପ୍ରତିଭାସେ)
ଏଇ ଦେଖ ଦିଗ୍‌ବାରେଣୀ ଚୂଳେ ଉଠେ ଫୁଟି ॥

କିଏ ମଲା କିପରି ମଲା ଲାସ୍‌କଟା ଘରର ଫାଇଲ୍
ତାର ସଂଧାନ ଦିଏ ବେଶି। ଆଉ ଖବରକାଗଜେ
ଭୀଷଣ ଆବାଜେ ବାସ୍ତବର କଥା ଫୁଟେ ଯେତେ
ତାର ରୂପାୟନ କରା କିଛି ନୁହେଁ ତ ମୁସ୍‌କିଲ୍।
କେତେ କିଏ ମଲା ଗଲା, ଆତ୍ମହତ୍ୟା କଲା, କିଂବା ଗୁଳିଗୁଳା-
ଯେତେ ଯେତେ ରକ୍ତସିକ୍ତ ଅଛି ବଡ଼ବିଲ,
ଉଦ୍‌ଘାଟନ କରିପାର ତାର ମୂଳ ସ୍ୱର
ଦେଇପାର ଚିତ୍ର ତା ଆତ୍ମାର,

୧୪୮ | ସଚ୍ଚି ରାଉତରାୟ

ଝାଡ଼ି ଦେଇ ସବୁ ତହବିଲ ?
ସ୍ଥାନୀୟ ବିଶେଷେ
ରଖି ଦେଇ ଖବରକାଗଜ ଏବଂ କାମେରା ସକାଶେ ?
ତଥାପି ରଜାଘର ତଂବାପଟା ଆଉ
ସମାଜର ଭିନ୍ନ ଭିନ୍ନ ଶ୍ରେଣୀର ଛାମୁଚିଟାଉ -
ଇଆ ଲେଖ, ତା ଲେଖ ଲେଖ ଲେଖ
ଅମୁକ ଘଟଣା -
ତୁଚ୍ଛାଟାରେ ସୃଷ୍ଟି କର ଗୋଛାଏ ନାଟକ।
ମିଳିଯିବ ଝାଡ଼ଖଂଡ଼ କରମୋଳ
କିଂବା ସମୁକ ପାଟଣା।
'ମାଣେ ଏ ଭୂଇଁର ଅସୀମାଂତ ଗଛମାଳ
ନିଧି ନିଖାତ ସଜଳ
ତଳିଚୋପ ପ୍ର।'
ନିଉପନା ଗାଂଏ ସେବକମାନ ଜାଗିରି ଖିଚିଂଗ
ପୋଂଡାବିଲ ବଡ଼ବିଲ ମୈଧ ଏ ଚାରି ଗାଁ ॥

ତେବେ ଲେଖି ଯା
ଯା ଲେଖିବ, ଯାହା ଲେଖାଯାଇ ପାରେ,
ଯାବତ୍ ଚଂଦ୍ରାର୍କ
ନାହିଁ ଇତି।
'ଯେତେକାଳ ଚଂଦ୍ର ସୂର୍ଯ୍ୟ ବ୍ରତ
ଏତେକ କାଳଂକର ସ ବ୍ରତୀବାକ
୧ ୧ -'[୧]
ଆଉ କେଂଦୁବିଲ୍ୱ,[୨]
ଲବଂଗ ଫୁଲର ଗଂଧେ ଗଦଗଦ ଯେଉଁଠି ଅନିଳ !
ଅର୍ଥାତ୍ -
ଆରେ ଯଃ ଜୀବତି ସଃ ଜୀବତି ॥

୧- ମୟୂରଭଂଜ ମହାରାଜା ସର୍ବେଶ୍ୱର ଭଂଜ ଦେବଂକ (୧୬୯୨ ଖ୍ରୀଷ୍ଟାବ୍ଦ) ତାମ୍ରଲିପି ଏବଂ ଭୁବନେଶ୍ୱର ଶିଳାଲିପି (୧୩ଶ ଖ୍ରୀଷ୍ଟାବ୍ଦ)
୨- କେଂଦୁବିଲ୍ୱ - 'ଗୀତଗୋବିନ୍ଦ'ର କବି ଜୟଦେବଂକ ଜନ୍ମସ୍ଥାନ।

ଉତ୍ତରଣ

ଏ-ବର୍ଷ ବି ବିତି ଯାଉ,
ଗତବର୍ଷ ପରି ।
କିଂବା ଶହଶହ ବର୍ଷମାନ - ପରି ।
କଚ୍ଛପ ସଦୃଶ ।
ଗୋଟିଏ ମୁହୂର୍ତ୍ତ କିଂତୁ ଧ୍ରୁବ ହେଉ,
ହେଉ ନିରଂକୁଶ ।
ସେ ମୁହୂର୍ତ୍ତ ଏଇ କିଂବା ଅନ୍ୟ କିଛି ହେଉ -
କଇଁଛର ଆଖି ପରି ଜୁଳୁଜୁଳୁ ହୋଇ
ତାହା ଜଳୁଥାଉ
କାଦୁଅର ତପସ୍ୟା ମଧ୍ୟରେ ।
ନକ୍ଷତ୍ରର ସ୍ୱରବର୍ଣ୍ଣ ପରି ନେଳି ରୁମାଲରେ ॥

ସେ ମୁହୂର୍ତ୍ତ ଜନ୍ମଲଭୁ ତୃଷିତ ଓଠରେ
ଭୟର ପାହାଚେ ଅବା ଜୟର ଶିଢ଼ିରେ ।
ସେ ମୁହୂର୍ତ୍ତ ଜନ୍ମଲଭୁ ଅତୀତର ଜମା ଖାତା
ଖଜାଣାଖାନାରେ ।
କିଂବା ଆଜିର ଏ ପ୍ରାର୍ଥିତ ପ୍ରହରେ
ଟଂକା ଶାଳେ ଶାଳେ
ଟିକ୍‌ଟିକ୍ ରେଜିକି ପ୍ରମାଣେ ॥

ହେଉ ତାହା ରଣକ୍ଷେତ୍ର ଅବା ମଧୁଶେଯ,
ତାହା ପ୍ରେମ ହେଉ, କିଂବା ଜୟ ହେଉ
ହେଉ ଉଚ୍ଚାଟନ ।
ମାତ୍ର ହେଉ ତାହା ଏକ ଉଚ୍ଚାରଣ
ଜ୍ୱଳଂତ ଶିଖାର ।
ଉତ୍ତରଣ, ଏକ ଉତ୍ତରଣ ॥
(ମୁକ୍ତିର ପାଇକ କରି ମୃତ୍ୟୁର କିଂକରେ)
ଆଉ ଯେତେ ମାସ ବର୍ଷ
ଦିନ ଦଂଡ ପଳ
ନିଷ୍ଫଳ ! ନିଷ୍ଫଳ !!

ଏକ ପ୍ରାର୍ଥନା

ମୋତେ କର ପ୍ରଜାପତି,
ତୁମ ବଗିଚାରେ
ହେ କୁସୁମାକର,
ଦିଅ ମୋତେ କ୍ଷୁଧା ମାଇଲିଏ,
ମହୁର ସୋରେଇ ଆଉ
ପଂଚମ ସ୍ୱରର
ନୀଳ ନୀଳ ଶତାବ୍‌ଦୀଟିଏ ॥

ଦିଅ ମୋତେ ସୌରଭର ଗୋଟିଏ
ପ୍ରଗଣା
ହେ ସମ୍ରାଟ !
ଦିଅ ମୋତେ ଖଂଡ଼େ ଖାଲି ଗ୍ରାମ।
ଏଇ ଛୋଟ ନଈଟିର
ଉଲୁଉଲୁ ଧ୍ୱନି
ଶୁଣାଯିବ ଯହିଁ ଅବିରାମ ॥

ସବୁ ଫୁଲ, ସବୁ ତାରା
ସବୁ ପ୍ରେମମେଳେ
ଦିଅ ମୋତେ ଏକ ଧ୍ରୁବତାରା,
ସେ ହେଉ ପ୍ରତିମା ଅବା ରୂପକ
ମୂର୍ଚ୍ଛନା,
ହେଉ କିଂତୁ ଗୋଟିଏ ଡାକରା
ପ୍ରେମର ନିଭୃତ କୁଂଜବନ୍ତୁ।
ଋତୁରାଜ !
ଦିଅ ମୋତେ ତୁମ ପୁଷ୍ପଧନୁ ॥

ଦୁଇଟି ମୃତ୍ୟୁ

(୧) ସେ ମଧ୍ୟାହ୍ନରେ ପ୍ରାଣତ୍ୟାଗ କଲେ

(ଡାକ୍ତର ବିଧାନଚଂଦ୍ର ରାଏଂକ ମୃତ୍ୟୁରେ)

ସେ ମଧ୍ୟାହ୍ନରେ ପ୍ରାଣତ୍ୟାଗ କଲେ।
ସୂର୍ଯ୍ୟ ଯେବେ ମଧ୍ୟମ ବିଂଦୁରେ ଥିଲେ।
ଗଜଦଂତପଲଂକରେ ବସି ଦେବଗଣ ତାଂକୁ ଦେଖୁଥିଲେ।
ନିଜେ ସୂର୍ଯ୍ୟଦେବ ସହରର ମନୁମେଂଟ୍ ତଳେ
ଛିଡ଼ା ହୋଇଥିଲେ ॥

ପ୍ରଚଂଡ଼ ଯେ ନିଦ୍ରା କେବେ ଜାଣିନି ପଲକ,
ଯେଉଁ ମହାସ୍ୱପ୍ନ କେବେ ଭୋଗିନି ଚମକ -
ଅବସ୍ଥାରୁ ସମୟରେ ହୋଇଯିବା ଲୀନ,
କିଂବା ଆକାଶର ବିକାରରୁ ଆକାଶରେ ହୋଇବା ବିଲୀନ,
ସେ ମହାନିଦ୍ରାରେ ଅଚେତନ
ସିଏ ହୋଇଗଲେ।
ମଧ୍ୟାହ୍ନରେ ସେ ପ୍ରାଣତ୍ୟାଗ କଲେ ॥

ଗୋଲ ଦୀଘି ସ୍ଥିର, ଆଦିଗଂଗା।
ଷ୍ଟିମର୍ ଓ ଟ୍ରାମ୍, ବସ୍ ଅଜସ୍ର ଚିତ୍କାର,
ଗାଡ଼ିର ନିବିଡ଼ ସୁଏ ଥରୁଚି ସହର
ଭିଜା ଘାସ ଗଛପତ୍ରେ ବୁଂଦା ବୁଂଦା ଖରା,
କାଦୁଅ ମେଘର ଛାଇ-ଖରା,
ଖରାର ଓ ପାଣିର ସେ ସ୍ତବ୍ଧ ଦ୍ୱିପ୍ରହରେ
ପ୍ରବଳ ପ୍ରହରେ

ହଠାତ୍ ସେ ପ୍ରାଣତ୍ୟାଗ କଲେ ॥
ସବୁଠାରୁ କର୍ମବ୍ୟସ୍ତ, ସବୁଠାରୁ ଯେତେବେଳେ କ୍ଳାଂତ
ସହର ସମସ୍ତ,
ଅସ୍ତବ୍ୟସ୍ତ ଷ୍ଟେନୋଗଣ;
କପାଳରୁ ଝାଳ ପୋଛି ନିଜ ପାପୁଲିରେ
ଟେଲିଫୋନ୍ ବାଳିକା ଯେକାଳେ ଦମ୍ ନିଏ,
ଠିକ୍ ସେ ସମୟେ
ନଗରୀର ଏକ କୋଣେ, ନିଭୃତ ଘରରେ
ଏକ ମହା ସ୍ତବ୍ଧତାର ତୁଷାର ତଂବୁରେ
ବରଫ ବିଗ୍ରହ ପରି ଶୋଇ ସେ ପଡ଼ିଲେ ॥

ଅନ୍ୟ ଏକ ଗଳି ଆଉ ଅନ୍ୟ ଏକ ଘରେ
ହାସ୍‌ପାତାଳେ, ପ୍ରସୂତି ଆଗରେ
ଶୁଭ୍ର ଶ୍ୱେତ ନର୍ସ ହାତେ ନୂତନ ଶିଶୁଟି ଥରେ ।
କେଉଁଠି ବା ଶେଷଦେଖା ଶେଷ ଝରକାରେ,
ନାନା କୋଳାହଳ,
ଶହ ଶହ ଆଗଂତୁକ ଓ ବିଦାୟୀ ପାଦର ଧ୍ୱନିରେ
ନିଃସଂଗ ସହରର ପଥ ଥରେ
ଦୁଃଖର ସହର ॥

କରୁଣ ଦିନର ଆଖି ହୋଇଆସେ ସାଫ୍,
ବହୁ ଘରେ, ବହୁ ଅଳିଂଦରେ ତୁମ ଫଟୋଗ୍ରାଫ୍
ଉପରେ ମିହୀନ ଦିନର ଜ୍ୟୋତି ଝରେ ।
ବିଦାୟ ! ବିଦାୟ ! ପୃଥିବୀ ! ବିଦାୟ ନଗର ।
ମଧ୍ୟାହ୍ନରେ ସେ ପ୍ରାଣତ୍ୟାଗ କଲେ ॥

ସେ ମଧ୍ୟାହ୍ନରେ ପ୍ରାଣତ୍ୟାଗ କଲେ ॥

(୨) ମହାଯାତ୍ରା

(ଜଣେ ବଂଧୁଂକ ମୃତ୍ୟୁରେ)

ରାତ୍ରି-ରତି ହ୍ରସ୍ୱ ହେଲା, ସୂର୍ଯ୍ୟର ଜ୍ୟାମିତି
ପୃଥିବୀର ନାଭି-ଚକ୍ରେ ଗଢ଼େ ଅଗ୍ନି-ବୃତ୍ତ,
ଲକ୍ଷ ଲକ୍ଷ ବିଂଦୁର ସମିତି।
ମୃତ୍ତିକାର ଭୌଗୋଳିକ ସୀମା
ପ୍ରେତାୟିତ ଶତାବ୍ଦୀର ଅବସାନ କୁଟିଳ ଦ୍ରାଘିମା,
ଏ ସକଳ ପରେ
ତୁମର ଧୂସର କଂଠ ହେ ଜଟାୟୁ ! ଆଜି ବାରେ ବାରେ
ଚଂଚୁପୁଟ ହାଣେ
ତୀକ୍ଷ୍ଣେ ଅଭିଯାନେ ॥

ଏଥୁ ଆଗୁଁ ତୁମେ ବହୁଥର
ମରିଚ ମରିଚ ସାଥୀ ମରଣର ଦୀର୍ଘ ସ୍ୱୟଂବର
ବରିଚି ତୁମରେ,
ଆବର ସହସ୍ର ଯୋନି ପ୍ରସବ ବ୍ୟଥାରେ
ପଡ଼ିଅଛି ଫାଟି।
ସହସ୍ର ସହସ୍ର ସ୍ତନ ତୁମ ବିନେ ସିକ୍ତ କରେ ମାଟି।
ପଦେ ତୁମ ନମେ ଜନ,
ସଂଘ ତବ ମାଗଇ ଶରଣ।
ପଛେ ଧର୍ମଶ୍ୱାନ
ଚଳଇ ନୀରବେ।
ମହାଯାତ୍ରି ! ପାହାଡ଼ର ଶବେ
ସୂର୍ଯ୍ୟାସ୍ତ - ଅନଳ।
ଲାଗିଚି ଲାଗିଚି ଆଜି ଜଉଘର
ହେବ ଅବସାନ।
ହେ ରକ୍ତଧ୍ୱଜ !

ମାଟିର ଆତ୍ମଜ !
ମାଟିର ଔରସୁ ତୁମେ ଆସିବ ବାହାରି
ନେପଥ୍ୟବିହାରୀ,
ଯଥା ତୃଣ
ମୃତ୍ତିକାର ଭ୍ରୂଣ ॥

(ଡଗର, ୧୯୪୪)

ଏଆରପୋର୍ଟ, ନ୍ୟୁୟର୍କ

ଜାଇଫୁଲ ତାଳିଦିଆ ଶୀତର
ଏ ଆଲୁଓ୍ୱାନ ଖଂଡ଼ି
ଘୋଡ଼ି ହୋଇ ବୁଢ଼ୀ ପରି ପୃଥିବୀ ଶୋଇଚି।
ଏରୋଡ୍ରମ ପଡ଼ିଆରେ ନାନାନ୍ ଆଲୋକେ
ନିଅନ୍‌ର ନେଳି ନାଲି
ଜୁଲୁଜୁଳିଆ ମାଛି।
ରାତିଟା ତ ପାଇ ନାଇଁ କିଛି ବାକି ଅଛି
କାଫେ ଆଉ କାବାରେ ନିଶୂନ୍।
ତଥାପି ଆଲୁଅ ଜଳେ ସ୍ୱପ୍ନରେ,
ଅଚେତନ ଘୁମଂତ ମନର,
ବୁଲେଭାର୍ଡେ, ଗୁଆ ଆଉ ପାଇନ୍ ଶିଖରେ
ସୂର୍ଯର ଆଭାସ ଆସି ହୋଇଯାଏ ବିଂଛି ॥

ଭୀଷଣ ସଂବାଦ ଅଛି,
ଜରୁରୀ ଖବର
ଏ ମୁହୂର୍ତ୍ତେ, କିଂବା ଟିକେ ପରେ।
ଭୀଷଣ ଖବର ଅଛି ମଣିଷ
ମନର,
ମେରୁ-ବୃତ୍ତେ, ବିଷୁବର ଘରେ ॥

ସକାଳର ଜନ ସୁଅ, ମଣିଷର ଭେଳା,
ମଣିଷର ଅସୁମାରି ଛକ।
ମଣିଷ, ମଣିଷ ଖାଲି ମଣିଷର ସ୍ରୋତ

ଶ୍ରମଜୀବୀ, ବାବୁ, ଭଦ୍ରଲୋକ।
ଶୀତର ଘୁଂଘୁଡ଼ି ପରି ମେଘରଇ ରଡ଼ି
ଚୌମଥାରେ, ମୌନ ବଂଦରେ ॥

ଭୀଷଣ ଖବର ଅଛି
ଆଜି ଏ ସକାଳେ,
ଚା' ଆଉ ବିସ୍‌କୁଟ୍ ତଳେ,
ସପୁରିର ଖୋସା ପରି
ମଣିଷ ଦିହରେ
ନୂଆ କେଉଁ ପରସ୍ତ ଭିତରେ
ନୂତନ ଖବର ଅଛି
ଜରୁରୀ ଚିଠିରେ
ରେଡ଼ିଓର ସ୍ୱରେ, (ଆଉ) ଟେଲିଗ୍ରାଫ୍ ତାରେ
ସକାଳର ପାଣିଚିଆ କୁହୁଡ଼ି ପ୍ରସ୍ତରେ
କ୍ୟୁବା ନା ଚୀନ୍ ସଂବଂଧରେ !
ଭୋ'ରର ନାଟକରେ,
ପାତ୍ରପାତ୍ରିଗଣେ,
ସବୁରିର କଂପିତ ଓଠରେ ॥

ନୂତନ ସିଂଫନି ଅଛି
ତୁମରି ଓଠରେ,
ରାଜା ଆଉ ଗୋଲାମ-ବିବିରେ।
କାଲିକାର ରାତି ପାଏ
ନିର୍ଧୂମ ସକାଳେ,
ତମ ଆମ ସବୁରିର ଘରେ ॥
ନ୍ୟୁୟର୍କ।
ଅକ୍‌ଟୋବର, ୨୨,୧୯୬୨।

୧୫୮ | ସଚ୍ଚି ରାଉତରାୟ

ପୂର୍ଣିମାରେ ମହାନଦୀକୂଳେ

ମହାନଦୀ ଧାର।
ନଈକୂଳ ବରଗଛର
ଝଂକା ପତ୍ରମାଳ
ଅଟକାଏ ଜହ୍ନକୁ।
ପାଖରେ ବଡିଖଂବକୁ ଲାଗି ହୋଇ
ଶୋଇ ରହିଚି ଏକ ଧଳା ଗାଈ ॥

ଜୋଛନାର ଏକର,
ନଈବାଂକୁ ଲଂବିଯାଇଚି ଦିଗମୁହାଣି ଯାଏ।
ଥଳକୂଳ ନାଇଁ ॥

ଭାସିଆସେ ଏକ ରାଜହଂସୀ-ନାଆ,
ସାଦା ଡେଣାରେ ମାରି ଆହୁଲା।
ମନେହେଲା,
ତା' ଉପରେ ବସିଚି ମୋର ମାଆ,
(ଯେ ମର ଶରୀରେ ନାଇଁ)
ଏକ ଧୋବଶାଢ଼ି ପିଂଧି
ବିରାଟ ସେ ଯେପରି ଏସିଆ ॥

ଧବ୍ ଧବ୍ ଶାମୁକା ଓ ବାଲି ... ॥

ଡଂଗା ଯାଏ ଚାଲି।
ପାର ହୋଇ ଏକ ପରେ ଏକ
ଜ୍ୟୋସ୍ନାର ମାଇଲ୍ ॥
ନଈପଠା ହସିଉଠେ ଖିଲ୍‌ଖିଲ୍ ॥

ପ୍ରତିମା ନାୟକ ଓ ଅନ୍ୟାନ୍ୟ କବିତା | ୧୫୯

ଅନ୍ୟ ସହରର ଲୋକ

ଅନ୍ୟ ସହରୁ ଆସିଥିଲେ ଅଚିହ୍ନା ଭଦ୍ରଲୋକ।
ଜଣେ ଭଦ୍ରଲୋକ।
(ସେତିକି ତାଂକ ପରିଚୟ)
ଆଖିରେ ତାଂକ ଲୁଣି ନଈର ପବନ ଆଉ ଭୟ।
କଥାଗୁଡ଼ାକ ସିଧାସଳଖ,
            ବେଶ୍ ରୋକ୍‌ଠାକ୍।
ସେଥିରେ ନାଇ ଆମ ପରିକା ବାଂକ।
ଆଉ କାମିଜିଟା-
ସେଥିରେ ଲାଗିଚି ଗୋଟେ ଦି'ଟା ନାଲିଆସିଆ ଛିଟା।
ବୋଧହୁଏ ବିଦାୟବେଳେ ନାଲି ସିଂଦୂର ଦାଗ।
ଅଲଗା ଅଲଗା ଲାଗେ ଟିକେ ତାଂକ ଉଚ୍ଚାରଣ।
(ଶେଷ ସ୍ୱରଟା ଉହ୍ୟ ନୁହେଁ ଜମା)
ଆଉ, ବ୍ୟାକରଣ -
    କର୍ତ୍ତା କେବେ ଛାଡ଼େନାଇ କ୍ରିୟାଟାର ସାଂଗ।
ସେଇ ଦୂର ପାହାଡ଼ର ନିରାଟ ନିଛାଟିଆ
ତାଳବାହୁଂଗା ଛାଇ ଆଉ ଜଂଗଲ ଉଠାଣିଆ,
ଧଇଁସଇଁ ଓ ଚଢ଼ା ଉତୁରା ରଂଗ,
            ସେଠାର ପାଣିପାଗ।
            ରଖିଯାଇଚି ଦାଗ ॥

ଲୁଗାଟା ଯଦିଚ ତିଆରି ମାଂନ୍ଦ୍ରାଜରେ,
ତଥାପି ଏଠି ସେପରି ଧଡ଼ି କେଉଁଠି ଦେଖାନାଇ।
କଲମଟା ଯଦିଚ ଏଠାରେ ନୁହେଁ ଗଢ଼ା -
ହୁଏନା ମନେ ଦେଖିଚି ବୋଲି ସେମିତି ଏକ କାହିଁ।

ସେଇ ଛୋଟ ସହରର କେଉଁ ଦୋକାନୀ କାହୁଁ
ଆଣିଚି କେବେ ଏଠାରେ ନାଇ ପାଉଁ।
(ସେଠାର ଚିଜ ସେଠାର କିଛିଟାଇ;)
ତାଠୁ ଭଲ, ସରସା ତାହାଠାରୁ
ଏଠାରେ ଥାଇପାରେ।

(କିଂତୁ) ଠିକ୍ ସେମିତିଟି କି
ହଠାତ୍ ପାଇପାରୁଁ ?

କିଛି ଗୋଟାଏ ଯାଇଚି ବୋଧେ ହଜି
ଭଦ୍ରଲୋକ ବ୍ୟସ୍ତ ଖୋଜିବାରେ।
ଗୋଟାଏ ଶୂନ ନେଇ କି ଗଲା କାଉ
ହୁଏତ ସେଟା ସୁଟ୍‌କେଶ୍‌ର ଚାବି।
କିଂବା କେଉଁ ଜରୁରୀ ଏକ ତାରିଖ ହୋଇପାରେ।
(କାରଣ ଏଠି ସିଏ
ପଢୁ ତ ଥିଲେ ଦି ବରଷ ଆଇ.ଏ
କୋଡ଼ିଏ ସାଲ ତଳେ।)

ଭଦ୍ରଲୋକ ଆସିଛଂତି ଅନ୍ୟ ସହରରୁ।
ପଛରେ ତାଂକ ଅନେକ ବାଟ, ସତରେ ବହୁ ଦୂରୁ।
ଆଖିରେ ତାଂକ ଲୁଣି ନଈର ରେଶମୀ ପବନରୁ
ଲାଗିଚି ଫାଳେ, – ନିଶ ଦି'ପଟା ଥରୁଛି ଥୁରୁଥୁରୁ।
ବନବନାଂତ ଉଠାଣି ବାଟ, ଗଡ଼ାଣି ସବୁ ଗଣି
କେତେ ଚଳଣି ଭାଷା ଓ ଠାଣି ସେଠା ସମାଜୁ ଟାଣି
ଆଣି ସେ ଛଂତି ପୁଟୁଳା କରି ! କେତେ ଦୂରର କଥା
ଆସିବି ଦୂର ବାଟୋଇ ସାଂଗେ ହୋଇ ଯେ ତା'ର ଛତା।
ହଜିଚି ବୋଧେ ଗୋଟାଏ କିଛି, ହୋଇପାରେ ତା କଂଚି,
ଅଥବା ଏକ ସୂତାରୁ ଖିଏ, ଅଥବା ଆଉ କିଛି !
ହୋଇପାରେ ବି ଘଟନା ଏକ, କିଂବା ଏକ ଗାର,
ଅବା ସେ ଏକ ସ୍ମୃତିର ଧାଡ଼ି, ମନର ଏକ ଶୃଙ୍ଖଳା ନଈଧାର ॥

ନଦୀ

ସେ ଏକ ବିବସ୍ତ୍ରା ନଦୀ
ଖୋଜିବୁଲେ କ୍ଷଣେ କ୍ଷଣେ ନୂତନ ପରିଧି।
ଏବଂ ଏକ ବାଲିଘର,
ଯାହାକୁ ସେ ଚାଟିନେଇପାରେ।
ଆଉ ଶାମୁକାର କେତୋଟି କଂଢେଇ,
ଯାହାକୁ ସେ ଭାଂଗିଦେଇପାରେ।

ପ୍ରବାଳର ମହୁଶଯ୍ୟା ଯଦିଚ ବିଛାଇ
ବୃଥା ତୁମେ କାନ ପାତ
ତା ଆସିବା ପାଇଁ।
ସେ ହୁଏତ ଆସିଥିଲା
ବୈଦୁର୍ଯ୍ୟ ତୋରଣ
ଦେଇ, ଛୋଟ ଏକ ନୂପୁର
ଶିଂଜିନୀ ପରି।

ସେ ଏକ ନିର୍ଜନ ନଦୀ।
ତା' ପଥରୁ ସିଏ ବଡ଼।
ତେଣୁ ତା'ର ପାଇବାରେ
ଚାହିଁବାର ଅପୂର୍ଣତା ନାଇ।
କରୁଣ ଦ୍ରୌପଦୀ -
ପରି ଯାହା ସେ ଚାହିଁଚି,

ସବୁ କିଛି ତା' ଆଖିର ମୋତିଫଳ ହୋଇ
ପର ମୁହୂର୍ତ୍ତରେ କାହିଁ
ଯାଇଚି ଉଭେଇ।

ସେ ରହିଚି ଯେଉଁ ନଦୀ
ହୋଇ ସେଇ ନଦୀ।
ଅନଂତ ଜିଜ୍ଞାସା ମଧ୍ୟେ
ଗୋଟିଏ ଧ୍ରୁପଦୀ ॥

ଲଳିତା

ତମେ ଯେତେବେଳେ ନିହାତ ବିରକ୍ତ ହୋଇ
ଚାଲିଗଲ -
ଛାଡ଼ି ଏଇ ସହର ଓ ରାସ୍ତା,
ଭୁଲିଗଲ ଦେବାକୁ ଯେ ନିଜର ଠିକଣା ।
ବିମୌନ ରାତିରେ ଶୁଣେ ତୁମରି ପ୍ରାର୍ଥନା
'ମୋତେ ଖୋଜି ଲାଭ ନାଇଁ' ॥

ସେଠି ସେଇ ଦୋଛକି ରାସ୍ତାରେ
ଯେଉଁଠାରେ କାଲି ଏକ ମସ୍ତ ଦୁର୍ଘଟଣା
ଘଟିଗଲା,
ଗୋଟିଏ ନୂତନ ଫିଏଟ୍ ସଂଗେ ଏକ ଘଷଣା ଟ୍ରକ୍ର ।
ଇସ୍ !
କଂଚା ରକ୍ତ ଏବେ ବି ଶୁଖିନି ।
ଟ୍ରାଫିକ୍ ପୁଲିସ
ଭୀଷଣ ହିନସ୍ତା ।
ଭାରତର ଦୀର୍ଘତମ ପୋଲ
ସଦ୍ୟ-ଉନ୍ମୋଚିତ ।
ତେଣେ ଶୁଭେ ହରିବୋଲ,
ଖଂଜଣି ଓ ଭଜନ ସଂଗୀତ ॥

ଏକକ ଓ ବିରତିର ରାତି ।
ବୁଡ଼େ ସ୍ୱାତି, ହଜେ ଅନୁରାଧା ।

ପ୍ଲାଷ୍ଟିକ୍‌ର ଏ ଜହ୍ନଟା ପାଉଁଶିଆ ସାଦା
ହୁଏ ଡୁବୁଡୁବୁ।
ପଚା ଗଳି, ଦୁର୍ଗଂଧେ ଭରିଚି ସବୁ।
(ଛିଡ଼ିଯାଏ ଯେତେ ଯେତେ ଗ୍ରଂଥି ॥)

ଛିନ୍ନ ହୁଏ ସବୁ ଯୋଗ, ସବୁ
    ଚିହ୍ନ, ସ୍ମୃତି,
ମନ ଚାହେ, ଏକ ସେତୁ
    ଖାଲି ଏକ ଦୂତୀ।
ଏକ ସଂସ୍କରଣ -
ପୂର୍ଣ ସମର୍ପଣ
ଆନଂଦ ଓ ଆଲୋକର
ପରିଚ୍ଛନ୍ନ ଦେଶ,
ଏକ ଉତ୍ତରଣ।
ଚୈତ୍ତ - ବିହରଣ ॥

ଶୈଶବର ଅଧ୍ୟାୟରୁ
    କେତୋଟି ବା ପଦ,
ଅତୀତର କୋରସ୍‌ରୁ
    ଏକ ଧ୍ରୁବପଦ
ଚିତ୍ରଟିଏ ସ୍ମୃତିର ବା ଖୋଲି
    ତହବିଲ,
କିଂବା ଛାଡ଼ି ଆସିଥିବା କେଉଁ
    ଏକ ପ୍ରେମର ମାଇଲ
ଏକ ଭେଟ
ଓ ସଂକେତ,
ଏକ ହୁଇସିଲ୍
ନିକ୍ଷିପ୍ତ କଂଦବ ବନେ।

ଏ କି ସେଇ ସେତୁ !
ଚିହ୍ନ ତାର, ଏଇ ଜହ୍ନ ମରିନି ଯେହେତୁ।
(ଭାବେ ମନେ)
ଏ କି ସେଇ ମିଳନର ଋତୁ
ସବୁ ଛିନ୍ନଭିନ୍ନେ ଯୋଡ଼ି
ସୃଜେ ଯାହା ନୂତନ ବେପଥୁ-
ପ୍ରେମ ବିରହର,
ପଳାତକ ପ୍ରମଥ ଦିନର ???

ଫେରିଆସ ତୁମେ ଫେରିଆସ।
ତୁମ ପଥ ସଜାଇଚି ସାଂଦ୍ରନୀପ,
ତମାଳ, ପଳାଶ।
ଆଉ ଏଇ ଟିଣର ସହର,
ଶେତା ଜହ୍ନ, ଫିକା ମନ, ଜାଲ ପଠା,
ଆନିକଟ ନକଲି ଜୁଆର।
ନିଅନର ଆଲୁଅର ଝଡ଼,
ଆଉ ଖାଁ ଖାଁ ଶୂନ୍‌ଶାନ୍ ଏକର ଏକର
ବାଲୁଚର ମନ ॥

ଆଜି ତ ଅଭାବ ବଡ଼
ସଂଗୀତ ଶୃଂଗାରଭରା
ରସଘନ ତରଳ କାବ୍ୟର।
ମାପ ଯାର -
ପିଂପୁଡ଼ି ବେଢ଼ିବେ ତାକୁ ନିମିଷ ମାତ୍ରକେ।
(ବହୁମୂତ୍ର ରୋଗୀର ପରିସ୍ରାପରି)
ଯାହା ପ୍ରମତ୍ତ ଓ ସଂଭୋଗ ଭାବର
(ମନ୍ମଟ ଭଟ୍ଟର) ଦଂଡୀ ବା ଭ୍ୟାମନ ନୁହେ)
କରିବ ଉଦ୍ରେକ।

୧୬୬ | ସଚ୍ଚି ରାଉତରାୟ

ଏକାଧାରେ ହେବ ଯାହା ରୋଚକ,
ଯୋଜକ
ପୁଣି ରସାୟନ।
(ମୋଦକ, ମକରଧ୍ୱଜ।
ପାଠକ ସମାଜ
ଲଭିବେ ରୋମାଂଚ)
ସେଥିପାଇଁ ଲୋଡ଼ା ଯେ ଖୋରାକ।
ଚାହି ଉପାଦାନ,
ଆଉ ମଧୁର ଆବେଶ।
ଏଇ କାଣୀ, କୁବ୍‌ଜା ପରିବେଶ
ଲଭି ରୂପାଂତର
ପାରିବ କି ତାହା କରି ଦାନ ?
ଥାଉ, ଏଇ ପ୍ରଶ୍ନ।
ଅବାଂତର, ଚର୍ବିତ ଚର୍ବଣ।

ରୂପାଂତର -
ନୂଆ ପରିବେଶ
ଆମେ ଯେତେ ଗଢ଼ିପାରୁଁ
ଗଢ଼ିଛୁ କିଛିଟା।
(ମଣିଷ ବି କିଛିଟା
ସୃଷ୍ଟି କରିପାରେ ଇତିହାସ।)
ସେ ଆମର
ନୂଆ ବୃଂଦାବନ ॥

ମୃତ୍ୟୁ

ସଦ୍ୟ-ସେକା ପାଉଁରୁଟି ପରି
ମୃତ୍ୟୁ ମୋତେ ଗ୍ରାସ କରେ।

ମୃତ୍ୟୁ ବା ଯେପରି
ଜଂଗଲର ସେଇ ମଖମଲ ଦେହୀ ବାଘ।
ଯାହାର ମରିବା କେବେ କେହି ଦେଖିନାହିଁ।
ମାତ୍ର ଆମେ ଦେଖିଅଛୁ ତାହାର ଶିକାର,
ଦେଖିଛୁ ତା ବଳି।
ହରିଣ, ବଳଦ, ଛେଳି,
ମଇଁଷି, ଗଂଡ଼ାର,
ମୟୂର ବର୍ଣର ଘୋଡ଼ା,
ଶୁଆପଖି ପେଟପରି ବିଚିତ୍ର ତୁରଗ,
ନୀଳଗାଇମାନ,
ଦେହେ ଯାର ପଟାପଟା ତା ପଂଝାର ଦାଗ।
ତାର ଦାଂତ-ଚିହ୍ନ।
ମୃତ୍ୟୁ ଏକ ହଳଦିଆ ପଶମରେ କଳାଜାଇ ଫଳ
ମହାବଳ ବାଘ।
ବେଳେବେଳେ ବାସ୍ନା ତାର ପାଇଁ।
(କାରଣ, ମୃତ୍ୟୁର ବି ଗଂଧ ଅଛି)
ଆଇଁଷିଣା ମାଛଗଂଧ ସଂଗେ ପଦ୍ମଗଂଧ ମିଳିଛି କି ଆଉ ?
କିଂତୁ ଆମେ କେବେ ଦେଖିନାହୁଁ
କେବେ କେଉଁ ଦ୍ରୁମତଳେ ବଣଘାସ ମେଳେ
ପାହାଡ଼ ଛାଇରେ ଅବା ଝରଣାର କୂଳେ
ତା ଦେହ ଛାଡ଼ିବା
ଆମେ ତାକୁ ମାରିପାରୁଁ,
କିଂତୁ ସେ ନୁହେଁ ମରିବା ॥

ଏ ସହରଟା

ପ୍ରୟାଗଯାତ୍ରୀର ଟିଣ ଟ୍ରଂକ୍‌ତଳେ
ଏକ ନାତ ମାରି
ପିତୃଅସ୍ଥି ପରି,
ଏ ସହର ବେଳେବେଳେ
ମୋ ଆଡ଼କୁ ଚାହେଁ।...
ମୁଁ ଚାହେଁ ଏ ପଚା ନଗରୀର
ଅସ୍ଥିମଜ୍ଜା ନାଳ ଓ ବିବରେ
ଗଳିଗୁଳା ଗୁମୁଟି ଗୁହାଳ,
ନାଲି ରାସ୍ତା ଭଂଗା ପୋଲ ସମସ୍ତ ଉପାଡ଼ି
ନେଇ ଯଦି ପକାଇ ପାରଂତି କେଉଁ ଏକ
ପବିତ୍ର ସଂଗମେ।

ସଂଧ୍ୟାଗମେ।
ଏ ସହର ପୁଣି ହସେ।
ମୃତ ମମୀ ପରି
ବିକୃତ, ବେହୋସେ।
ଏ ଯେଉଁ ଜଖମୀ ଖୁଂବ ନିୟନର ଜଳେ,
ଅଧେ ଦିନ ମରାମତ ନହୋଇ ଅଂଧାରେ
ଯାହା ରହେ।...
ଶୁକ୍ଳ ଆଉ କୃଷ୍ଣ ପକ୍ଷ କରି, ଏକାଧାରେ।
ମୋର ଅତି ଚିହ୍ନା।
ପୁଣି ବି ସେ ଚିହ୍ନା।

ତେଣେ ଉଠେ ଜହ୍ନ ॥
କାଠଯୋଡ଼ି ପୋଲ କୋଣୁ।
ଗ୍ରୀଷ୍ମ ଅପରାହ୍ନ
                ନିଭି ନିଭିଯାଏ ॥
ପଚାନାସପାତି ପରି ସହରର ସ୍ତନ।
ହଠାତ୍ ସ୍ପଂଦିତ ହୁଏ।
ସବୁଠାରୁ ଭଲ ଲାଗେ ଛାତର ଉପରେ
ବସିବା ଟିକେ।
ଯାଇ -
ଆରାମଚୌକିଟା ଟାଣି।...
କେବଳ ସେତିକିବେଳେ ସେଇ ଯେ ଘଂଟାଏ
ମନେହୁଏ ଏ-ସହରଟା ମଂଦ ନୁହେଁ।
ମୋର ଚାରିପାଖେ ସଜନା ଓ ନାରିକେଳ ଶାଖେ
                ଝିରିଝିରି ସଂଜପବନର
                ବହେ ତ ଉଜାଣି।
                ଗୁଣୁଗୁଣୁ କରି ଉଦାସ ବତାସ
                ଚାଲି ଆସେ ॥
(ଟିକିଏ ଝଡ଼ ହେଲେ ଏଇ ସବୁ ଗଛପତ୍ର
ମୋ ଉପରେ ପଡ଼ଂତେ ଅଜାଡ଼ି।)

ଆଉ, ସଫେଦ୍ ଜହ୍ନଟା !
    ଟୋପି ଟୋପି କଳାଜାଇ - ଥାଇ କି ସୁଂଦର
    ନରମ ଓ ଲାଲ ଲାଲ ଗାଲ ॥
ହଠାତ୍
ସହରଟା ଭଲ ଲାଗେ।
ମାୟା ଜାଗେ।
    ଆହା ମୋ ସହର !
    ରାଣୀଫୁଲ ପରି ଜହ୍ନ।

ମେହେଂଦିର ଚିତାକୁଟା ନାଲି ପାପୁଲିଟି ପରି
କରେ ବା ଆହ୍ୱାନ
ମୋତେ ଦିଗ୍‌ବଳୟଆଡୁ ।
ଏଇ ଜହ୍ନଇ ସବୁ ପରିବର୍ତ୍ତନ
ର କାରଣ ।
(କୁବ୍‌ଜାକୁ କରେ ଏ ଉର୍ବଶୀ)
ଆଉ ସବୁବେଳେ ଆଖି ଟିପି ହସେ ॥

ରାସ୍ତା କଡୁ
ପଡ଼େ ଅତରଛ ।
ଧାଏଁ କାହିଁ ନିଆଁଲିଭା ଗାଡ଼ି ।
ପାହାଡ଼ନାସିରୁ ଅବା ଆସୁଅଛି ମାଡ଼ି
କେ ଜାନୁଘଂଟିଆ ।
ହାତରେ ତା କମଂଡଳୁ ବାଡ଼ି ॥

ଓଲଟା ହୋଇ ଜହ୍ନ ଫେରିଯାଏ ।
ନିଆଁ ! ନିଆଁ !! ନିଆଁ !!!
ନିଆଁର ନିଶୁଣି
ମେରିଆବଜାରୁ ପୁଣି ଖାନ୍‌ନଗରଯାଏଁ ॥

ନଦୀକୁ ଏକ ଦରଜା

ଏ କୋଠରି ଯେଉଁଠି ମୁଁ ଭୋଗିନାଇଁ ବିଶେଷ ଯନ୍ତ୍ରଣା,
ଯାର ମଝି ଖିଡ଼ିକିରେ ଦେଖାଯାଏ ଗଛପତ୍ରହଣା
ଜଂଗଲର ବାଟ, ଆଉ ପାହାଡ଼ର ଚଂଦା ଗଂବୁଜଟା,
ଯେଉଁଠି ସକାଳ ପକ୍ଷୀ ଉଡ଼ିଯାଏ ଆସିବାକୁ ଫେରି,
ଏବଂ ଯେଉଁଠାରୁ ଦେଖାଯାଏ
ପ୍ରାତଃସ୍ନାତ ଏକ କେଂଦ୍ର ପ୍ରତିମାର ଛଟା।
ମୁଁ କଣ ସେତେବେଳେ ନତଜାନୁ ହୁଏ
ଏବଂ ମନେମନେ କହେ ଏଇ ସେଇ, ଏଇ ସେଇ !
ତା'ରି ଯେ ସମୟ ଏଇଟା ॥

ନଦୀର ନିର୍ଜନ ପୋଲ ଧୂଆଁ ଆଉ କୁହୁଡ଼ିରେ ହଲେ।
ଟେବୁଲ୍ ଉପରେ ଆଶ୍‌ଟ୍ରେଟା ଖାଁ ଖାଁ କରେ,
ଫୁଲଦାନି ରୁକ୍ଷ ଦିଶେ ଶୁଖିଲା ଓ ଅର୍ଥହୀନ ଫୁଲେ।
ଏକ କାଠବୋଝେଇ ଟ୍ରକ୍ ଛୁଟିଯାଏ, ଫେରି ଆସିବ ପୁଣି।
ଅଧାକଟା ଗଛଡାଳେ ଝୁଲେ ତାର ନିର୍ଜନ୍ ରୁଟିନ୍।
ନିସ୍ତବ୍ଧ ପଠାରେ ଏକ ଉଭା ଏକ ଗାଈ
ଆଖିର ଶୂନ୍ୟତା ଦେଇ କଳେ ମହାଶୂନ୍ୟର ଛାଉଣୀ ॥

ଡଂଗା ପରେ ଡଂଗା ଆସେ ଚହଲାଇ (ଲାଲଲାଲ) ପଳାଶୁଣି ପାଣି।
ଛାଡ଼ିଯାଏ ମଫସଲର ଦଳଦଳ ପୁରୁଷ ଓ ନାରୀ

୧୭୨ | ସଚ୍ଚି ରାଉତରାୟ

ଫୁକପିଂଧା ସକାଳୁଆ ଛାତ୍ରୀ, କୁଲି, ମୁଲିଆଣୀ, ବରପାର୍ଟି, ବସ୍‌ଯାତ୍ରୀ
ଛିଟ ଜାମା କସ୍ତା ଆଉ ଶାଢ଼ିର ରଂଗରେ ରଂଗ ଦିଶେ ପାଣି
ନାଲି ନେଲି ସାଦା ବାଇଗିଣି ॥

ପୋଲଟା ନିର୍ମଳ ଦିଶେ, ନିରୋଳା ବାଟୋଇ ଜଣେ କିଏ
ଭୋଅରକୁ ଯୋଡ଼ିଦିଏ ଅସ୍ତବ୍ୟସ୍ତ ଦିନଟାର ଦିହେ,
ନଦୀ କାହିଁ ? ନଦୀ କଣ ନାହିଁ ?
ମନେହୁଏ ଏଇ ନଦୀ ଘରମୁହାଁ ସମୟର ଓଲଟା ବା ଛାଇ
ଯୋଡ଼ିଚି ଯା ମତେ
ସେଇ କେଂନ୍ଦ୍ର ପ୍ରତିମା ସହିତେ ॥

ଯା ଦେବୀ

ମୋତେ ସିଏ ହତ୍ୟା କରେ ପଲକେ ପଲକେ,
ଝାଉଁବଣେ, ସମୁଦ୍ର କିନାରେ।
ମୋତେ ସିଏ ଖୁଣ୍ କରେ ନାଟକର ସର୍ବଶେଷ ଅଂକେ।
ମୋ ରକତର ତଂତୁରେ ତଂତୁରେ
ଏକ ମହା ବିଭୀଷିକା ଚିତ୍ର ବୁଣାହୁଏ।
ମୋତେ ସିଏ ହତ୍ୟା କରେ ପ୍ରହରେ ପ୍ରହରେ
ଏଠାରେ ବା ଗୋରାକବରରେ ॥

ମୋତେ ସିଏ ଠେଲିଦିଏ ମୃତ୍ୟୁର ପାତାଳେ।
ଟାଣିଆଣେ ଆଖିର ଚଂଚୁରେ,
ମୋତେ ସିଏ ଖୁଣ୍ କରେ ହସର ଖିଏରେ
ମୋର କେଂନ୍ଦ୍ର, (ଅବା କେଉଁ) ନିଶୂନ୍ ପଠାରେ,
ପରିତ୍ୟକ୍ତ ଗଡ଼େ ॥

ମୁଁ ପୁଣି ଜିଇଁଉଠେ, ତା’ରି ପ୍ରେମେ ପଡ଼େ।
ମୋ’ ଶୁଭ-ନିଶୁଂଭ ସତ୍ତା ତାକୁଇ ସୁମରେ।
ସେଥିପାଇଁ ସିଏ ଦେବୀ, ହତ୍ୟାର ରଜ୍ଜୁରେ
ସିଏ ବାଂଧିପାରେ ନିହତକୁ, ମୃତ୍ୟୁ ଓ ପ୍ରେମକୁ।
ପ୍ରେମ ହିଁ ତ ମୃତ୍ୟୁ, ତାର ଚରମ ପର୍ଯ୍ୟାୟେ।
ପାଇବା ଓ ଦେବା ପୂର୍ଣ୍ଣ ହୁଏ ପରସ୍ପରେ ଲୟେ ॥

ମୋତେ ସିଏ ପ୍ରେମ କରେ ହତ୍ୟାର ଚକ୍ଷୁରେ
ହତ୍ୟା କରେ ପ୍ରେମ କକ୍ଷରେ ।
ଗୋପନ ଶିଢ଼ିରେ ଅବା ବିସ୍ମୃତ ପ୍ରାଂତରେ ।
ସେ ଯେ ଦେବୀ, ଉପାସନା ଛଳେ
ମୋତେ ସତେ ଆତ୍ମସାତ୍ କରେ,
ପଲକେ ପଲକେ ।

ନାଟକର ପ୍ରତ୍ୟେକଟି ଅଂକେ ॥

ପୁରୁଷାକାର

ମୁଁ ଯେବେ ମୁହାଁଇଥିଲି ସୁନା ପାଲିଂକିରେ
ପାଟଛତି, ଚାମର, ଆଡ଼େଣି,
ଦାସଦାସୀ, ପାଇକ, ସାମଂତ, ଜ୍ୟୋତିଷୀ ସମେତ
ନାନା ବାଦ୍ୟ ସମାରୋହେ ସୁଦୂର ଦେଶରେ
ରାଜକନ୍ୟା ସ୍ୱୟଂବର ଲାଗି,
ମୋର ଧନୁ, ମୋର ଖଡ଼୍‌ଗ ଥିଲା କିବା ଜାଗି
ଅଜଣା ଶତ୍ରୁଂକ ପାଇଁ, ଅଦେଖା ରାଜ୍ୟରେ ।
ମୁଁ ଲଭିଚି ବରମାଲ୍ୟ, ତାହା ଆଜି ତୁଚ୍ଛ ।

ମୁଁ ଲଭିଚି ରଣକ୍ଷତ, ତାହାହିଁ ସମୁଚ୍ଚ
ମୋର ପୁରସ୍କାର ।
ତାହାହିଁ ମୋ ଏ ନିର୍ଜନ ସତ୍ତାର ଭୂଇଁରେ
ଏକମାତ୍ର ପତାକା ଅଟୁ୍ୟଚ ।
ବିଜୟ ମୋ ବଶ୍ୟ ସତ, ମାତ୍ର କେଡ଼େ ଛୋଟ !
ସବୁଠାରୁ ସତ୍ୟ ଅଟେ ମୋ’ ପୁରୁଷକାର ॥

ଦୁଇ ଶତ୍ରୁ, ଦୁଇ ଶିବିର

ଦୁର୍ନୀତିର ବୀଜାଣୁ ବିଂଚି
ଭସ୍ମାସୁର ଆସେ ।
ବିଶ୍ୱ ମହାତ୍ରାସେ
ମାଗେ ବରାଭୟ ॥
ମୁକ୍ତ ଏଠି ସମାଜ-ଦ୍ୱାର ।
ସବୁରି ଅଛି ସବୁ ପ୍ରକାର
ଦାବୀ ଓ ଅଧିକାର ।
ମରିବା ପାଇଁ, ମାରିବା ପାଇଁ
ସୁଯୋଗ ସୁପ୍ରଚୁର ।
ସବୁ କଥାକୁ ସକଳେ ଏଠି
ଅଟଂତି ହକ୍‌ଦାର ।
ଏଠି ଖାଲି ଆକାଶଛୁଆଁ କଥା ।
ପ୍ରକାଂଡ଼ ସ୍ୱାଧୀନତା ।
ଚତୁର୍ମୁଖ ହାରଂତି ଏଠି,
ଥାଏ ନା ବାଡ଼ବତା ।
ଗଣରାଜ୍ୟର ଜୟ ।
ମାଗେ ବରାଭୟ ।

– ୨ –

ଅନ୍ୟ ଆଡ଼େ ସାମ୍ୟ ନାମେ
ଏକଛତ୍ର ଠିଆ ।
ମଣିଷ ଏକ 'ନବଂର' ସେଠି,

ତାର ଦୁନିଆ
ରାଷ୍ଟ୍ର କୁକ୍ଷିଗତ।
ଦଳର ଢିଂକି ପାହାରେ କୁଟା
ବ୍ୟକ୍ତି ବନେ ତୁଷ।
ଜୀବନକୁ ସରଳ କରେ
ସହଜ କରେ
ସମାନ କରେ ରାଷ୍ଟ୍ର ଧୁରୁମୁସ।

ଏକ ଆଡ଼େ ରୁଗ୍‌ଣ ପୁଂଜି
ସାହାଣ ମେଲା ସବୁ
ସତ୍ୟ ଖାଲି ସମାଜେ ଦାସ
ଆଉ ତାହାର ପ୍ରଭୁ।
ଅନ୍ୟ ଆଡ଼େ
ଚକ୍ରବାଳେ
ଚେଂଗିସ୍ ଖାଁ ଦଳ।
ହଲାଏ ହତିଆର।
କାହିଁରେ ସମନ୍ୱୟ ?
ମାଗେ ବରାଭୟ।

ଚାହି ଏଠି ମୁକ୍ତ ମନ,
ମଣିଷର ରାଜ୍।
ନୂତନ କର୍ମ, ଶୋଷଣହୀନ
ନୂଆ ଯୁଗର ତାଜ୍।
ମୁକ୍ତି ଆମ ପ୍ରାଣର ଶବ୍ଦ।
ଚାହୁନା ହୂନ ଅବା ଶକାବ୍ଦ।
ଆମେ ଚାହୁ ମଣିଷରଇ ଜୟ।
ମାଗେ ବରାଭୟ ॥

ବାତ୍ୟା (୧୯୬୭)

ବତାସ ଆସୁଚି ଧାଇଁ, ଅସୁର ବତାସ
କିଳିକିଳା ରବ ଛାଡ଼ି ସମୁଦ୍ର କଂପାଇ।
ବତାସ ଛୁଟିଚି କ୍ରୁଦ୍ଧ ବାସୁକିର ଶ୍ୱାସ
ପରି ତାର ଶହ ଶହ, ସହସ୍ର ଫଣାରୁ।
ଧନୁ ପରି ବଂକା କରି ବଡ଼ ବଡ଼ ମେରୁ,
ବଡ଼ ବଡ଼ ବର ଓସ୍ତ ଶିମୂଳି ଗଛଂକୁ
ମୁଦ୍‌ଗର ପରି ତାହା ଆକାଶେ ଘୂରାଇ
ବତାସ ଆସୁଚି ଧାଇଁ ଜଳ ସ୍ଥଳ ବଣ
ନଦୀ ଚଡ଼ା ସବୁ ଦୋହଲାଇ ॥

ବଡ଼ ବଡ଼ ପର୍ବତଂକୁ ପେଂଡୁ ପରି ଫିଂଗି
ମାରୀଚ ଗର୍ଭକୁ,
ସେଠି ସିଏ କୁଦା ମାରେ ହୋ-ହୋ ହସି
ନଦୀ ମୁହାଣରେ।
ସେଠୁ ପୁଣି ଝପ୍‌ଟି ଯାଇ ବିକଳ ବଂଦରେ
ଜାହାଜଂକୁ ଟଳମଳ କରେ।
ସମୁଦ୍ରର ପାଣି ଶୋଷେ ଅଥବା ଶୁଂଢ଼ରେ
ଜଳାଶୟ ମାଛଂକୁ ସେ ଉଡ଼ାଏ ଫୁତ୍‌କାରେ।
ଡଂଗା ସବୁ ଚକ୍ରି କରି ମାରେ ଆଂଗୁଠିରେ
ଯୋଜନ ଯୋଜନ ଫିଂଗି ବିଲେ ଓ ଜଂଗଲେ।
ତାଡ଼ିନିଏ ଘରଦ୍ୱାର, ଷଠୀଘର ଏବଂ ଈଶାଣ ॥

ହୁ-ହୁ-ବାତ୍ୟା ଆସେ, କ୍ରୂର, ପ୍ରଭଂଜନ
ଭୟଂକର ଅଭିଶାପ ପରି।
ତାକୁ ଅଟକାଇ ପାରଂତିନି ତ୍ରସ୍ତ ପିତୃଗଣ,
ଅଗ୍ନିସ୍ନାତ୍ତ୍ୱ ଅବା ମରୁଦ୍‌ମାନେ।
ତାକୁ ବାଟ ଓଗାଳଂତି ଗ୍ରାମଦେବୀମାନେ।
ତଥାପି ସେ ଛୁଟିଚାଲେ ବେଦମ୍ ମାତାଲ।
ଦେବତାଂକ ସବୁ ସୁରା କରିଚି ସେ ପାନ।

ଏକ୍ଷଣି ମଣୋହି ଚାହି ମଣିଷ ଓ ପୋଢ଼,
ପକ୍ଷୀ, ଧାନ, ଗୋରୁ ଓ ଫସଲ।
ଭୟଂକର ପ୍ରଳୟର ଝଡ଼
ଛୁଟିଆସେ
ଅଟ୍ଟହାସେ
ବଣ ଓ ମାହାଲ ଥରେ,
ଥରେ ନଦୀ, ଗଂବୁଜ, ପାହାଡ଼ ॥

ତେଣେ ଘୃତାଚୀଂକଂ
ଶତ କନ୍ୟା ମଣଂତି ଆତଂକ।
ଉଦ୍ୟାନ ପଲ୍ଲବେ କଂପେ ଭୀରୁ ଛାୟା ତାଂକ।
ଧାଏଁ ବାୟୁ ସେଇଆଡ଼େ, ବିବସ୍ତ୍ର, ଉଚ୍ଛନ୍ନ
ତା' ଆଖିରେ ଲହଲହ ଏକ ମହା ଯୌନ
ଅନଳର ଶିଖା, ତାର ଅସ୍ତ୍ର ତା' ପୁରୁଷଚିହ୍ନ
ଶୃଂଗାୟିତ, କରୁଅଛି ଆକାଶ ବିଦୀର୍ଣ୍ଣ।
ଶୁଭେ ମଡ଼ ମଡ଼, ତରୁଣୀଂକ ହାଡ଼।
ଶହେ ଗୋଟି ଭଗ୍ନ ଦେହ ଲୋଟେ ତଳେ ଭୟରେ ବିବର୍ଣ୍ଣ ॥

ଜନ୍ମଦିନ

ଆଜି ସେଇ ଦିନ...।
ସାଲିସବିହୀନ ଓ୍ୱାରସହୀନ।
ଯେତେବେଳେ ମୁଁ ପାଲଟେ ମୋର ହତିଆର।
ମୋତେ ମୁଁ ନିକ୍ଷେପ କରେ ପୃଥିବୀର କୋଳେ
କମାଣର ଗୋଳା ପରି ଦୁର୍ଗ ପାଚିରିରେ,
ତ୍ରସ୍ତବ୍ୟସ୍ତ କରି ସବୁ ମାପ ଓ ମୂଲ୍ୟରେ,
ଏବଂ ଯେତେବେଳେ ମୁଁ ପାଲଟେ ମୋ'ରି ସକାଳ ॥

ଏଠାର ବିଷାକ୍ତ ବାୟୁ ଧୂଳିର ଆକାଶ
ଛିନ୍ନଭିନ୍ନ କରେ ମୋର ପଦ୍ମନାଭି ଶ୍ୱାସ।
ଏଠାର କୁଟିଳ ପଥେ ଅତୀତର ଯେତେ
ଅଂଧ ଅନୁପ୍ରାସ
ହୁଏ ଚୂରମାର।
ମୁଁ ପାଲଟେ ମୋର ହତିଆର ॥

ମୋ ଝିଡ଼ିକି...
ପୃଥିବୀକୁ ଆଣେ ଡାକି
ମୋ' ଡେସ୍କ ପାଖକୁ -
ଯା ଉପରେ ମଥା ପୋତି, ଚାପି ନିଏ ବୁକୁ
ବସିଚି ମୁଁ, ସଂଜ୍ଞା ମୋର ପ୍ରଭାତଫେରିଟେ।
ଗୋଟିଏ କାକୁସ୍ଥ ସ୍ୱର,

ଯାଇଚି ଯେ
କିଛି ଦୂର ବିଦ୍ରୋହ ନିକଟେ।

ବିପ୍ଳବର ରକ୍ତାକ୍ତ ତୋରଣ
ଏବେ ବି ବହୁତ ଦୂରେ।
(କାରଣ ବିଦ୍ରୋହର ନୁହେ ସେ ତ ଗୋଟିଏ ବଜାର ସଂସ୍କରଣ।)
ତାହା ଚିରଂତନ। ବ୍ୟକ୍ତିର ଊର୍ଦ୍ଧ୍ୱରେ ॥

ବିଦ୍ରୋହ ତ ଖାଲି ଏକ ଧ୍ୱନି।
ବିପ୍ଳବ ହିଁ ଆୟୁଧ କେବଳ ସବୁ ଚେତନାର।
ସେ ବିପ୍ଳବ ମଧ୍ୟେ ମୋର ହୁଏ ରୂପାଂତର,
ଏବଂ ଜନ୍ମାଂତର ପ୍ରତି ମୁହୂର୍ତ୍ତରେ।

ମୋର ପ୍ରେମ ଦିଏ ହୁଳହୁଳି,
ମୋର ଶ୍ରମ ଦିଏ ପୁଷ୍ପାଂଜଳି।

ମୋ ସଂତାନ ସେଥିରେ ପକାଏ
ତିଳ ଆଉ ଅକ୍ଷତ ମୁଠିଏ।
ମୋର କନ୍ୟା ସେ ଭସ୍ମର ସିଂଦୂର ଲଗାଏ।

ସେ ବିପ୍ଳବ ନୁହେଁ ଆଜି ପାଇଁ।
ନୁହେ ତାହା କେଉଁ ଏକ ଅମଳ ହଟାଇ
ଆଉ ଏକ ଅମଳକୁ କରିବା ଜାହିର।
ତାହା ଚିର ପରିବର୍ତ୍ତନର,
ଯାର ଶେଷ ନାଇ।
ଯାହା ନୁହେଁ ଖାଲି ଏକ
ଶାସନ ବା ସଂତକ ବଦଳ।
କିଂବା

ଏକ ଶିକୁଂଳିକୁ ଭାଂଗି
ଆଉ ଏକ ଶିକୁଳିକୁ କରିବା କାଏମ ॥
ତାହା ଏକ ଅବିରାମ ହେବାର ଇ କ୍ରମ -
ଯାହା କେବେ ହୁଏ ନାଇ।
ଯାହା ହେଉଥାଏ ପ୍ରତି ମିନିଟ୍‌ରେ
ପ୍ରେମେ, କର୍ମେ, ଚଳଣି, ଚିଂତାରେ,
ନିଜର ସୀମିତ ଘରେ, ସମାଜ ହତାରେ,
ରାଷ୍ଟ୍ର-ଇଲାକାରେ।
ସେ ବିପ୍ଳବ ମୋର ପ୍ରେମ,
                ମୁଦ୍ରିତ ମୋ ପ୍ରିୟାର ଗାଲରେ।
ସେ ବିପ୍ଳବ ମୋର ସ୍ଥିତି
                ମୁଦ୍ରିତ ମୋ ପ୍ରତି ଚଳଣିରେ ॥

                ତାହାହିଁ ତ ମୋ' ପୁରୁଷଚିହ୍ନ
ଯାହା ଗର୍ଭବତୀ କରେ
ମୋର ସମୟକୁ ଏବଂ ତହିଁରୁ ଉତ୍ତୀର୍ଣ୍ଣ
                ଆଗାମୀ କାଳକୁ।
ସେ ମୋର ସତ୍ତାର ମୁଦ୍ରା।
ଆସଂତା କାଲିର ଜନ୍ମ
                ପରା ସେ ମୁଦ୍ରାଂକୁ ॥

ପୂର୍ବଜନ୍ମ

ବହୁ ପ୍ରସ୍ତ ଲିପା ଭେଦି ଭିତ୍ତି-ଚିତ୍ର ପରି
ମୋର ପୂର୍ବଜନ୍ମ ଫୁଟେ ହଠାତ୍ କିପରି
ଜାତିସ୍ମର ଚେତନାର ପଟେ, -
ବିରଳ ମୁହୂର୍ତ୍ତେ କେଉଁ ନୀଳ ପ୍ରେକ୍ଷାପଟେ
କାଠଚଂପା ଫୁଟା ମଧ୍ୟାହ୍ନରେ।
ପୁଣି ତାହା ଲିଭିଯାଏ ହସ୍ତାକ୍ଷର ପରି।
କେବେ ପୁଣି ସ୍ଥାୟୀ ହୁଏ ଟିକେ ବେଶି କ୍ଷଣ
ସମୟର ପୃଷ୍ଠାରେ ଏକାଂତେ।

ମୁଁ ଦେଖଇ ସ୍ପଷ୍ଟ ମୋତେ, ମୋ ମୁକୁଟ, ମୋ ସଂତକ,
ମୋର ଉପବୀତ।
କେଉଁ ଏକ ପାହାଡ଼ୀ ରାଜ୍ୟର ଦୁର୍ଗେ ଏକ
ମରୁଭୂମିସ୍ଥିତ।
ଏବଂ ଦେଖେଁ ମୋର ପ୍ରିୟା ପିଂଧି ଶ୍ୱେତପାଟ
ବହୁ ମୁକ୍ତାମାଳାରେ ଶୋଭିତ,
ଅପରୂପ ବେଶେ ଆସି ଠିଆହୁଏ ପାଶେ,
ବିବାହ ପୂର୍ବର ତାର ଫଟୋ
ସହ ଚେହେରାଟା ମିଳିଯାଏ ତାର ବହୁ ଅଂଶେ।

ପୁଣି ଦେଖେ ମୋର ବହୁ ଉପପତ୍ନୀ, ଚିତ୍ରଶାଳା,
ଝଲମଲ ସ୍ଥାପତ୍ୟର ସ୍ତଂଭ,
ବିଜିତର ରକ୍ତେ ତୋଳା କଳାର ମହଲ,
ପଦ୍ମ-ହ୍ରଦ, ସ୍ମୃତିର ହରପ୍ପା।
ଏବଂ ବହୁ ଗଣିକାଂକ ସୁରା ପରି ଲାଲ
ଘୁଂଗୁର ଓ ଟପା,

ଏବଂ ବ୍ରଂଜର ମୂର୍ତ୍ତି ପୂର୍ବପୁରୁଷଙ୍କ, ଜୟ-ଖଂବ
ଦାନପତ୍ରମାନ
ଏବଂ ମୋର ସୁବିସ୍ତୃତ ବଂଶ
ପୁଣି ଶୁଣେ ଖଂଡାର ଝନଝନ, ବେନାମୀ ନିଶାଣମାନ
ଉଡ଼ିବା ଆକାଶେ।
ବହୁ ଚିତ୍ର, ଶବ୍ଦ ଉଠେ ଫୁଟି।

ଟୋକା ଡାକପିଅନଟା ପଢ଼େ ଯେଉଁପରି
ବହୁ ଗାଆଁ ଝିଅଂକର ଚିଠି,
କେବଳ ସେତିକି ନୁହେଁ, ବନାନ ବି ବେଳେବେଳେ
କରେ ସଂଶୋଧନ,
ସେଇପରି ସେ ଚିତ୍ରର କିଛି ଅଂଶ ମୋର ବର୍ତ୍ତମାନ
ଖୋଲି ଦେଖେ ନିଷେଧ ନ ମାନି।
ଏବଂ କରେ କିଛି ବି ଶୋଧନ,
ପ୍ରଚଳିତ ତାର ମୂଲ୍ୟମାନ।

ହୁଏ ମୋର ମନେ
ଆଜିଟା ବା ବିଗତ କାଲିର ଏକ ଅପଭ୍ରଂଶ।
ଫେରିଯାଏଁ ସମୟକୁ, ବାସ୍ତବକୁ,
ଧକ୍କା ଖାଇ ଅତୀତର ଦେହେ।
ଝିଲିମିଲି ଅନାଗତ, ଧୂସର ଭବିଷ୍ୟ,
ଆଗାମୀର କରୁଣ ବିଗ୍ରହେ।
ଆପଣାକୁ ଖୋଜେ ଯେତେ ଯେତେ
ସେତେ ହୁଏ ଖଂଡ ଖଂଡ, ବହୁଧା ବିଭକ୍ତ,
ଭୟ ଆଉ ନିଷ୍ଠୁର ସଂଦେହେ।
ମୋର ପୂର୍ବଜନ୍ମ ଫୁଟେ ଛାୟାଛବି ପରି
ଚେତନାର ଜୀର୍ଣ୍ଣ ଚିତ୍ରପଟେ।
କାଠଚଂପା ଫୁଟା କେଉଁ ବିରଳ ମଧ୍ୟାହ୍ନେ
ସମୟର ସୁଦୂର ନୈକଟ୍ୟେ ॥

ଓଡ଼ିଶା

ମୁଁ ଆଂକିଚି ଚିତ୍ର ତାର କେତେ ଯେ ସିଲଟେ,
ସଫେଦ୍ ଚକ୍‌ରେ ପୁଣି ସ୍କୁଲ ବ୍ଲାକ୍‌ବୋର୍ଡେ।
ମୁଁ କରିଚି ମୁଖସ୍ଥ ତା' ସୀମା, କ୍ଷେତ୍ରଫଳ
ଲୋକସଂଖ୍ୟା, ଜିଲ୍ଲା ଓ ସହର।
ଏବଂ ଛ ଛ'ଟା ମୁଖ୍ୟମଂତ୍ରୀ ନାମ।
ଏବଂ କିଛି ମୃତ ଓ ଜୀବିତ
                    ଲୋକଂକ ଠିକଣା।

ମୁଁ କହେ ଓଡ଼ିଆ ପିଲାଦିନୁ ଷୋଳଅଣା
ମୁଁ ଦେଇଚି ଦସ୍ତଖତ
                    ସାଦା କାଗଜରେ
୨ୟ ଇସ୍ପାତ କାରଖାନା ଶୀଘ୍ର ହେଉ ବୋଲି।
ମୁଁ କାଂଦିଚି ବାହୁନି ତା ବିଚ୍ଛିନ୍ନ ଅଂଚଳ,
                    ଗଂଗାଠୁ ଯା ଥିଲା ଗୋଦାବରୀ।
ଏବଂ ମା ପେଟରେ ଥିଲାବେଳେ ଶୁଣିଥିଲି ପିତାଂକ ମୁହଁରେ -
ଏଠି କାହିଁ ହେଉଥିଲା ତୋଳା, ସମୁଦ୍ର ପିଠିରେ
ସୂର୍ଯ୍ୟଂକ ଦେଉଳ।
ପୁଣି, ଜନ୍ମ ହେବା ଚାରିବର୍ଷ ପରେ ଥିଲି ଶୁରି
ମାମୁ କହୁଥିଲେ -
କେବଠୁ ତା ଭାଂଗିଗଲାଣି ॥

ମୁଁ ଜଣେ ଓଡ଼ିଆ, ଶତକଡ଼ା ଅନେଶୋତ ଭାଗ।
ତେଣୁ ଏଠି ହୋଇପାରେ ଅକ୍ଲେଶରେ ଠିଆ
ନିଜଗୋଡ଼େ ମୁଁ ଏକଗୋଡ଼ିଆ,
ନିଜସ୍ୱ ମାଟିରେ।
ଏବଂ ଟେକି ଅନ୍ୟ ଗୋଡ଼ ଊର୍ଦ୍ଧ୍ୱ ଆକାଶକୁ
ମାଗିପାରେ ଭିକ୍ଷା
ତିନି ପାଦ ଭୂଇଁ, ତିନି ଲୋକଯାକୁ,
ସ୍ୱର୍ଗ, ମର୍ତ୍ତ୍ୟ ଓ ପାତାଳ ବାମନ ପରିବା।

ଏବଂ ପୁଣି ରିକ୍‌ସା ଭଡ଼ା କରି
କରିପାରେ ଏମୁଂଡ଼ ସେମୁଂଡୁ ସହର ଶଫର,
ଧୂ ଧୂ ଖରାବେଳେ।

ମୁଁ କହେ ଓଡ଼ିଆ ଖାଂଟି ନିରୁତା, ନିରୋଳା।
ଶବ୍‌ଦଶେଷ ସ୍ୱରବର୍ଣ୍ଣମାନ
ଜାଣି ଶୁଣି ଦୀର୍ଘ କରି କରେ ଉଚ୍ଚାରଣ।
(ଯେତେ ପାରେ ହଳଂତକୁ କରେ ମୁଁ ବର୍ଜନ)
ପଶିଗଲେ ଧସି କେବେ ଇଂରାଜି, ମୁଁ କରେ ତା ତର୍ଜମା
ସଂଗେ ସଂଗେ ଓଡ଼ିଆରେ; କହେ 'ଚାହେ କ୍ଷମା'।
ଯୋଡ଼େ ଏକ 'ମାନେ' ଅଥବା 'ଅର୍ଥାତ୍'।
ମୁଁ କହେ ଓଡ଼ିଆ ଭଲ କରି ମେହନତ ॥

ମୁଁ ଜଣେ ଓଡ଼ିଆ, ଶତକଡ଼ା ଶହେ।
ପୈତୃକ ମାଟିରେ ମୋର ବିନା ପରବାୟେ
ମୁଁ ଯେ ବଢ଼େ, ମୁଁ ଇ ଛିଡ଼େ, ପୁଣି ବଢ଼େ
ଉଇହୁଂକା ପରି, ନିଧାର୍ଯ ନିଶ୍ଚୟେ।
ଯଦିଚ ମୁଁ ଅଜାଣତେ ଢାଂକି ହୋଇପଡ଼େ
ବେଳେବେଳେ ଭୟଂକର ସାପର କାତିରେ ॥

ମୁଁ ଏଠାରେ ଝାମୁ ଚାଲେ ଡହ ଡହ ରଡ଼ନିଆଁ ଗାଡ଼େ
ବେହୋସ କାଳିଶି ପରି । ମାତ୍ର ଯେବେ ଭାବେ ମୁହିଁ କିପରି ଦଉଡ଼େ
ତତଲା ନିଆଁରେ, ତଳିପା ମୋ ଯାଏ ଜଳି ପୋଡ଼ି ।
ହଠାତ୍ ତେଲୁଣୀପୋକ ଭାବେ ଯେବେ ତା ସହସ୍ର ପାଦ
କିପରି ଚାଲୁଚି ସିଏ, ଗତି ତାର ହୁଏ ଯଥା ବଂଦ ॥

ମୁଁ କହେ ଓଡ଼ିଆ ଖାଂଟି, ତାଲବ୍ୟ-ଶ'
ଯ-ଫଳା ଦେଇ ।
ମୂର୍ଦ୍ଧନ୍ୟକୁ ଚାପି ଧରି, ଦଂତ୍ୟ ବର୍ଣ୍ଣ
ଦାଂତକୁ ନିକିଟି ।
ମୁଁ ଚାଲେ ଏ ବାଲିଗରଡ଼ାରେ ଖାଲି ଝୁଂଟି ଝୁଂଟି ।
କାଦୁଅ ପଂକରେ ଚିରି, ଘଷି ଘଷି ଚଟି ।
(ଶୂନ୍ୟମଂଡ ତଳେ ମୁଁ ଯେ ବୁଲାଏ ବନାଟି ।)
ଏବଂ, ରଥଯାତ୍ରା ଦିନ ଯୋଡ଼ି ବେତକୁ ହଲାଇ
ମୁଁ ଗାଏ ଡାହୁକ ଗୀତ ଶିରି-କନା ନାଇ ।
ଶେଷରେ ଘରକୁ ଫେରେ ତୋଳି ଜାମୁକୋଳି
ବାଟରେ, ମୋ ଭରି କିଛି ଅଂଟି ।
ମୁଁ କହେ ଓଡ଼ିଆ ମୋର ଖୋଲିବାଠୁ ପାଟି,
ମୁଁ ଓଡ଼ିଆ ନିରୋଳା ଓ ଖାଂଟି ॥

ସମୁଦ୍ରକୂଳ

ସମୁଦ୍ର ଲାଗୁଚି ମୋତେ
ଏକ ଫିକା ଫଟୋଗ୍ରାଫ୍ ପରି,
ନିବିଡ଼ ଶୂନ୍ୟତା ମଧ୍ୟେ,
ଝାଉଁବଣ ଖରାରେ ବତୁରି।

ଏବଂ ତାର ଚିକ୍ ଚିକ୍ ବାଲି
ବାଲି ଖାଲି ବାଲି,
ମୁହେଁ ଯାହା ହୁଏ ନାଇ ଦେଇ,
ହୁଏନା ଯା ଦାଂତରେ ଛିଂଡ଼ାଇ
ଫିଂଗି ଦେଇ ପଡ଼ିଆର ଦୂବଶିଷା ପରି
ଥୁ ଥୁ କରି।
ତା ଢେଉର ଫସ୍‌ଫରସ୍
ଏବଂ ଯାହା କିଛି ଲୁଣି -
ହୁଏ ଜମାଟ ବାଂଧେ ମୋ ଦେହର
ନିରୀହ ଉତ୍ତାପେ।
ମୁଁ ତା' ପାରେନା ଜାଣି।
ତଥାପି ମୁଁ ଢେଉ ଗଣିଗଣି
ଚିହ୍ନିବାକୁ ଚେଷ୍ଟା କରେ ତାକୁ।

ଏବଂ ତାର ଲୁଣର ଆଂଗୁଠି
ମୁଠାରେ ମୋ ଚାପି ଧରି

ଚୂନାଚୂନା କରି ଫିଂଗେ ବାଲିରେ ଏକାଠି।
ଯେ ବାଲିରେ ଲାଗିଥାଏ କେଉଁଠି କେଉଁଠି
ଅଳତାର ଗାର,
କାହିଁ ପୁଣି ମଥାର ସିଂଦୂର।

ଯେଉଁଠାରେ ଶବ୍ଦ ସବୁ ଝରିଆସେ
ନାଲି ଓଠ ତଳେ
ଟାଇପ୍‌କରା ପଦ ପରି
ଲାଲ ରିବନ୍‌ରେ,
ସାଦା ସାଦା କାଗଜ ଉପରେ।
ଯେଉଁଠାରେ ନୀଳରାତି ଗାଢ଼ନୀଳ ହୁଏ।
ଅସବୁଜ ହୋଇ ଉଠେ କ୍ରମଶଃ ସବୁଜ।
ଶ୍ୱେତ ହୁଏ ଶୁଭ୍ର।
କଳା କଳା।
ଏବଂ ନାଲି ପାଇଁ ଲୋଡ଼ା ହୁଏ ଗୋଟାଏ
ସୂର୍ଯାସ୍ତ।
ଅରୁଣ ଉଠାର ଯାହା ଅନ୍ୟ ଏକ ମୁହଁ,
ଏବଂ ବହୁ ସ୍ମୃତିର ଭୋଦୁଅ ॥

ସମୁଦ୍ର ଲାଗୁଚି ମୋତେ
            ଏକ ଫିକା ଫଟୋଗ୍ରାଫ୍ ପରି
ଝାଉଁବଣ ଖରାରେ ବତୁରି।

ସୂର୍ଯ ହୁଏ ଅସ୍ତ ॥

ଉତ୍ତର ମେଘ

ଏଠାରେ ଉତ୍ତରମେଘ ଫେରିଆସି ସାଗରନେପଥ୍ୟୁ
ପ୍ରିୟାର କଜ୍ଜଳନୀରେ ସ୍ନାନ କରେ,
ଐରାବତ ପରି।
ଏବଂ ପୁଣି ଭାଂଗିବାକୁ ଚାହେ ତାର ନୀଳପଦ୍ମବନ,
ଖଂଡଖଂଡ଼ କରିବାକୁ ମୃଣାଳ ପାଖୁଡ଼ା।
ସୁରହସ୍ତୀ ସ୍ୱର୍ଗୁ ନିର୍ବାସିତ।
ସେ ମେଘ ଯେ ଆସେ କେବେ ଋଷ୍ୟଶୃଂଗ ହୋଇ
ଗୀତବାଦ୍ୟେ ସୁରାୟିତ ବେଶ୍ୟାଂକ ନୂପୁରେ,
ଜରତାର ପ୍ରବାଳ-ଡଂଗାରେ।
ଏବଂ ଶେଷେ ହୁଏ ସମାହିତ
ଶାଂତାର କବରୀଛାୟା ପଡ଼ି ଶ୍ୟାମଳିତ
ସରଯୂର ଶୁଭ୍ର ଜଳଧାରେ।
ଭାଂଗିଦେଇ ପରଂପରା ଚୂଡ଼ା।
(ବିଭାଂଡକେ କରି ଆଂଠୁକୁଡ଼ା)
ଭୁଲିଚି ସେ ଯୁଗଯୁଗ ତପଶ୍ଚକ୍ଷୁ ଦେଇ
ଦେଖିଥିବା ମଣିଷ ଜୀବନ।
ଦେଖିବାକୁ ଚାହେ ସିଏ ସ୍ୱଚକ୍ଷୁରେ
ପୋଛିଦେଇ ସ୍ୱପ୍ନର ଅଂଜନ -
ଜୀବନକୁ। ଏବଂ ସେଇ ଜୀବନର ପ୍ରଖର ମଧ୍ୟାହ୍ନ,
ଏବଂ ତାର ନିଷିଦ୍ଧ ଶର୍ବରୀ।
ସେ ଚାହେ ଦେହର ମୁକ୍ତି ତପସ୍ୟାର ବଲ୍କଳ ଉତାରି।

ସେ ଚାହେ ମନର ମୁକ୍ତି ଜ୍ୟାମୁକ୍ତ ଧନୁଚାପ ପରି।
ସେ ଚାହେ ଆପଣା ସତ୍ତା ମୁକ୍ତ, ସଚେତନ,
ଏବଂ ଦିଗଂବର।
(ଯାହା ଚିର ନୂତନ, ତାହା ହିଁ ତ ସତ୍ୟ ଓ ସୁଂଦର।)
ସେଇ ତ ବୃଷ୍ଟିର ପଥ, ତାହା ହିଁ ତ ମାର୍ଗ ବି ସୃଷ୍ଟିର।
ସେଇ ତାର ଧରାବତରଣ
ପର୍ବତୁ ପର୍ବତୁ।
ମେଘକନ୍ୟା ଦେଉଛଂତି ପଥପାଶେ ତାର ହୁଳହୁଳି।
ମେଘ ଆସେ, ମେଘ ଆସେ ଉତ୍ତର ଦିଗଂତୁ
ଆବେଗେ ଉଛୁଳି ॥

ଦ୍ରଷ୍ଟା

ଗ୍ୟାଲେରୀରେ ଭିଡ଼ ନାଇ, ମୁଁ ଆଉ ମୋର ନାଟକ
ବସିଅଛୁ ମୁହାଁମୁହିଁ, ମୁଁ ଦେଖୁଚି ନୀରବ ଦର୍ଶକ
ମୋତେଇ ନିରେଖି। ମଝିରେ ତ ଆମ ଅଭିନୟ।

ବହୁ ପାତ୍ରପାତ୍ରୀ, କୁଶୀଲବ, କରଂତି ବାଙ୍ମୟ
ମୋତେ ଯିଏ, ମୋ ନାଟକେ ଦିଅଂତି ଯା ରୂପ।
ଏବଂ ବହୁ ଦୃଶ୍ୟପଟ ରାଜପଥ, ଉଦ୍ୟାନ, ମଂଡ଼ପ,
ରଣକ୍ଷେତ୍ର, ରକ୍ତାରକ୍ତି, ବହୁ କଟା ମଣିଷର ଦେହ
ଏବଂ ଶେଷେ ପ୍ରମୋଦ ଭବନ ଯେଉଁଠାରେ ନର୍ତ୍ତକୀର ସହ
ନୃତ୍ୟ ଏକାକାର। ନାୟକ ଓ ତାର ସମୟ
ଦୁହେଁ ଏକ। ପୁଣି କିଛିକ୍ଷଣ ପରେ ହୁଅଂତି ଉଭୟ।

ମୋ ନାଟକ ମୁଇଁ ଏକ, ପୁଣି ଆମେ ବିଚ୍ଛିନ୍ନ, ପୃଥକ।
ମୁଁ ସେଠି ପ୍ରତୀକ୍ଷା କରେ ଘଟନାକୁ ଯାହା ଏକ
ସମୟରେ ଘଟିପାରେ କିଂବା ଯାହା କେବେ ଘଟିଥାଂତା,
ମୁଁ ଏଠି ସ୍ରଷ୍ଟା, ପୁଣି ଅସହାୟ ନିମିତ୍ତ ଓ ଦ୍ରଷ୍ଟା।
କର୍ମେ ମୋର ଅଧିକାର, କର୍ମୁ ପୁଣି ଭିନ୍ନ ଏକ ସତ୍ତା।

ଗ୍ୟାଲେରୀରେ ଭିଡ଼ ନାଇ, ମୁଁ ଆଉ ମୋର ନାଟକ
ବସିଅଛୁଁ ମୁହାଁମୁହିଁ, ମୁଁ ଦ୍ରଷ୍ଟା, ମୁଁ ପୁଣି ନାୟକ ॥

ପିଂଜରା

ପିଂଜରାର ବୁଲବୁଲ !
ତୁମେ ଗାଅ,
ତୁମେ ଗାଅ ରାସ୍ତାର ସଂଗୀତ ।
ଯେ ରାସ୍ତାରେ
ମଣିଷର ଚାହାଣିର ତଳେ
ରହିଥାଏ ଆଉ ଏକ ଚାହାଣିର ସର୍ତ -
(ଏବଂ ପ୍ରତି ଶବ୍ଦ ତଳେ ଆଉ ଏକ ଶବ୍ଦର ଅର୍ଥ)
ଗଢ଼ିବାକୁ ଅଦୃଶ୍ୟ ପିଂଜରା
ବ୍ୟାପ୍ତି ଯାର ବାରାଂଡାରୁ ରାସ୍ତାଯାଏଁ ।
ପୁଣି ରାସ୍ତାଠାରୁ ବାରାଂଡା ପର୍ଯ୍ୟଂତ ।
ଯାହା ନାଦ ଅନାଦି ଶୂନ୍ୟରୁ ॥

ରଥଯାତ୍ରା, ୧୯୭୩

ଅନେକ କପୋତ ପକ୍ଷୀ ରଂଗ ପରି
ଆଜି ପାଣିକୁହୁଡ଼ିଆ ଖରା ।
ହଠାତ୍ ଯେ ଦେଖାଗଲା ପଶ୍ଚିମ ମୁହାଣୁ
ଦୁଇ ଚକା ଡୋଳା ।
ମୃଦଂଗର ଆଖି ପରି ।
ସବୁ ଶବ୍ଦ ହୋଇଗଲା କ୍ଷଣେ ଶୂନ୍‌ଶାନ ।
ଲକ୍ଷ ଲକ୍ଷ ଲୋକଂକର ଜୟଧ୍ୱନି, ହୁଳହୁଳି,
ଶଂଖ ବାଦ୍ୟସ୍ୱନ
କ୍ରମେ ସବୁ ଲିଭିଗଲା, ଶବ୍ଦ ଆଉ ଦୃଶ୍ୟ –
ଏଠି ବସି ପଚାଶେକ କ୍ରୋଶ ବ୍ୟବଧାନେ
ମୁଁ ଦେଖିଲି ସେଇ ମୁହଁ, ସେ ଅଦ୍‌ଭୁତ ଆସ୍ୟ –
ଦୁଇଗୋଟି ଡୋଳା ।
ଦୁଇ କଳା ଚକ୍ଷୁ
ସେ ଆଖି ହିଁ ଦେହ; ତାହା ମନ, ତାହା ଆତ୍ମା,
ତାହା ପରଂପରା ।
ତାହା ଏକ ସମୁଦ୍ର-ସଂଖୋଳା
ଲୌକିକ ଗବାକ୍ଷ ।
ଦୁଇଟି ବ୍ରହ୍ମାଂଡ ପରି ସେଇ ଦୁଇ ଡୋଳା,
ଯାର ଚତୁର୍ଦ୍ଦିଗେ ଘୂରେ ସୂର୍ଯ୍ୟ, ଘୂରେ ଚଂଦ୍ର, ତାରା ।
ଗ୍ରହ, ଉପଗ୍ରହ, ବ୍ୟୋମ, ବାୟୁ,
ଶୂନ୍ୟ, ମହାଶୂନ୍ୟ –

ତାହା ଏକ ଶୂନ୍ୟର ଡାକରା
ମହାଶୂନ୍ୟ ଆଡ଼େ।
(ଯେଣୁ ତାହା ପରଂପରା-ରୂପାଂତର ଧାରା -
ଯାହା ହୋଇ ଚାଲିଥାଏ।)

ସେ ଆଖିର ପଲକରେ
ମୁଁ ଦେଖିଲି ଧ୍ୱଂସ ହୋଇଯାଏ ମୋର ସ୍ଥିତି,
ଅଣୁ ପରମାଣୁ।
ଦେଖେଁ ସ୍ୱୟଂ ମଘବାନ
ଆସି ଆରଂଭଂତି ସ୍ତୁତି।
ମହେଶ୍ୱର କରଯୋଡ଼ି ଠିଆ।
ବ୍ରହ୍ମାଏ ପଢ଼ଂତି ବେଦ,
କିନ୍ନର କିନ୍ନରୀ ଢାଳଂତି ଚାମର ॥

କାହିଁଗଲେ ଲୋକମାନେ ?
କୁଆଡ଼େ ଉଭେଇଗଲା ଏତେ କୋଳାହଳ ?
ତଥାପି ରେଡ଼ିଓ କହେ -

ବଢ଼ିଚାଲେ ଜନ ସୁଅ, ପୂର୍ଣ ବଡ଼ଦାଂଡ଼।
କୋଠାବାଡ଼ି ଛାତ।
ସବୁ ଲୋକ, ଅଜସ୍ର ଅୟୁତ ମୁହଁ
ଆଖି, କାନ, ହାତ
ଅସଂଖ୍ୟ ନିଶାଣ,
ନିମିଷକେ ହୋଇଗଲା ଲୀନ
ସେଇ ନେତ୍ର ବିଂବେ।
ସବୁ ଶୂନ୍‌ଶାନ।
କାଳ, ପାତ୍ର, ସ୍ଥାନ।
ତିନି ଯୁଗ, ଲକ୍ଷ ଯୋନି, ତିନିଲୋକ ଏବଂ ଚାରିବେଦ।
ନିଶ୍ଚିହ୍ନ, ନିଶ୍ଚିହ୍ନ।

ଛିନ୍ନ ମୋର ସମସ୍ତ ବଂଧନ।
ମନେହୁଏ ମୁଁ ଯେପରି ମୁକ୍ତ।
ମନେହୁଏ ନିଃସମୟ ଏକ ଦୂରତ୍ୱରେ
ସେ ଆଖି ଓ ମୁଁ ମୁହାଁମୁହିଁ !
ଯେଉଁପରି ବ୍ୟାଘ୍ର ଓ ବାଟୋଇ
ପରସ୍ପରେ ରହିଛଂତି ଚାହିଁ।
ଅପଲକ, ଅନିମେଷ ଦୃଷ୍ଟି।

ସେ ଦୃଷ୍ଟି ହିଁ ବଂଚିବାର ଅର୍ଥ, ତାହା ସ୍ଥିତି।

ତଥାପି ଉଭୟେ
ପରସ୍ପରେ ରହିଛୁଁ ଆଚ୍ଛନ୍ନ।
କାଳକୁ ଆବୃତ କରି
ଯଥା କାଳହୀନ ॥

ନପୁଂସକ

ମୁଁ ତାକୁ ଫେରାଇ ଦେଲି ଉଦାସ ପ୍ରହରେ।
ମୁଁ ତାକୁ ଫେରାଇ ଦେଲି
ଗଣିତର ଧରାବଂଧା ପଣିକିଆମେଳେ-
ଯେଉଁଠାରେ ଯାହା ଅଛି
ତାହା ଛଡ଼ା ଆଉ କିଛି ନାଇ।
ଦେଖିଲି ସେ ପଛକୁ ଫେରିଲା।
ତାହାପରେ କୁଆଡ଼େ ଯେ ହଜିଗଲା।
ନଂଦିକାର ସୁଆରିର ଶେଷ ତାରକସି
ଶେଷ ଥର ପାଇଁ ଉଠିଣ ଝଲସି
                    ପୁଣି ଲିଭିଗଲା।
ଚଂଦ୍ର ଅସ୍ତ ଗଲା।
ମୋର ମନେ ହେଲା ଫେରି ଯାଇ ସେ ଯେପରି ଆସିଚି ଅଧିକ
ମୋ' ଶିବିରେ, ଅଦୃଶ୍ୟ ସୁଡ଼ଂଗେ।
ତା' ଅଭାବ ଢାଂକିଦିଏ ମୋ' ସତ୍ତାର ଶୃଂଗେ
ଯେଉଁପରି ନିଭୃତ ଶର୍ବରୀ।
ଉର୍ବଶୀର ଅଭିଶାପ ପରି
କାଢ଼ିନିଏ ଯାହା ମୋର ସମସ୍ତ ପାର୍ଥତ୍ୱ।
                    ଏବଂ ମୋତେ କରେ ନପୁଂସକ
ଅପଦାର୍ଥ ଜୀବ।

ଭାବେ ମୁହିଁ ଫେରିଯିବି ମୋର ପୂର୍ବ ସ୍ଥାନେ
ଦେବସଭା ମଧ୍ୟେ,
ଯେଉଁଠାରେ ବସି ମୁହିଁ ଦେଖୁଥିଲି ନୃତ୍ୟ
ପିତାଂକ ସଂଗରେ।
ଯେଉଁଠାରେ ଥିଲି ମୁଁ ଏକକ,
ଏବଂ ପିତା ଥିଲେମୋର ପୌରୁଷର
ଏକାଂତ ରକ୍ଷକ, ଏକମାତ୍ର ବ୍ୟାଖ୍ୟା।
ତେଣୁ ଇ ପଠାଇଥିଲେ ବାଛି ମୋ ପାଖକୁ
ସବୁଠୁ ସୁଂଦରୀ ତାଂକ ଅଂକଶାୟିନୀକୁ।

ହାୟ ! ହାୟ ! ମୁଁ କରିଚି ତାର ପ୍ରତ୍ୟାଖ୍ୟାନ
ଏବଂ ତା ସଂଗରେ ମୋ ଅତୀତେ,

ଖର୍ବ, କ୍ଲୀବ ମୋର ବର୍ତ୍ତମାନ ॥

ଭୁବନେଶ୍ୱର

ଯେତେ ସବୁ ମିଶାଣ ଫେଡ଼ାଣ
ସମୟକୁ କରିବାକୁ ଗୋଟାଏ ବେଢ଼ାଣ
ସଂଭବ ତ ନୁହେ।

ଏଠି ଆଜି ମଣିଷର ପାପ ଆଉ ପୁଣ୍ୟ
ହୋଇ ଉପକଥା
ଲୋଡ଼େ ନାଇ ସ୍ମୃତି-ସତ୍ତା
ଶିଳ୍ପରେ, କାବ୍ୟରେ।

ଏଠି ଆଜି ମଣିଷର ସୁଖଦୁଃଖ
ଖୋଜେ ନାଇ ସମଷ୍ଟିର ପ୍ରଶସ୍ତ ତୋରଣ।

ସବୁ ଆଜି ଭିନ୍ନ ଭିନ୍ନ।
ତଥାପି ତ ଏକ ନୈର୍ବ୍ୟକ୍ତିକ
ଯଂତ୍ରର ଅଧୀନ।
ସେ ଯଂତ୍ର ଯଂତ୍ରଣାହୀନ,
ଆନଂଦବିହୀନ,
ବିଡ଼ଂବିତ ସତ୍ତା।

୨୦୦ | ସଚ୍ଚି ରାଉତରାୟ

ବୈମାତୃକ ଗୋଟିଏ ଅସ୍ମିତା ।
ଲୁହାରେ କଂକ୍ରିଟ୍ ଢଳା,
ଶିଳା ପରେ ଖଂଜା ନୁହ ଶିଳା ।

ଏଠି ଯେ ଫାଇଲଗଂଧୀ
ଏକାମ୍ର ବତାସ
ହାୱାରେ ଉଡ଼ାଇ ନିଏ
ବ୍ୟକ୍ତିର ନିଃଶ୍ୱାସ ।

ମହାରଣା,
ଭୁଲ୍ କଲ ଭଲ କଲ,
ବାଟ ଭାଂଗି ଚାଲ ॥

ସ୍ମରଣିକା

କ୍ଲିଓପେଟ୍ରା
ସ୍ତନ ପରି ସାପର ବିଷରେ
ଜର୍ଜରିତ ଏ ଜୀବନ, ମୃତ୍ୟୁର ଘୁଂଘୁରେ
ନାଚଇ ତ୍ରିପଟା,
ହଜିଯାଏ ଯାହା ଏକ ବସ୍ତ୍ରର ଚିତ୍କାରେ
ନ ହେଉଣୁ ଫର୍ଚା।

ହେଃ, ସବୁ ଶୂଅରର ବଚ୍ଚା !
ଘୁଂଚିଯାଅ ଟିକେ,
ଘୋଡ଼ାଶାଳ ହେଉ ସଫା
ସାନରାଣୀ ହାଡ଼େ;
ଯେ ତ୍ରସ୍ତା, ଚକିତା।

ବଂଦ କର ଗୋଳମାଳ
ପ୍ରଶସ୍ତି ଓ ନିଂଦା,
ଏବଂ ନିର୍ଧୁମ ନୀଳ ଯେତେ ତଂବାପଟା
ଫିଂଗିଦିଅ ନର୍ଦ୍ଦମାକୁ, ଏବଂ ଅବିରାମ
ସାଧୁଥିବା ନିଷ୍ଠା,
ଟୁଥ୍ ବ୍ରସ୍ କବିତା ଓ ତା' ନିମଂତେ ଚେଷ୍ଟା,
ଓ ରୋଜନାମଚା,
ଯାହା ବାଜେ କାନେ ଆସି ନିର୍ଦ୍ଦିଷ୍ଟ ସମୟେ,
ଯେଉଁପରି ଛ'ଟାରେ 'ବଂଦେ ମାତରମ୍' ॥

ଚୁପ୍ କର, କହିଛ ଅନେକ ବାଜେ
ବୁଜ୍‌ରୁକି କଥା
ବେଖାପ, ବେଦମ।

ଫିଂଗିଦିଅ ସେଇ ସବୁ ଶବ୍ଦର ତାଲିକା।
ଚାହାଁ ଆକାଶକୁ, ଖୋଲି ଦିଅ ସାର୍ଟର ବୋତାମ।
ଦେଖ ଆସି ପଡ଼ିଚି କି ଛାଇ,
ଚାହଁ ଶୂନ୍ୟତାକୁ ନୁହେ ଯାହା ସ୍ମରଣିକା,
ଯାହା ସବୁ ସ୍ମୃତି ଆଉ ତଥ୍ୟରୁ ମୁକୁଳି
ହେବା ପାଇଁ ଚାହେ ଏକ ଗୁପ୍ତ ହାତଲେଖା ॥

ମୋହିନୀର ହତ୍ୟାକାଂଡ ସଂପର୍କରେ

ମୋହିନୀର ହତ୍ୟାକାଂଡ ସଂଗେ ମୁଁ ଆଦୌ ଜଡ଼ିତ ନୁହେଁ।
ମୁଁ ଥିଲି ମୋର ମସୃଣ କାତରତାରେ ବଂଦୀ।
ଏବଂ ସେ ଥିଲା ସବୁଠୁ ସୁଂଦରୀ, ତନାଘନା ନାରୀ ॥

ମୁଁ ବର୍ଷକେ ଥରେ ମାତ୍ର ନାରୀଦେହ ସ୍ପର୍ଶ କରେ
ଜନ୍ମ ଲାଭ କରେ
ଜଂଗଲର ମଖମଲଦେହୀ ବାଘ।
ତିତ୍ତିର ପକ୍ଷୀ ନୁହେ, ଯିଏ ଅହରହ ରମଣ କରେ ॥

ସବୁଦିନ ପରି ସେ ଆସି କହିଲା ଝଲମଲ ରୂପେ :
'ଶୁଆ ପକ୍ଷୀ କେଉଁଠି ରଖି ?'
ଟିଆ ପକ୍ଷୀ ମୋ ମୁହଁ ଭିତରେ ସଟାଂ କିନା ଗଳିଗଲା
ପୁଣି ବାହାରି ଆସିଲା।
ମୋ' ନିଶକୁ ଉଖାରିଲା ଟିକେ
ଯେଉଁଠି ସୁପ୍ତ ଚଂଦ୍ର ଜାଗି ଉଠିଲା
ଚାବୁକ୍‌ର ବିଜୁଳିଠାରୁ ତୀବ୍ରତର ॥

କିଛି ସମୟ ପରେ ମୋହିନୀ ଫେରି ଆସିଲା
ଅଦ୍‌ଭୁତ ନୀଳ ପୋଷାକରେ।
ମୋ' ମୁହଁର ଆଁ ଭିତରେ ତା' ମୁହଁ।
ସବୁଦିନ ପରି ସେ ବାହାର କରିନେବାକୁ ଚାହିଲା।
ମୁଁ ଦୁଇ ପଂଝାରେ ସ୍ପର୍ଶ କଲି ତାର ମସୃଣ ପେଲବତାକୁ।
ଅନ୍ୟ କୌଣସି ସୁଂଦରୀ ସାଂଗେ ମୋ'ର ପରିଚୟ ନଥିଲା ॥

ସେଦିନ ସର୍କସର ସୁଂଦରୀକୁ ଦେଖି ମୁଁ ସତରେ
ଅସ୍ଥିର ହୋଇ ଉଠିଥିଲି ।
ମୁଁ ତଳେ କାତ୍ ହୋଇ ପଡ଼ିଥିଲି । ଜିଭ ଚାଟୁଥିଲି ।
ମନେ ହେଉଥିଲା ତିନିଟା ସାପ ମୋ' ନାହି ଭିତରେ ଗଳିଯାଇ
ତଳେ ଫଣା ପିଟୁଥିଲେ,
ମୁଁ ମାଟିରେ ପଡ଼ି ଅଣାୟତ ହେଉଥିଲି ।
ଏଇଥିରୁ ଆପଣ ଜାଣିବେ ମୁଁ ମୋହିନୀର ହତ୍ୟାକାଂଡ଼ ସଂଗେ
ଆଦୌ ଜଡ଼ିତ ନୁହେଁ ।
ମୁଁ ଥିଲି ମୋର ମସୃଣ କାତରତାରେ ବଂଦୀ ॥

ଚିତ୍ରବାଘ ?

ତୁମେ କିଆଁ କହୁଥିଲ ଫୁଲଶେଯେ ଆଂକିବାକୁ
ଗୋଟେ ବାଘ ଛବି
ଗୁଂଜି ଦେଇ ମୋ ହାତରେ ଖଡ଼ି ଗୋଟାଳିକି
କହିଥିଲ, ମୁଁ ଦେଖିନି ବାଘ କିମିତିକା।

ମୁଁ କହିଲି : ବାଘ ମୋତେ ନିଶ୍ଚୟ ଖାଇବ
ଏହା ଅଟେ ଜ୍ୟୋତିଷୀଂକ କଥା,
କହିଛଂତି ଦେଖି ମୋର ଜନ୍ମ-କୁଂଡଳୀକି
ପିଲାବେଳୁ, ସେଥିପାଇଁ ପିତା
ତୋଳାଇ ନବର ନଗ୍ରଠାରୁ ଦୂରେ
ରଖିଛଂତି ମୋତେ ଆଣି ନିବୁଜ କୋଠିରେ,
ଚାରିପଟେ ସାତତାଳ ପାଣିର ପରିଖା,
ଜଗିଛଂତି ସଂତ୍ରୀ ଓ ଲସ୍କର ॥

ଶେଷେ ଆଣି ଛଂଦିଦେଲେ ତୁମ ସଂଗେ ମୋତେ।
ଏଇଠି ରହିବା।
ଏ ଆମ ଜଗତ।
ବଣଫୁଲ ମହକରେ ନିଦ ଲାଗେ
ଅଜଣା ପକ୍ଷୀର ଡାକେ ନିଦ ଭାଜିଯାଏ
ଭୋର ହେଲେ।
ତୁମେ କିଂତୁ ଜିଦ୍ କଲ। ଫୁଲାଇଲ ନାକ।
ନାଚାର ମୁଁ କରିଥାଂତି କିସ ?

ଦେଖୁ ନାହଁ ! ଏ କ'ଣ ! ଫୁଲିଉଠେ ସେ ବାଘର ନିଶ
ନିର୍ଜୀବ କାଂଥରେ, ଆସ୍ତେ ଆସ୍ତେ ହଲିଲାଣି ଲାଂଜ,
ସେ ବାଘ ଅନାଏ ମୋତେ, ତା' ଓଠର ମଳା ହସ
କ୍ରମଶଃ ଜୀବଂତ ହୁଏ।
ଚଂପାଫୁଲ ପରି ଦିହେ ପଟା ପଟା ଧନୁକର ଦାଗ
ସେ ବାଘର ଚାହାଣିର ମସୃଣ ବନ୍ୟତା
ମୋତେ ଗ୍ରାସ କରେ। ଏଁ ସେ ବାଘ ଆସୁଚି ଏଣେ !
ଜ୍ୟୋତିଷୀଂକ କଥା ତେବେ ହେବ ନାଇଁ ମିଛ।

ଭୟରେ ଥରୁଛ କିଆଁ ? ଦେଖିନ କି ଅଦୃଷ୍ଟର ହସ ?
ମୁଁ ପ୍ରସ୍ତୁତ, ମୋତେ ଛାଡ଼ିଦିଅ।
ମୋ ସୃଷ୍ଟିର ମୁହିଁ ହେବି ପ୍ରଥମ ଆହାର।
ଏହାହିଁ ତେ ମୋର ସାର୍ଥକତା।
ମୁଁ ଇ ମୋର ଭୟଂକର ଇଚ୍ଛାର ସବାର
ପୁଣି ତା ଶିକାର ॥

ଜୀବନ ଦୁଃଖର ଋତୁ

ଜୀବନ ଦୁଃଖର ଋତୁ।

ସାପର ଚାଂଦୁଆ ଝୁଲେ
ମଣିଜଡ଼ଉର ସ୍ତଂଭେ,
ତାରି ତଳେ ବସି ମୁଁ ଯେହେତୁ
ସୁଖର କଳନା କରେ
ଦୁଃଖରଇ ବିପରୀତ ରୂପେ।
ବିକଳ୍ପକୁ ସତ୍ୟ ମଣେ,
ସତ୍ୟକୁ ମୁଁ ଦେଖେ ଅବାସ୍ତବେ।
ଗଢ଼େ ବହୁ ବିଚିତ୍ର କଂଢେଇ,
ଛୋଟ ଛୋଟ ହାତର ଶାଂକୋଳି,
କୁନି କୁନି ଭୃଗୁ-ପଦମାନ,
ଯାକୁ ହେଲେ ନିଅଇ ଉଡ଼ାଇ
ଅକ୍ରୂର ବିମାନ କାହୁଁ ଆସି
ସପ୍ତସିଂଧୁ ସପ୍ତଦ୍ୱୀପ
ବେଗେ ଅତିକ୍ରମି ॥

ସୃଷ୍ଟି କରେ ସହସ୍ର ନାୟିକା
ସହସ୍ର ପଦ୍ମରୁ।
ନିଜକୁଇ ଖୋଜେ ମୁହିଁ
ସେମାନଂକଠାରେ,

ସେମାନେ ମୋ ବିରୋଧୀ ସତ୍ତାରେ
ଲୀନ ହୋଇଯାଂତି।
ଦେଖେ ମୁଁ ସହସ୍ରଭୁଜା
ଶାକଂଭରୀ ପୃଥ୍ୱୀ
ବହୁଧା ବିଭକ୍ତ ହୁଏ
ମୋତେ କେଂଦ୍ର କରି ॥

ଗଢ଼େ ବହୁଘର ଥିଲେ ଯାହା
ଭଦ୍ରଲୋକ,
ନ ଥିଲେ ଯା ବାସ୍ତୁହରା।
ସୃଷ୍ଟି କରେ ଅଜସ୍ର କବାଟ।
ଖେଳେ ମୁଁ କପଟପାଶା ନିଜ ସଂଗେ,
ନିଜକୁ ହରାଇ ନିଜେ ହୁଏ ନିର୍ବାସିତ।
ମୁଁ ଏକ ବିଖଂଡ଼ିତ ସତ୍ତା,
ବିଡ଼ଂବିତ, ବିଭକ୍ତ, ଏକକ ॥

ଜୀବନ ଦୁଃଖର ଋତୁ।

ଦୁଃଖ ହିଁ ତ ଦୁଃଖର କାରଣ।
ସୁଖ ତାର ଏକ ବିପରୀତ। ଗୋଟିଏ ବିକଳ୍ପ।
ଉତ୍ସ କିଂତୁ ଦୁହିଂକର ଏକ ଓ ଅଭିନ୍ନ।
ଦୁଃଖ ଚିର ଦୁଃଖରଇ ହେତୁ।
ଦୁଃଖହିଁ ତା ପରିଣାମ ॥

କବିତାର କବର

– ୧ –

କବିତାର ଲକ୍ଷ୍ୟ ନୀରବତା।
କଥାଟା ନିରାଟ ସତ୍ୟ,
ସଂଦେହର ନାହିଁ ଅବକାଶ।
ତଥାପି ଜୀବନ ଏବଂ ଜୀବନର ସମସ୍ତ ଆହ୍ୱାନ,
ସବୁ ଜଟିଳତା
ମୁକାବିଲା କରିବାକୁ ପଡ଼େ କବିତାକୁ –
ଯେଣୁ ତାହା କବିର ସର୍ଜନା
ଯେଉଁ କବି ପ୍ରଥମେ ମଣିଷ,
ନୁହେଁ ସେ ବିଚ୍ଛିନ୍ନ ସତ୍ତା,
ସଂଯୁକ୍ତ ଏକକ।

କବିତାର ଭାଷା ହିଁ ବେଦନା
ଜନ୍ମ ଯାର ଅଖଂଡ଼ ମୁକ୍ତିରୁ।
ବିପକ୍ଷିତ ଯାହା ହେଉପଛେ।
ହେଉ ତାହା କ୍ରୌଂଚ ପକ୍ଷୀ
ଅବା କେଉଁ ଅତଂରୀକ୍ଷପରୀ।

କବିତାର ନୀଳକେଂଦ୍ର କେବଳ ଜୀବନ,
ଜନ୍ମ ତାର ମଣିଷର ପ୍ରତତ ପ୍ରଦେଶେ।
(ଦେଶ କାଳ ପାତ୍ର ପରିବେଶେ)

କବିତା ବି ମୌନ ହୁଏ ଯେତେବେଳେ
                ସମସ୍ତ ବଂଧନ ହୁଏ ଶେଷ
ମୁକ୍ତି ଆସେ ସହଜ ସ୍ୱଭାବେ
                ଯେପରି ନିଃଶ୍ୱାସ ।
ବିମୁକ୍ତ ଚେତନା ତାର ଉତ୍ସ ॥

– ୨ –

ବିଚାରୀ କବିତା, ଲତା !
(ବନିତାଂକ କଥା ନ କହିବା ଭଲ)
ଲୋଡ଼ଂତି ଆଶ୍ରୟ ।
ଯିଏ ଦିଏ ଜନ୍ମ, ଯେ ଦିଏ ଆଶ୍ରୟ
ଦୁହେଁ ଆଜି ଏକାକାର ।
ସର୍ବେ ଆଜି ଘୂରି ଘୂରି ବୃତ୍ତ ପରି
                ହୋଇଯାଂତି ଏକ ।

ଯିଏ ଲେଖେ, ସେଇ ଛାପେ (ବା ଛପାଏ)
                ସେଇ ବାଛେ;
                (ସେଇ ବିକେ; ସେଇ କିଣେ)
                ସେଇ ପୁଣି କରେ ମୂଲ୍ୟାୟନ ।

                ବିଚିତ୍ର ବଜାର !!
କବିତାର ଘୋଷଯାତ୍ରା କେଉଁଠୁ କେଯାଏଁ
                ନାହିଁ ତା ଠିକଣା ।
ଅଥଚ ବେଦନା ହିଁ ତାର ଆତ୍ମା,
                ପ୍ରକାଶ ଆଂଗିକ ।
କବିତା ଚାଲିବ ଆଗକୁ, ଆଗକୁ ।
ଯେଣୁ ତାହା ମଣିଷର ଏକାଂତ ବ୍ୟାପାର
                        ଓ ବିଚାର ।

ମଣିଷ କି ବସିରହିପାରେ
ଥିଲା ଯେଉଁଠାରେ
ଅର୍ଥ ଆଉ ପ୍ରଥାର କିଂକର ॥

-୩-

କବିତାର ମୂଲ୍ୟ ବୁଝେ ଯେ ସମଝଦାର,
ହୃଦୟର ମୂଲ୍ୟ ଦିଏ ଆରେକ ହୃଦୟ।
(ନୁହେଁ କେଉଁ ହାକିମ ବା ଧର୍ମାବତାର)
କବିତା ଯେ ବଡ଼ ମାୟାବିନୀ
ସ୍ଥାନ ସ୍ଥାନାଂତରେ।
ତେଣୁ ଭାବେଁ
ଆଶ୍ଚର୍ଯର କଥା କିଛି ନାହିଁ,
ନିଜ ମାନ, ନିଜ ମୂଲ୍ୟ ନିର୍ଦ୍ଧାରଣ ପାଇଁ
ଓଡ଼ିଆ କବିତା ଯଦି ସୁପ୍ରିମ୍ କୋର୍ଟରେ ॥

ପରିଚୟପତ୍ର

ନିଜ ପରିଚୟ ମୁଁ କେଉଁପରି ଦେବି,
ଅନ୍ୟ କିଏ ଦେବ ବା କିପରି ?
ମୁଁ କି ଜାଣେ ଆସିଲି ମୁଁ କେଉଁଠାରୁ
ଯିବି କେଉଁଠାକୁ !
କିପରି କଳିବି ନିୟତିକୁ
ଯା ବିସ୍ତୃତ
ଅଜଣାରୁ ଅଜଣା ପର୍ଯ୍ୟନ୍ତ।

ମୁଁ ତ ଏକ ଯାଯାବର, ଚାଲିଅଛି ଅବିରତ
ସେଠାରୁ ସେଠାକୁ।
ମୁଁ ଜାଣେନା କେଉଁଠାରୁ କେଉଁଠାକୁ
ଏବଂ କେତେବେଳେ,
ଦେଶେ କାଳ ପାତ୍ରର ବାହାରେ
ମୋ' ଅତୀତ, ମୋର ଭବିତବ୍ୟ
ଦେଖାଶୁଣା ଜଣାର ବାହାରେ
ଅବର୍ତ୍ତମାନରେ।

ମୁଁ ଅଟେ ମୋର ଅଦୃଷ୍ଟ।

ପ୍ରତିମା ନାୟକ ଓ ଅନ୍ୟାନ୍ୟ କବିତା | ୨୧୩

ମୋ'ର ସ୍ଥିତି-ବିଂଦୁ ଏକ କାଳର ବୁଦ୍‌ବୁଦ୍,
ଏକ ଲିତା, ଗୋଟିଏ ମୁହୂର୍ତ୍ତ।
ଯାତ୍ରା ମୋର ଅପୂର୍ଣ୍ଣଚ୍ଛେଦକୁ।

ମୁଁ ପୁଣି ସମାହାର ଦ୍ୱଂଦ୍ୱ,
ନିଜ ଛଡ଼ା ଅନ୍ୟକୁ ଶଂଖୋଳେ,
ଧରାଦିଏ ବିରୋଧାଭାସରେ।

ମୋ'ର ପରିଚୟପତ୍ର ଝୁଲେ ଏକୋଇ ବଟରେ,
ନାହିଁ ଯା'ର କିଛି ହିଁ ଅକ୍ଷର ॥

ବାଲିଆପାଳ

ସେଠିକି ଯିବିନି ମୁହିଁ, ସେଠି ଥିଲା ଗୋଲାପ ବଗିଚା,
ଛାୟା ଓ ସୌରଭ ସଂଗେ ଜ୍ୟୋତ୍ସ୍ନାର ବଜାର,
ଆଗଂତୁକ ଓ ଅନୁବାଦକ ଆସୁଥିଲେ ଦେଖିବାକୁ
ଲେଖିବାକୁ ସେ ଭୂଇଁର କଥା,
ଏବେ ସେଠି ଚିଲମାନେ ଦେଉଛଂତି ଛୁଆ,
ଭୂଇଁତଳେ ଚାଲିଛି ସୁଡ଼ଂଗ ॥

ସେଠିକି ଯିବିନି ମୁହିଁ, ସେଠି ଥିଲା ପାନର ବରଜ,
ମୋଡ଼ିମୋଡ଼ି ଲତା, ଶୁଆପର ପରି ଯା' ପତର।
ଏବେ ସେଠି କେଳି କରେ ଭୁଂଜଗୀ ଭୁଜଂଗ,
ସବୁ ଶମଶାନ ॥

ସେଠିକି ଯିବିନି ମୁହିଁ ସେଠି ଥିଲା ଲାଜକୁଳୀ ନଈ,
ଦୁଇ ଧାରେ ନୌକାର ବହର,
ଉପକୂଳ ପବନରେ ଲାଗୁଥିଲା ନିଦ,
ଏବେ ସେଠି ହାବେଲୀର ପାଦ ॥

ସେଠିକି ଯିବିନି ମୁହିଁ ଯେଉଁଠାରେ ସମୁଦ୍ର ବାଲିରେ
ଆଶୈଶବ ପ୍ରହରୀ ସେ ସୂର୍ଯ୍ୟଂକୁ ପ୍ରଣମି
ଫେରୁଥିଲେ ପୁରଜନେ ରୋଜ୍ ପ୍ରାତଃକାଳେ,
ସେଠି ଘୂରିବୁଲେ ଆଜି କୁତ୍ସିତ ଲସ୍କର ॥

ସେଠିକି ମୁଁ ଯିବିନାହିଁ ଯେଉଁଠାରେ ଥିଲା ଧାନବିଲ
ବଂଚିବାର କ୍ଷେତ୍ର ଗଢ଼ି, ଲକ୍ଷ୍ମୀପାଦ ପରି ଦାଂଡିମାଳ -
ଅଛୋଦ ତଡ଼ାଗେ ଯହିଁ ଖେଳୁଥିଲେ
କୁମୁଦ କହ୍ଲାର।
ଜୀବନରୀ ମଂଦାକିନୀ ତୋଳେ ଆଜି ବିଷର ଜୁଆର ॥

କିଏ ତୁମେ ସତ କହ, ଋତ୍ୱିକ ନା କାପାଳିକ ?
କ'ଣ ଚାହ ତୁମେ ?
ଶାଂତିର କପୋତ ଅବା ଯୁଦ୍ଧର ଛଂଚାଣ !
ଜୀବନକୁ କରୁଅଛ ମରୁଭୂମି ଧ୍ୱଂସର ଚଟାଣ !
ଶାଂତିର ଅକ୍ଷରେ ଲେଖ ଧ୍ୱଂସର ନାମ !!

ସମୟର ହସ

ସମୟ ହସୁଛି ମୁରୁକେଇ
ଫିଂଗୁଅଛି ଶ୍ୱେତପତ୍ର ଏକ ପରେ ଏକ,
ଧ୍ୱଂସର ଅସୁର ଲୀଳା ସର୍ଜନାର ନବତମ ଶୃଂଗ
ଲିପିବଦ୍ଧ ଯହିଁ ॥

ଏକ ଆଡ଼େ ଭଗ୍ନସ୍ତୁପ, ଅନ୍ୟଆଡ଼େ ନିର୍ମାଣର ଚୂଡ଼ା
ଅଶ୍ରୁର ଚିତ୍କାର ସଂଗେ ଭଂଗା ନୂପୁରର ଆର୍ତ୍ତନାଦ
କେଉଁ ସ୍ୱପ୍ନ ବାସବଦତ୍ତାର,
ବିଷାଏ ଆକାଶ ॥

ମଣିଷ ମରୁଛି ଅସୁମାରି,
ମଣିଷ ଉଠୁଛି ପୁଣି ଚଂଦ୍ରର ପୃଷ୍ଠରେ
ଆଂକି ତାର ପାଦଚିହ୍ନ ଇତିହାସ ଦିନଲିପି ପରେ,
ମୂର୍ଦ୍ଧନ୍ୟ ପୃଷ୍ଠାରେ ॥

ମହାକାଳ ଆଖି ମିଟିକାରେ ସବୁ ଯାଏ ଲିଭି,
ସମୟର ବେଳାଭୂଇଁ ନେଇଯାଏ ସବୁ କିଛି ପୋଛି ॥

ଫିଂଗିଦିଏ ପୁଣି ପରକ୍ଷଣେ ନିର୍ଦ୍ଧୂମ୍ ବାଲିରେ
ଅସଂଖ୍ୟ ଅସଂଖ୍ୟ ମୃତଦେହ,
ଭିକ୍ଷାଥାଳ, ବିଦୀର୍ଣ୍ଣ ମୁକୁଟ

ହେବା ପାଇଁ ନବରୋପଣର ସାର ॥
ଗଢ଼ି ଉଠେ, ଭାଂଗିଯାଏ, ପୁଣି ଗଢ଼ିଉଠେ
ଅସଂଖ୍ୟ ଅଟ୍ଟାଳି, ପାର୍କ, ପରୀକ୍ଷା ଆଗାର,
ରାଜ୍ୟ ଓ ସାମ୍ରାଜ୍ୟ ପିଂପୁଡ଼ିଂକ ଘର,
ମହାଶୂନ୍ୟେ ମାଳମାଳ ବ୍ରହ୍ମାଂଡ ଭୂଗୋଳ,
ତା' ମଧ୍ୟ ଅତି କ୍ଷୁଦ୍ର ଗୋଷ୍ପଦ ପ୍ରମାଣେ ପୃଥିବୀର କୋଣେ
ଚାଲେ ମହାଯୁଦ୍ଧ ॥

ବହୁ ମତ, ବହୁ 'ବାଦ', ଆତଂକ ଓ ବଳିଦାନ,
ବହୁ ରେଖା, ବହୁ ଅଂକ, ସମସ୍ୟା ମଧ୍ୟରେ,
ସ୍ୱାଧୀନ ଓ ପରାଧୀନ, ଜୀବନର ଜୀବନ ସଂଗରେ
କେତେ ହିଂସା, କେତେ ଦ୍ୱଂଦ୍ୱ, କେତେ ନା ଦୁର୍ନୀତି
ମୁଂଡ ଟେକେ, ପରକ୍ଷଣେ ହେବା ପାଇଁ ଧୂଳି,
କେତେ ବା ସଂପତ୍ତିବାଡ଼ି ହୁଏ ଶେଷେ ଠୁଳୀଭୂତ ପବନର ଘର,
ରଖି ମାତ୍ର ଆଠ ଫୁଟ ସ୍ଥାନ ଖାଲି ମଣିଷର ପାଇଁ
ଯଥେଷ୍ଟ ଯା ହେବାକୁ କବର ॥

ତଥାପି ମଣିଷ ବଂଚେ ତଥାପି ମଣିଷ ମରେ,
ତଥାପି ତ ସୂର୍ଯ୍ୟ ଉଠେ, ହସେ ବନସ୍ଥଳୀ।

ମହାକାଳ ହସେ ଆଖି ଠାରି ॥

ଦୃଶ୍ୟାଂତର

ଦୃଶ୍ୟମାନ ଜଗତରେ ଯାହା ଦେଖେ ସବୁ ଯଦି ମାୟା,
ସବୁ ଯଦି ମନର ଭିଆଣ,
କେତେଦୂର ସ୍ୱାଧୀନ ସେ ମନ ?
ନୁହେଁ କି ତା' ବାହାରର ବସ୍ତୁ ନିଗମର
ମନନ, ଉଂଛନ ଆଉ ସାର ସଂକଳନ ?

ଦୃଶ୍ୟ ଲିଭେ ଦୃଶ୍ୟାଂତରେ,
ବଦଳାଏ ପଟ,

ଯେଣୁ ତାହା ଅସ୍ଥାୟୀ ଅସ୍ଥିର –
ଗତି କେଉଁ ଆଲୋକିତ ଅଂଧାରର ମଂଚେ
ଯେଉଁଠାରେ ଦୃଶ୍ୟ ଓ ଅଦୃଶ୍ୟ
ସମସ୍ତ ସମାନ, ସବୁ ଏକାକାର,
ନିରପେକ୍ଷ ଯେପରି ଆକାଶ।
ଯଦିଚ ତା' କ୍ରୂର ବିଡ଼ଂବଣା,
ଭାଗ୍ୟର ବିଦ୍ରୂପ ॥

ଯା' କିଛି ଚାକ୍ଷୁସ ଜାଣେ
ସବୁ ଅସଂପୂର୍ଣ,
ଦୃଷ୍ଟି କ'ଣ ଛୁଇଁପାରେ ସୁଂଦରର ସୀମା !
ନ ଥାଏ ତହିଁରେ ଯଦି ସ୍ମୃତିର ସ୍ୱାକ୍ଷର !

ଦୃଶ୍ୟ ଆଉ ଅଦୃଶ୍ୟ ମିଳନେ
ଜନ୍ମ ଲଭେ ନବଦୃଷ୍ଟି
ତୃତୀୟ ନୟନ
ଭାଂଗି ଦେଖା ଅଦେଖା ମଧ୍ୟରେ
ଯେତେ ବ୍ୟବଧାନ ॥

ଶକୁଂତଳା

ସ୍ମୃତିରୁ ବିସ୍ମୃତି ଭଲ, ଯେଣୁ ସ୍ମୃତି ସମୟରେ ଢଳା
ଧରି ରଖେ ଯାହାକୁ ଘଟଣା ।
ବିସ୍ମୃତି ଯେ ମୁକ୍ତ ଉପକୂଳ ଏକ ପ୍ରାଚ୍ୟ ଭୂଖଂଡର
ନାହିଁ ଯାର ନାମ
କେତେ ନା ଅର୍ବୁଦ, କେତେ ମନ୍ୱଂତର
ବିତିଲାଣି ଜଣାନାହିଁ
ଜଳଭାରେ ତନ ତମ ବଡ଼ ବଡ଼ ତୋଳା ।

ଆଜି ବି ପ୍ରତୀକ୍ଷା ଏକ ମୁହୂର୍ତ୍ତର,
ଯାହା ଆଉ ଫେରି ଆସେ ନାହିଁ
ଯାହାକୁ ପାଇଲ ଭଲ, ସେ ତ ଗଲା ଭୁଲି
ସ୍ମୃତିର ନାୟକ ସିଏ

ସ୍ମୃତି ଯାର ମାଛ ଦେଲା ଗିଳି ।

କି ହେବ ତାହାକୁ ସ୍ମରି
ସ୍ମରଣରୁ ଯିଏ ବହୁ ଦୂରେ
ଖୋଜୁଅଛି ସ୍ମୃତିହୀନ ଆକାଶ ପାତାଳ
କାହାର ସଂଧାନେ ?
ମୁହଁ ମୋଡ଼େ ବିଦୂଷକ, ଆତଂକିତ ସଭାଜନ
ମଂତ୍ରୀ ଓ ଡଗର !

ତୁମେ ତ ମାଗିନ ବର
ବରଂ ଲୋଡ଼ିଛ ଅଭିଶାପ ନିଜ ଅଜାଣତେ
ଶେଷେ କି ଏ ଆତ୍ମନିର୍ବାସନ
ଆପଣାରଠାରୁ !

ପ୍ରତିମା ନାୟକ ଓ ଅନ୍ୟାନ୍ୟ କବିତା | ୨୨୧

କାର୍‌ଗିଲ୍

କାର୍‌ଗିଲ୍ ଆଜି ସାରା ଭାରତର
　　　　　ପାଲଟେ ରକ୍ତ-ତୀର୍ଥ
ଆକାଶ ତାହାର ପଠାଏ ସହିଦ୍
　　　　　ବୁକୁରେ ବିଜୟ ସର୍ତ୍ତ ।
ଉଲ୍‌କା ସମାନ ପଡ଼େ ସେ ମାଟିରେ,
　　　　　ଓଡ଼ିଶାର ବୀରପୁତ୍ର,
ପାହାଡ଼ ତାହାର ଶତ୍ରୁ ବଂକର
　　　　　ଭାଂଗି କରୁଛି ଚୂର୍ଣ ॥

ବହୁତ ଓଡ଼ିଆ ଯବାନ ତା ପାଇଁ କରୁଛଂତି ବଳିଦାନ
ଓଡ଼ିଆ ଝିଅ ତା ବିବାହ ବେଦୀରେ ସୁନାଚୁଡ଼ି କରେ ଦାନ
କାର୍‌ଗିଲ୍ ଆଜି ଇତିହାସ ଲଭେ ଅମଳିନ ତୁଂଗ ସ୍ଥାନ
ଶୁଣ ଦୁସ୍ମନ ତୁମେ ଚିରଦିନ ରହିଛ ବିଯୋଗ ରାଶି
ଆଜାଦିରୁ ରଣେ ନେଇନ ତ ଭାଗ ଫିରିଂଗିର ପଦେ ପଶି
ଆଜାଦିର ପାଇଁ ଲଢୁଥିଲା ଯେବେ ଅଖଂଡ଼ ଭାରତ ଦେଶ,
ପାତି ଦେଇ ବୁକୁହାଡ଼
ଦେଖୁଥିଲ ମଜା, ଖେଳୁଥିଲ ଘରେ ତୁମେ ପରା ବିଲିଆର୍ଡ
ବ୍ରିଟିଶ୍ ଦୟାରୁ ଶୂନେ ଶୂନ୍ୟେ ପାଇଗଲ ଏକ ଦେଶ
ଯାହା ପାଇଥିଲ, ଅଧେ ହରାଇଲ ପଳାଇ ଆସିଲ ସେଠୁ
　　　　　　　　　　(ମାଡ଼ ଖାଇ ବାଂଲାଠୁ)

ସମ୍ମୁଖ ରଣେ ଭାରତ ସଂଗରେ ଦି ଦି ଥର ଗଲ ହାରି
ତଥାପି ପଶେନା ଚେତା ତୁମଠାରେ
ଗଢୁଅଛ କାର୍‌ଗିଲ୍
କାଳନେମି ପରି ମାଗୁଛ ଦେଶରୁ
କାଶ୍ମୀର କି ସାହସେ
ଶୁଣ ଦୁସ୍ମନ ଫେରିଯାଅ ଘରେ ଭୁଲିଯାଅ ଦିଆନିଆ
ଜାଳ ନାହିଁ ଆଉ ନିଆଁ।
ବିଜୟୀ ଭାରତ ବଢ଼ାଇଛି ହାତ
ମିଳାଅ ତା ସଂଗେ ହାତ
ସେଇ ତୁମ ବଂଧୁ, ସେ ତୁମ ପଡ଼ୋଶୀ,
ଶାଂତିର ମହାଦୂତ

ବିଶ୍ୱାସ କର ତୁମ ଆଗେ ଠିଆ ଗାଂଧିର ଇଂଡିଆ ॥

ସବୁଠି ମୁଁ ହାରିଯାଏ

ସବୁଠି ମୁଁ ହାରିଯାଏ,
ସବୁଠି ତ ପ୍ରଗତିର ହାର।

ଦେଶେ ଓ ବିଦେଶେ ଦେଖେ ଗୋଟାଏ ବର୍ବର
ପ୍ରବଳ ରାବଣଛାୟା ମେଲିଅଛି କାୟା,
ସଭ୍ୟତାର ଦେହ ମନେ ବ୍ୟାପୁଛି କ୍ୟାନସର୍
ଦୁରାରୋଗ୍ୟ ବ୍ୟାଧି,
ଯାହା କିଛି ଶୁଭ ଓ ମଂଗଳ
ଆଗେ ପଡ଼େ ବଳି,
ଶାଂତି ହୁଏ ପ୍ରଥମ କୁର୍ବାନି, ଆତଂକିତ ପ୍ରାଣୀ।
ଭୟତ୍ରସ୍ତ ଜୀବ ଜଂତୁ, ଗଛ ଲତା, ଫୁଲ -
ସେତୁ, ରେଳପଥ,
ଭୟର ଆବର୍ତ୍ତ ମଧ୍ୟେ ସମସ୍ତ ଜଗତ
ଜଳ ଓ ଆକାଶ।

ଦେଶରେ ଆତଂକବାଦ ବିଛାଏ ଛାଉଣୀ,
ବହିର୍ଦ୍ଦେଶେ, ମଣିଷ ପଛକୁ ଫେରେ
ସମୟ ଯେ ବହୁଛି ଉଜାଣି -
ସମସ୍ତେ ପଶ୍ଚାତ୍‌ଗାମୀ, ସବୁ କିଛି ବେଖାପ, ବେତାଳ,
ସମସ୍ତେ ଆପୋସଧର୍ମୀ, ଭୟର ଶିକାର।

କାହାକୁ ମୁଁ କରିବି ବିରୋଧ, କା ସଂଗେ ସାଲିସ୍ ?
ଏଣେ ଆସିବାକୁ ଡରେ ତ୍ରସ୍ତ ଏକୋଇଶ୍
ମଧ୍ୟଯୁଗ ଠେଲି,
ମଣିଷ ଯେଉଁଠି ଡରେ ଆପଣା ଛାଇକି
ସଂକଟରେ ସଢୁଛି ଦର୍ଶନ,
ଇତିହାସ ବାଟ ଭାଂଗି ଯାଏ।
ସବୁଠି ତ ମୁଁ ହାରିଯାଏ,
ସବୁଠାରେ ମୁଁ ମାଡ଼ ଖାଏ ॥

ଧର୍ମ ଆଜି ପାଲଟିଛି ବଡ଼ ହତିଆର,
ଅସ୍ତ୍ରାଗାର ହୋଇଛି ମଂଦିର,
ଭାଷା ବନେ ମସ୍ତ ଏକ ଆଳ
ମୂର୍ଖଂକ ଡାକରେ।
ବିଗ୍ୟାଂନ ଗୋଲାମ ସାଜେ ନିହିତ ସ୍ୱାର୍ଥର
ଏକାୟତ୍ତ ପୁଂଜି ହାତେ ବିଶ୍ୱର ବଜାର।
ଅର୍ଥଶାସ୍ତ୍ର ତା'ରି ପକେଟରେ।
ପୃଥିବୀର ସର୍ବହରା କଂକାଳ ବଜାଏ।
ସବୁଠି ତ ମୁଁ ହାରିଯାଏ ॥

ତଥାପି ବେହିଆ ହସେ କଂପାଏ ମେଦିନୀ,
ଯାର ତାର ଜୟଗାନ ଗାଏ ॥

ଜୀବନ ଦୁଃଖର ଋତୁ

ଜୀବନ ଦୁଃଖର ଋତୁ
ଯାହା ଗଲା ତାହା ଫେରେ ନାହିଁ ।
ଝଡ଼ିଲା ପତ୍ର ବୃକ୍ଷେ ଲାଗଇ କାହିଁ ?
ଦୁଃଖ ହିଁ ତ ଜୀବନର ସାର,
ଯାହା ଘଟେ ସବୁରି କାରଣ,
କେଉଁଠୁ ଅଇଲି ମୁହିଁ
ଯିବି ପୁଣି କାହିଁ,
ଏଇ ଯେତେ ପାଟଛତା, ସଫର, ମଣୋହି
ଦୁଃଖ ହିଁ ତ ଶେଷ କଥା ସବୁ ଆନଂଦର,
ବାଟେଘାଟେ ସବୁପାଦ ଚାଲଂତି ମୁହାଁଇ
କହ କେଉଁଠିକି ?
ସେମାନେ କି ପାଇବେ ସଂଧାନ ?
ପାରିବେ କି ଠାବ କରି ଦୁଃଖ ଆଉ ସୁଖର କାରଣ ?
ତେଣୁ ଏଇ ଗଛମୂଳେ
କଟାଇବା କିଛିଟା ସମୟ
ବସିବା ଟିକିଏ
ତା ବରଂ ଭଲ ।
ବୃକ୍ଷ ଅବା ଦେଇପାରେ କିଛିଟା ସଂଧାନ ॥